Die Märchenstube

Aktivierung leicht gemacht!

10 ausgearbeitete Märchenstunden für die Alltagsbegleitung

Sabine Meyer

Verlag an der Ruhr

Titel

Die Märchenstube - Aktivierung leicht gemacht!
10 ausgearbeitete Märchenstunden für die Alltagsbegleitung

Autorin

Sabine Meyer

Titelbildmotiv

Krone © Polarpx | Fotolia.com

Bildnachweis Innenteil

Krone © Polarpx; Rosen/Rosenranke © christine krahl | beide Fotolia.com
Icons: Gruppe © Daniel Berkmann; Buch, Begrüßung, Verabschiedung © credon2012; Krone, Bezugsquelle, Märchenmitte, Lied, Aktivierung, Geschenk © vladvm50 | alle Fotolia.com

Lektorat

Melanie Schölzke

Druck

AZ Druck und Datentechnik GmbH, Kempten, DE

Verlag an der Ruhr
Mülheim an der Ruhr
www.verlagruhr.de

Unser Beitrag zum Umweltschutz

Wir sind seit 2008 ein ÖKOPROFIT®-Betrieb und setzen uns damit aktiv für den Umweltschutz ein. Das ÖKOPROFIT®-Projekt unterstützt Betriebe dabei, die Umwelt durch nachhaltiges Wirtschaften zu entlasten. Unsere Produkte sind grundsätzlich auf chlorfrei gebleichtes und nach Umweltschutzstandards zertifiziertes Papier gedruckt.

ISBN 978-3-8346-3627-0

Inhaltsverzeichnis

Es war einmal – wie alles begann 5

Einführung

Ziel und Handhabung des Buches 8
Die Demenz: Wenn Worte verloren gehen 9
Die Aktivierung: Warum Märchen? 12
Das Märchen: Wenn Bilder erzählen 14
Das Märchen: Der Versuch einer Definition 14
Das Märchen: Der rote Faden 17
Das Erzählen: Warum frei erzählen? 20

Grundlagen der Märchenarbeit als Aktivierungsmethode

Der Erzählort: Auswahl und Gestaltung 26
Raumgröße und Sitzanordnung 26
Licht und Dekoration 27
Erscheinungsbild des Erzählers 28
Störungsfreiheit 29
Die Gruppe: Aufbau und Auswahl 30
Die Gruppengröße 32
Der Grad der Demenz 32
Das Geschlecht 33
Die Vorbereitungen: eine Checkliste 34
Das Märchen: Text und Bearbeitung 36
Die Erinnerungen: Analyse und Bedeutung 38
Das Material: Auswahl 39
Der Ablauf: Überblick 39

Ausgearbeitete Märchenstunden

Aufbau der Anleitungen 46
Märchenstunde „Aschenputtel“ 47
Märchenstunde „Die Bremer Stadtmusikanten“ 53
Märchenstunde „Dornröschen“ 59
Märchenstunde „Frau Holle“ 66
Märchenstunde „Der Froschkönig (oder der eiserne Heinrich)“ 73
Märchenstunde „Hänsel und Gretel“ 80
Märchenstunde „Hans im Glück“ 86
Märchenstunde „Rapunzel“ 93
Märchenstunde „Rotkäppchen und der Wolf“ 99
Märchenstunde „Die Sterntaler“ 105

Inhaltsverzeichnis

Anhang

Märchentexte in Langfassung **112**
Langfassung „Aschenputtel“ 113
Langfassung „Die Bremer Stadtmusikanten“ 118
Langfassung „Dornröschen“ 122
Langfassung „Frau Holle“ 126
Langfassung „Der Froschkönig (oder der eiserne Heinrich)“ 130
Langfassung „Hänsel und Gretel“ 135
Langfassung „Hans im Glück“ 140
Langfassung „Rapunzel“ 144
Langfassung „Rotkäppchen und der Wolf“ 148
Langfassung „Die Sterntaler“ 151
Märchentexte in Kurzfassung **153**
Kurzfassung „Aschenputtel“ 154
Kurzfassung „Die Bremer Stadtmusikanten“ 156
Kurzfassung „Dornröschen“ 157
Kurzfassung „Frau Holle“ 158
Kurzfassung „Der Froschkönig (oder der eiserne Heinrich)“ 159
Kurzfassung „Hänsel und Gretel“ 161
Kurzfassung „Hans im Glück“ 162
Kurzfassung „Rapunzel“ 163
Kurzfassung „Rotkäppchen und der Wolf“ 164
Kurzfassung „Die Sterntaler“ 165
Liedauswahl zu den Märchenstunden **166**
Lieder zu „Aschenputtel“ 167
Lieder zu „Die Bremer Stadtmusikanten“ 169
Lieder zu „Dornröschen“ 172
Lieder zu „Frau Holle“ 174
Lieder zu „Der Froschkönig (oder der eiserne Heinrich)“ 176
Lieder zu „Hänsel und Gretel“ 178
Lieder zu „Hans im Glück“ 180
Lieder zu „Rapunzel“ 182
Lieder zu „Rotkäppchen und der Wolf“ 184
Lieder zu „Die Sterntaler“ 186
Checkliste: Vorbereitungen **188**

Über die Autorin *190*
Nachwort *191*
Quellen- und Literaturhinweise *192*

Es war einmal – wie alles begann

Es war einmal ein kleiner Schritt. Er war noch ganz jung und unerfahren und wusste noch nichts davon, dass er einmal der berühmte erste Schritt werden würde. Und so tat der erste Schritt einfach seinen ersten Schritt und alles begann.

Nach einem betriebswirtschaftlichen Studium mit Schwerpunkt Gesundheitswesen an der Hochschule Osnabrück, mehreren Jahren Berufstätigkeit, einer Märchenerzählerausbildung an der Münchner Märchenschule und einigen Semestern Theaterpädagogik an der Hochschule Lingen beschloss ich, mich 2007 als freiberufliche Erzählerin auf eigene Füße zu stellen.

Nach einigen Wochen meiner Erzähltätigkeit kam die Anfrage des Altenzentrums Küpper-Menke-Stift Osnabrück nach einer Märchenstunde für ihre Bewohner*.

Bis dahin waren mein Kontakt mit der Demenzerkrankung und mein Wissen über deren Ausprägungen und Symptome eher gering. Doch mich reizte von Anfang an die Idee, in Alteneinrichtungen zu erzählen. Ich bestätigte also die Anfrage, schlug einen Termin vor und bereitete ein halbstündiges Programm mit klassischen Märchen der Brüder Grimm und eigenen Geschichten in moderner Sprache vor.

So stand ich zum ersten Mal vor einer Gruppe Bewohner, die unterschiedlich von der Demenz betroffen waren. Mein erstes Märchen an diesem Nachmittag war das Märchen „Rapunzel" von Jacob und Wilhelm Grimm. Viele Leser werden dieses Märchen kennen. Das schöne Rapunzel wird von der Zauberin in einen hohen Turm gebracht, zu dem es keine Tür und keine Treppe gibt. Nur an Rapunzels langem Zopf kann die Zauberin in den Turm gelangen. Doch eines Tages erkennt auch ein Königssohn den Weg hinauf zur Schönen. Von nun an klettert er jeden Abend den Zopf zu seiner Geliebten hinauf, ohne dass die Zauberin etwas davon ahnt. Dann jedoch verrät Rapunzel sich und den Königssohn. Die Zauberin, die alte Frau Gotel, wird furchtbar wütend. Genau an dieser Stelle geschah es.

© Max Ciolek

Ich beschrieb gerade die Szene im Turm, in der sich Rapunzel der Zauberin verrät: „Sagen Sie mir doch, Frau Gotel, wie kommt es nur, Sie sind mir viel schwerer heraufzuziehen als der junge Königssohn! Der ist in einem Augenblicke bei mir." Da rief eine Bewohnerin, Frau A., auf: „Ha! Jetzt hat sie sich verraten!" Sie schlug sich dabei mit der flachen Hand auf ihr rechtes Knie und begann, uns die Geschichte zu Ende zu erzählen. Sie erzählte von dem abgeschnittenen Zopf, von der Verbannung des schönen Rapunzels und sie erzählte von der Suche des Königssohns nach seinem Rapunzel. Und sie erzählte auch, dass der Königssohn seine Liebste fand. Dann schloss sie ihre Erzählung mit den Worten: „Und wenn sie nicht gestorben sind, dann leben sie noch heute."

Die verantwortliche Mitarbeiterin aus dem Begleitenden Sozialen Dienst der Einrichtung war erstaunt. Ich konnte keinen Grund für ihr Erstaunen erkennen. Nach der Erzählstunde berichtete mir diese Mitarbeiterin, dass Frau A. seit einem Jahr keinen sinnvollen, zusammenhängenden Satz mehr gesprochen hatte. Da war es an mir, erstaunt zu sein.

In der anschließenden Reflexion diskutierten wir, was Frau A. veranlasst haben könnte, eine von allen Seiten

* Aus Gründen der besseren Lesbarkeit wird im Folgenden auf die Nennung der weiblichen Bezeichnung verzichtet. Es sind immer beide Geschlechter gemeint, es sei denn, es ist explizit anders ausgewiesen.

unerwartete Reaktion zu zeigen. Warum gelang es ihr gerade in diesem Augenblick, auf sprachliche Kompetenzen zurückzugreifen, um eine Geschichte mit mehreren klaren Sätzen zu Ende zu erzählen?
Keine der im Gespräch gefundenen Antworten stillte meinen Wissensdurst. So begann ich, zu dem Thema „Märchen und Demenz" zu recherchieren. Anders als heute gab es 2007 kaum Informationen und Erkenntnisse über aktivierende Märchenarbeit mit Menschen mit Demenz.
Ich fand keine ausreichenden Antworten auf meine vielen Fragen und vereinbarte mit der Altenpflegeeinrichtung weitere Termine, um zu versuchen, bei Bewohnern durch mein Erzählen ähnliche Ereignisse hervorzurufen. Und es gelang – einerseits zwar immer wieder anders, doch andererseits auch immer wieder ähnlich: Bewohner sprachen Märchentexte mit, fielen in das Erzählen ein, berichteten über ihr Leben und hörten ruhig und konzentriert meinem Erzählen zu. Und bei all diesen Personen handelte es sich um Menschen, die von der Demenz betroffen waren – einer Krankheit, die mit dem zunehmenden Verlust kognitiver Fähigkeiten einhergeht, die das verbale Kommunikationsvermögen einschränkt, Symptome wie Hinlauftendenz und Orientierungslosigkeit verursacht und auch Depressionen.
Schließlich entwickelte ich aus diesen Erfahrungen 2009 das einjährige Forschungsprojekt „Märchenstube – ressourcenaktivierende Arbeiten mit Demenzerkrankten" am Küpper-Menke-Stift Osnabrück. Mir war wichtig, zu erfahren, ob ich die positiven Aktivierungen durch das Erzählen der Märchen wiederholbar machen konnte. Ich suchte eine Struktur, einen Ablauf, der mir diese Wiederholbarkeit ermöglicht.
Außerdem wollte ich wissen, wie sich eine langfristige, regelmäßige Märchenarbeit mit und für Menschen mit Demenz auf die Lebensqualität, die Kommunikation und auf das soziale Verhalten der Betroffenen auswirkt. Die wissenschaftliche Begleitung übernahm bei diesem Projekt Dr. Antje Rethschulte. Die Ergebnisse der Studie wurden in einem Kurzbericht, aber auch in verschiedenen Fachartikeln veröffentlicht.[1]
Nach Abschluss des Forschungsprojektes und über neun Jahren Erfahrung im Erzählen für und mit Menschen mit Demenz sowie unzähligen Vorträgen, Workshops, Unterrichtsstunden, Fort- und Weiterbildungen möchte ich mein Wissen in dem vorliegenden Buch zusammenfassen. Dabei ist mir wichtig, dass es sich um eine praxisorientierte Darstellung handelt. Das Buch möchte Betreuungskräfte, Altenpflegekräfte, Ergotherapeuten und verwandte Berufsgruppen sowie Ehrenamtliche in Altenpflegeeinrichtungen jeglicher Art unterstützen, Märchenarbeit als Aktivierungsmöglichkeit praktisch umzusetzen.

Sabine Meyer

[1] *Meyer, Sabine; Rethschulte, Dr. Antje:* **Märchenstube – ressourcenaktivierende Arbeit mit Demenzerkrankten, Kurzbericht zum Forschungsprojekt „Märchenstube"**, Osnabrück, 2010.

Einführung

Einführung

Ziel und Handhabung des Buches

Dieses Buch will für Sie ein Leitfaden und ein Praxisbuch sein.
Der erste Teil des Buches beschäftigt sich mit den **Grundlagen** der ressourcenaktivierenden Märchenarbeit für Menschen mit Demenz. Im Folgenden werden die wichtigsten Aspekte der Arbeit beschrieben.
Sie werden im Verlauf des Buches feststellen, dass es für diese Art der Märchenarbeit sinnvoll, wenn nicht sogar unverzichtbar sein wird, Märchen frei zu erzählen. Das Buch bietet Ihnen Herangehensweisen und Hilfen, die Märchentexte zu erlernen sowie bestimmte Aspekte des **freien Erzählens** zu beherrschen. Hier sei bereits zur Ihrer Beruhigung vorausgeschickt, dass Sie zum Einsatz dieser Aktivierungsmethode kein Erzähler werden müssen, der auf einer Bühne steht (ein sogenannter „Bühnenerzähler"). Es wird immer um Interaktion mit den Gästen* gehen und nicht um ein ausgereiftes Bühnenprogramm – Sie verbleiben stets in Ihrem fachlichen Zusammenhang.
Um Ihnen **das freie Erzählen** zu erleichtern, finden Sie im Anhang ab Seite 112 gekürzte und einfach geschriebene **Textlangfassungen** der zehn Märchen, die in diesem Buch vorgestellt werden. In den Texten sind die einzelnen Rollen farblich markiert, um Ihnen die Orientierung zu erleichtern. Ebenso sind Pausen und wörtlich zu sprechende Passagen markiert.
Im Anhang finden Sie ab Seite 153 zudem **Textkurzfassungen** zu den jeweiligen Märchen, die Sie kopieren, ausschneiden und auf Karteikarten kleben können, um diese Märchen auswendig zu lernen und die Karteikarten mit in die Märchenstunde zu nehmen.
Im Kapitel „Grundlagen der Märchenarbeit als Aktivierungsmethode" finden Sie ab Seite 25 allgemeine Aussagen und Aspekte der **ressourcenaktivierenden Märchenarbeit**. Sie erhalten Informationen über die Auswahl der Gruppe, des Ortes und den Aufbau einer Märchenstunde. Im Anschluss daran werden Ihnen **detaillierte Ausarbeitungen** für die folgenden zehn verschiedenen Märchenstunden vorgestellt:

- Aschenputtel
- Die Bremer Stadtmusikanten
- Dornröschen
- Frau Holle
- Der Froschkönig (oder der eiserne Heinrich)
- Hänsel und Gretel
- Hans im Glück
- Rapunzel
- Rotkäppchen und der Wolf
- Die Sterntaler

* Im weiteren Verlauf des Buches wird der Begriff „Gast" synonym für den Begriff „Bewohner" verwandt. Die Märchenerinnerungsarbeit ist nicht nur im stationären Bereich der Altenpflege möglich, sondern auch im Bereich der ambulanten Pflege und der Tagespflege.

Jede Märchenstunde ist mit einer Vielzahl von Möglichkeiten, aus denen Sie für Ihre Arbeit auswählen können, dargestellt. So können Sie ein erarbeitetes Märchen mehrfach mit unterschiedlichen Impulsen einsetzen und die ganze Mühe des Auswendiglernens lohnt sich. In den Anleitungen werden Sie auch Vorschläge zu Liedern finden, mit denen Sie die Märchenstunde beginnen oder beenden können. Die Lieder sind im Anhang abgedruckt.
Weiterhin werden Sie im Text immer wieder Schilderungen meiner **Praxiserfahrungen** finden. In über neun Jahren ressourcenaktivierender Märchenarbeit für Menschen mit Demenz sammeln sich viele kleine und große Erlebnisse an. An diesen Erfahrungen möchte ich Sie teilhaben lassen, denn sie verdeutlichen, worum es im Kern dieser märchenhaften Arbeit geht: Um Lebensfreude und Lebensqualität der Gäste.
Erlauben Sie mir noch einen Hinweis, bevor ich zum nächsten Punkt überleite: Das Wichtigste, was Sie für die ressourcenaktivierende Märchenarbeit brauchen, haben Sie bereits in Ihrer Ausbildung und in Ihrer Berufsausübung erlernt und erfahren – Empathie und Intuition. Nutzen Sie Ihre fachlichen und persönlichen Kompetenzen in dieser Art der Aktivierungsarbeit und Sie werden merken, dass Sie Erfolge erzielen werden. Wichtig ist, dass Sie dabei von Ihrem Tun überzeugt und mit Ihrem Herzen dabei sind, denn wir finden über unser Herz Wege zu unseren Gästen und ihrer inneren Welt.

Die Demenz: Wenn Worte verloren gehen

Über „Demenz", ihre Symptome und Behandlungsmöglichkeiten wurden bereits viele Bücher, Filme, Artikel und Forschungsarbeiten veröffentlicht. Dieses Kapitel hat nicht die Aufgabe, neue Forschungserkenntnisse zu präsentieren, bekannte Erkenntnisse zusammenzufassen oder fachliche Informationen neu aufgearbeitet darzustellen.
Dieses Kapitel soll Ihnen helfen, meine **Sichtweise über Demenz** zu verstehen, meine Einordnung in Demenzstufen nachvollziehen zu können und sich der Ausprägungen der Demenz bewusst zu werden, die den Einsatz der Märchenarbeit sinnvoll machen.
Als ich zum ersten Mal für Menschen mit Demenz erzählte, hatte ich bis dahin keinerlei Berührungspunkte mit Demenz gehabt. Ich wusste sehr wenig über die Entstehung, die Symptome oder die Behandlung der Demenz. Und im Nachhinein war das auch gut so. Ich hatte vorab keine festgelegten Vorstellungen, keine Erwartungen, damit hielt ich zunächst einmal alles für möglich. Ich war offen, auch für das – wie mir am Anfang gesagt wurde – Unmögliche.
Sicherlich sind meine Erkenntnisse und mein Wissen über Demenz in den Jahren anders und fundierter geworden. Aber eines ist geblieben: meine Gewissheit, dass hinter der Tür der Demenz eine Welt verborgen ist, die ich mit den Gästen der Märchenstube betrachten darf, wenn sie mir die Tür dazu öffnen. Ich habe auch gesehen, dass die Welt voller Lachen, Freude und Bilder sein kann, aber

ebenso voller Tränen, Schmerz und Verluste. Demenz lässt die Betroffenen Dinge vergessen, aber ihre Gefühle bleiben. Und über Gefühle kann ich mit ihnen kommunizieren und interagieren.

Da kommt nun das **Märchen** ins Spiel. Geschichten, bekannt und vertraut, die voller Gefühle **Bilder in uns** malen. Eine Sprache, die auch in der Demenz zu verstehen ist.

Aber „Märchen" ist nicht gleich „Märchen". Und „Märchen vorlesen" ist nicht gleich „Märchen erzählen". Und „Märchen erzählen" ist nicht gleich „Märchen erzählen". Im Verlauf des Buches werden Sie entdecken, welche Märchen für wen wann geeignet sind. Doch mindestens genauso wichtig, ja wenn nicht sogar noch wichtiger ist, die Art und Weise des Märchenvortrages. Es geht um das lebendige, freie und zum Teil **improvisierte Erzählen** anhand eines roten Fadens mit Mimik und Gestik. Und das hat einen Grund.

In der Demenz erleben die Betroffenen kognitive Defizite und die verbale Kommunikationsfähigkeit ist eingeschränkt, manchmal ist sie überhaupt nicht mehr verfügbar. Fragen Sie einen Gast, der aufgrund seiner Demenz an Wortfindungsstörungen leidet, ob er einen Apfel haben möchte, so könnte es sein, dass er in seinem Denken das Wort „Apfel" nicht mit einem Apfel, sondern mit einem Leuchtturm in Verbindung bringt. Der Zusammenhang zwischen Wort und Bedeutung ist verloren gegangen.

Halten Sie diesem Gast aber einen Apfel hin und fragen ihn erneut, ob er einen Apfel haben möchte, so kann der Gast anhand des Apfels vor sich, den er fühlen, sehen und riechen kann, die Wortbedeutung erinnern und er antwortet Ihnen womöglich. Für eine solche Reaktion gibt es natürlich keine Garantie, lediglich die Wahrscheinlichkeit, dass eine solche Reaktion eintritt, ist höher. Damit ist auch die Wahrscheinlichkeit des **Verstehens** höher.

Genauso aber verhält es sich, wenn Sie lebendig und frei Märchen erzählen. Unterstützen Sie z. B. die Aussage einer traurigen Prinzessin mit einem traurigen mimischen Ausdruck, so kann der Gast wahrscheinlich eher und schneller begreifen, worum es gerade geht. Zeigen Sie mit den Händen, wie hoch Rapunzels Turm ist, so kann der Gast sich einen Begriff von Höhe und Raum machen. Öffnen Sie mit einer Geste eine imaginäre Tür und unterstützen mit weiteren Gesten das Hereinhüpfen des Frosches zur Prinzessin, so können die so im Kopf des Gastes entstehenden Bilder Worte, die nicht mehr in ihrer Bedeutung verstanden werden, ersetzen. Das Märchen macht es uns durch seine bildhafte Sprache sehr leicht, die Bilder, Mimik, Gestiken beim Erzählen zu finden. In den ausgearbeiteten Märchentexten finden Sie dazu auch diverse Hinweise und Vorschläge.

Mit Sicherheit verspricht diese Art und Weise des Erzählens keine Erfolgsgarantie, doch die Wahrscheinlichkeit der Aktivierungserfolge erhöht sich, wenn es uns gelingt, die Gäste abseits der Worte, die sie nicht mehr verstehen, über unser Erzählen anzusprechen.

Mit dem lebendigen Erzählen allein ist es nicht getan. Das Märchen, so erlebe ich es immer wieder, öffnet Türen zu verborgenen oder verloren gegangenen Welten.

Einführung

Doch wenn die Tür offen ist, ist es auch meine Aufgabe, den Gast an die Hand zu nehmen, damit er diese wiedergefundene Welt erleben kann. Hier ist sensible, wertschätzende und respektvolle Unterstützung in Form von **Aktivierungsimpulsen** notwendig. Requisiten zum Begreifen, Fragen zum Bedenken und Impulse zum Beleben helfen, diese Welten neu zu entdecken, und sei es nur für den Augenblick.

In meiner Arbeit habe ich von Anfang an **drei Zuhörergruppen** unterschieden.

Gruppe 1: Menschen, die noch nahe bei mir sind

Darunter verstehe ich ältere und hochbetagte, aber zum größten Teil orientierte Personen. Die Gruppe wird oft auch als Menschen mit **„leichter Demenz"** bezeichnet. Diese Menschen können sich in unserer Welt noch orientieren, sie können kognitive und motorische Defizite ausgleichen und in der Regel noch gut verbal kommunizieren.
Diese Gruppe lade ich häufig in einen Veranstaltungsraum in der Einrichtung ein, denn ihre räumliche Orientierung ist noch gut. Ich erzähle dann häufig auch unbekanntere Märchen und Geschichten sowie Märchen aus aller Welt. Doch immer tue ich das in Kombination mit der Requisitenarbeit, in der Regel dauern diese Märchenstunden zwischen 45 und 60 Minuten.
Die Gruppe von Menschen, die noch nahe bei mir sind, werde ich im Verlauf des vorliegenden Buches nur ab und an streifen. Sie stehen nicht im Fokus der vorgestellten Arbeit. Aber das schließt nicht aus, mit und für diese Menschen Märchen zu erzählen.

Gruppe 2: Menschen, die etwas weiter von mir entfernt sind

Darunter verstehe ich Personen, bei denen sich die Demenz bereits deutlich zeigt. In Fachkreisen wird von einer **„mittleren Demenz"** gesprochen. Kognitive Defizite zeigen sich offensichtlich. Erinnerungsebenen, Zeitebenen und Lebenswelten verschieben sich. Die Menschen leben kurzzeitig in anderen Zeiten, in anderen Welten und tauchen wieder auf.
Motorische Defizite werden offensichtlich, z. B. ist die Handmotorik stark eingeschränkt und das Gehen erfolgt in Trippelschritten. Die räumliche Orientierung beginnt, verloren zu gehen. Die verbale Kommunikation wird durch Artikulationsprobleme, Wortfindungsstörungen, stereotype Redewendungen erschwert. Die Aufmerksamkeitsphase ist erheblich eingeschränkt, innere Unruhe, vielleicht auch beginnende Hinlauftendenzen treten auf. Aber auch Angst und Sorge über das, was mit ihnen geschieht, nehmen bei diesen Menschen zu.
Diesen Menschen erzähle ich eher im Wohnbereich, manchmal aber auch in kleineren Veranstaltungsräumen in der Einrichtung, wenn ein Transfer in einen anderen Raum trotz Einschränkung der räumlichen Orientierung noch möglich ist. Hier erzähle ich bekannte Märchen der Brüder Grimm. Mit dieser Gruppe kann eine Märchenstunde bis zu 45 Minuten dauern.

Gruppe 3: **Menschen, die weit von mir entfernt sind**
Darunter verstehe ich desorientierte Personen. Oft werden diese als Menschen mit **„schwerer Demenz"** bezeichnet. Häufig sind diese Menschen in sich gekehrt und sehr unruhig. Hinlauftendenz und herausforderndes Verhalten gehören auch dazu. Die verbale Kommunikation ist fast gänzlich zum Erliegen gekommen, die mimische und gestische Kommunikation ist sehr stark eingeschränkt. In manchen Fällen kann eine Kommunikation nur über Blickkontakt erfolgen. Diese Menschen sind oft motorisch stark eingeschränkt, das reicht bis dahin, dass sie in Cosy Chairs (Ruhesesseln) liegen oder in Spezialrollstühlen sitzen, die bestimmte Unterstützungsfunktionen für den Körper übernehmen. Das räumliche und oft auch das zeitliche Verständnis ist verloren gegangen. Diese Menschen besuche ich in den Wohnbereichen in sehr kleinen Gruppen. Auch hier erzähle ich bekannte Märchen der Brüder Grimm. Eine Märchenstunde dauert dabei zwischen 30 und 45 Minuten.

Praxistipp

Eine Mischung der drei unterschiedlichen Gruppen ist durchaus möglich, aber gut abzuwägen. In heterogenen Gruppen können die Gäste sich gegenseitig unterstützen, aber das Risiko, dass die Gruppe aufgrund typischer Vorkommnisse, z. B. herausforderndem Verhalten oder Hinlauftendenz, auseinanderbricht, ist höher als bei einer homogenen Gruppe. Sie kennen Ihre Gäste am besten und werden dazu eine Lösung finden.

Die Aktivierung: Warum Märchen?

Märchen sind **sehr bekannte Geschichten**. Wir selbst haben sie in unserer **Kindheit** gehört, gelesen, vorgelesen oder erzählt bekommen. Wir haben sie auf Langspielplatten oder Hörspielkassetten gehört, im Kino oder im Theater gesehen. Meistens erleben wir die Märchen im Kindergartenalter zum ersten Mal bewusst und intensiv. Ab fünf Jahren beginnt das Märchenalter. In diesem Alter empfinden Kinder die bekannten Märchen und die vertraute Märchenstruktur als anregend.
Doch wie es uns selbst zu einem großen Teil ergangen ist, so ist es auch unseren Gästen ergangen. Mit einer sehr hohen Wahrscheinlichkeit haben unsere Gäste Märchen ebenfalls in ihrer Kindheit kennengelernt. Vielleicht gab es in ihrer Kindheit das Ritual, vor dem Zubettgehen von Mutter oder Vater noch eine Geschichte erzählt zu bekommen. Oft waren es auch ältere Geschwister, die den Jüngeren vorgelesen haben. Oder die Großeltern, die auf dem Hof lebten, aber

nicht mehr arbeiten konnten, haben dies getan. Sie versammelten die Kinder am Abend um einen großen Lehnstuhl am warmen Ofen und erzählten.
In der Schule lernten unsere Gäste mit Märchen das Lesen und Schreiben und viele Familien besaßen ein Märchenbuch. Meistens waren in diesen Märchenbüchern die Märchen der Brüder Grimm abgedruckt. Sie sind unter den Gästen die wohl am besten erinnerbaren Märchen. So eignen sich die Märchen aus verschiedenen Gründen für die Aktivierungsarbeit.

1. **Arbeit mit Gruppen**
   Oft arbeiten wir mit bestehenden Gruppen. In diesen Gruppen können wir mit einer hohen Wahrscheinlichkeit davon ausgehen, dass die einzelnen Gäste die Märchen in ihrem Leben kennengelernt haben, auch wenn sie dieses aufgrund ihrer Demenz vielleicht nicht mehr verbalisieren können. Höchstwahrscheinlich sind ihnen die Geschichten bekannt und wir können ihnen einen möglichen Erinnerungsanker für das Hier und Jetzt geben. Die Märchen wirken wie der kleinste **gemeinsame Nenner** in der Gruppe.

2. **Entwicklung in der Demenz**
   Wir wissen, dass im Laufe der Demenz das Erinnerungsvermögen immer weiter in die Kindheit zurückgeht. In der Kindheit aber ist das Erleben der Märchen verankert. Das bedeutet, es wird uns höchstwahrscheinlich **lange** gelingen, die Betroffenen mit Märchen zu aktiveren. Vor allem deshalb, weil in der ressourcenaktivierenden Märchenarbeit mit allen Sinnen gearbeitet wird. Durch die Kombination von Erzählen und Requisitenarbeit können wir Erinnerungen und Ressourcen wieder in Bewegung setzen.

3. **Märchen begleiten ein Leben lang**
   Wir können ebenfalls davon ausgehen, dass unsere Gäste nicht nur in der Kindheit Märchen erlebt haben. Es ist auch sehr wahrscheinlich, dass sie als Eltern- und Großelterngeneration selbst Märchen erzählt oder vorgelesen haben. Auch Tanten und Onkel kommen in den erneuten Märchenkontakt durch das gemeinsame Erleben mit Nichten und Neffen. Das Märchen begleitet uns **ein Leben lang**. So kann es gelingen, das Märchen als die Tür zwischen verschiedenen Erinnerungswelten und Lebensphasen zu nutzen, weil es diese miteinander verbindet.

4. **Interaktionsraum**
   Die einfache, strukturierte **Märchensprache**, die bildreichen Worte und die vielseits bekannten Wortwendungen, wie „Es war einmal" oder „Und wenn sie nicht gestorben sind …", ermöglichen den Gästen nicht nur das Erkennen der Märchen, sondern auch das Mitmachen, das **Interagieren**. Bei der ressourcenaktivierenden Märchenarbeit ist die Möglichkeit, den Gästen einen Interaktionsraum zu schaffen, das Hauptziel. Dazu wirkt das Märchen als ein Türöffner.

5. **Erlernen der Texte**
   Auch wir, die mit Gästen arbeiten, kennen die Märchen zum größten Teil. Denn auch wir haben sie höchstwahrscheinlich in unserer Kindheit gehört. Manch einer hat sie auch schon seinen Kindern vorgelesen oder erzählt oder hat als Tante, Onkel, Großmutter oder Großvater die eigenen Kindheitserfahrungen wieder aufleben lassen.
   Die meisten von uns können sich unter dem Märchentitel „Rotkäppchen und der Wolf" oder „Aschenputtel" die groben Grundzüge der Geschichte vorstellen. Wir erinnern uns an die entsprechenden Märchenfiguren, an die spannenden Höhepunkte der Märchen, an den roten Faden und an so manchen Märchenspruch, wie z.B. „Knusper, knusper, knäuschen, wer knuspert an meinem Häuschen?". Dieses Erinnern vereinfacht uns das Erlernen der Texte und macht ein freies Erzählen der bekannten Texte als Grundlage für die Märchenarbeit **ohne sehr großen Aufwand** möglich.

Das Märchen: Wenn Bilder erzählen

Über Märchen, ihre Entstehung und ihre Bedeutung wurden bereits viele Forschungsarbeiten veröffentlicht. Es ist nicht die Aufgabe dieses Kapitels, hierzu neue Forschungsergebnisse zu präsentieren oder bereits bekannte Erkenntnisse zusammenzufassen.
Dennoch benötigen Sie für die ressourcenaktivierende Märchenarbeit einige **Grundkenntnisse** über die Entstehung und vor allem über die Struktur der Märchen. Diese Grundlagen werden Ihnen helfen, die Märchen frei zu erzählen.

Das Märchen: Der Versuch einer Definition

Das Wort „Märchen" lässt sich von dem althochdeutschen Wort „Mähre" ableiten. Laut Heinz Rölleke lässt sich folgende Definition festhalten:
„Die ‚Mähre' ist im eigentlichen Sinn also eine Nachricht oder Botschaft von einer Sache, einem Geschehnis, einer Wahrheit, die berühmt ist oder berühmt zu werden verdient, so daß sie sich herumspricht."[2]
Das Wort „Märchen" besteht jedoch aus zwei Teilen: „Mä(h)r" und „chen". Das „chen" ist eine Verkleinerungsform.
„Die Diminuierung [Verkleinerung – Anmerkung der Autorin] weist einerseits [...] auf die Tatsache, daß die so bezeichneten Geschichten klein, d.h. kurz sind; [...] Andererseits aber zeigt die Diminuierung [...], daß solche Geschichten in einem bestimmten Sinn ‚unwahrscheinlich' sind oder wirken."[3]

---

[2] *Rölleke, Heinz:* **Die Märchen der Brüder Grimm – Eine Einführung**, Stuttgart, 2004, Seite 10.
[3] A.a.O., Seite 11.

Einführung

Wir nutzen in unserem Sprachgebrauch das „chen“ auch noch für andere Bedeutungen. So hängen wir gerne ein „chen“ an Wörter, um zu sagen, dass uns ein Mensch am Herzen liegt, z. B. Schatz – Schätzchen, Lieb – Liebchen usw. Daraus folgt, dass es bei dem Märchen um eine **kurze Geschichte** von einer **Nachricht** geht, die es verdient hat, weitererzählt zu werden, weil sie uns **am Herzen liegt**.[4]
Das Märchen handelt von all dem, was wir einander aus unserem Leben erzählen. Es erzählt von dem, was uns bewegt und beschäftigt, denn wir Menschen sind seit Anbeginn unseres Hierseins **erzählende Wesen**. Sicherlich bestanden unsere Geschichten am Anfang unseres Menschseins nicht aus artikulierten Wörtern mit klaren Satzstrukturen, aber je ausgefeilter unsere menschliche Sprache wurde, desto ausgefeilter wurden auch unsere Geschichten. Wir wurden zum „Homo narrans“[5].

Werner Siefer erzählt dazu in seinem Buch „Der Erzählinstinkt“: „Denn nicht Vernunft oder Analyse, nicht Intuition oder Gefühle, sondern das Erzählen ist die wichtigste Form des menschlichen Denkens.“[6]

Es gibt viele alte **Erzähltraditionen**: Göttersagen, Schöpfungsmythen, Heldensagen und vieles mehr. Selbst die Bibel war zu Beginn ihrer Entstehung eine Erzähltradition.

Alle nebeneinander existierende Erzählungen, Sagen, Mythen verwoben sich wie ein dichtes Netzwerk zu den Geschichten, die um die Welt gehen. So auch die Märchen der Brüder Grimm, die sie in ihrer ersten Auflage 1812 herausgaben.
Die Kinder- und Hausmärchen der **Brüder Grimm** haben vieles verändert. Mündliche Erzähltraditionen wurden zusammengefasst, zum Teil für die Adressatengruppe der Kinder in Form gebracht und verändert. Doch der wichtigste Beitrag der Brüder Grimm war die Verbreitung der Märchen. Kaum ein Buch wurde in mehr Sprachen übersetzt als die Kinder- und Hausmärchen der Brüder Grimm. 2016 wurden die Märchen der Brüder Grimm und das Erzählen als Weltkulturerbe von der UNESCO anerkannt.

Die Märchen, vor allem die alten Märchen, bieten eine einfache Erzählweise. Sie sind leicht verständlich und erzählen mit Worten Bilder. In klaren, schlichten Erzählsträngen treffen Gut und Böse aufeinander. Beides ist klar voneinander zu unterscheiden. Die Helden im Märchen in ihren klaren Rollenmustern und Handlungsweisen bieten Identifikationsmöglichkeiten – so fasst Ulrich Lange in dem Begleitheft für die DVD „Musik & Märchen“ die Merkmale des Märchens zusammen.[7]

Und am Ende steht ein gutes Ende, denn das Gute gewinnt die Auseinandersetzung mit dem Bösen. „Die Logik will es so, dass, wer von seinen Krisen erzählen kann, sie mit den Seinen überstanden haben muss.“[8]

---

[4] Duden – Wörterbuch auf www.duden.de/node/819110/revisions/1622597/view

[5] *Siefer, Werner:* **Der Erzählinstinkt**, München, 2015, Seite 15.

[6] A. a. O., Seite 15.

[7] *Lange, Ulrich (Hrsg.):* **Musik & Märchen**, Köln, 2005, Seite 16.

[8] *Siefer, Werner:* **Der Erzählinstinkt**, München, 2015, Seite 18.

Einführung

Diese **einfachen Erzählstrukturen** und **Bilder**, das gute Gefühl eines glücklichen Endes und die umfassende Bekanntheit der Märchen der Brüder Grimm machen sie zu einem geeigneten Mittel in der Aktivierungsarbeit für und mit Menschen mit Demenz.
Zu den bekanntesten Märchen der Brüder Grimm gehören:

- Aschenputtel
- Die Bremer Stadtmusikanten
- Brüderchen und Schwesterchen
- Dornröschen
- Der Fischer und seine Frau
- Frau Holle
- Der Froschkönig (oder der eiserne Heinrich)
- Hänsel und Gretel
- Hans im Glück
- Rapunzel
- Rotkäppchen und der Wolf
- Rumpelstilzchen
- Schneeweißchen und Rosenrot
- Schneewittchen und die sieben Zwerge
- Die Sterntaler
- Der Wolf und die sieben Geißlein*

Sicherlich gibt es weitere sehr bekannte Märchen, z. B. „Die Prinzessin auf der Erbse" oder „Die kleine Meerjungfrau." Beides sind sehr verbreitete Kunstmärchen von **Hans Christian Andersen**, auch „Das Mädchen mit den Schwefelhölzern" oder „Der standhafte Zinnsoldat" gehören dazu.
Doch im Gegensatz zu den Märchen der Brüder Grimm gehen die Kunstmärchen von Hans Christian Andersen oft für die Helden schlecht aus. Das Mädchen mit den Schwefelhölzern wird am Ende des Märchens in der Silvesternacht erfrieren. Die kleine Meerjungfrau wird am Ende des Märchens zu Meeresschaum und der standhafte Zinnsoldat kommt am Ende gar ins Kaminfeuer.
Häufig sind die Kunstmärchen von Hans Christian Andersen sehr verschachtelt, verfügen über komplexe Satzstrukturen und sind oftmals mehrdeutig und ironisch gemeint. Außerdem sind die Kunstmärchen von Hans Christian Andersen in vielen Fällen sehr lang und lassen sich wegen ihrer Komplexität schwer einkürzen oder vereinfachen. Sie eignen sich eher nicht für die ressourcenaktivierende Märchenarbeit.
Das Märchen „Die Prinzessin auf der Erbse" von Hans Christian Andersen ist dabei eine Ausnahme. Das Märchen ist kurz genug für die Märchenarbeit. Es geht gut aus, ist einfach strukturiert und ein sehr bekanntes Märchen. Ich setze es seit Jahren erfolgreich ein.

---

* *Im weiteren Verlauf werden zehn der bekannten Märchen der Brüder Grimm als Aktivierungseinheiten vorgestellt.*

Das Märchen: Der rote Faden

Märchen sind in der Regel nach einer bestimmten **Struktur** aufgebaut. Anhand dieser Struktur lässt sich der **rote Faden** erkennen, der das Erarbeiten und das Auswendiglernen eines Märchens unterstützt und vereinfacht.
Johannes Merkel umschreibt diese Struktur wie folgt:
„Eine Geschichte beginnt damit, dass ein Held benannt wird, sowie Ort und Zeit der erzählten Ereignisse. Das Ereignis, das in das Leben des Helden eingreift, muss die gewöhnliche Erwartung sprengen, der Held muss sich mit dem Ereignis auseinandersetzen und es zu einem Ergebnis und die Geschichte damit zu einem Abschluss bringen.“ [9]
Kristin Wardetzky findet andere Worte, um die Struktur der Märchen zu beschreiben:
„[...] Exposition, auslösendes Moment, Verwicklung, Höhepunkt, mitunter retardierendes Moment*, Lösung, (meist) Happy End.“ [10]
Auf der Basis dieser beiden Aussagen habe ich im Rahmen des Forschungsprojektes „Märchenstube – Märchen als Ressourcenaktivierung für Demenzerkrankte“** eine Märchenstruktur zugrunde gelegt, die sich im Laufe meiner Märchenarbeit weiter verändert hat. Heute arbeite ich mit der folgenden Märchenstruktur:

Einleitung *(oder Exposition)*

„Es war einmal“ – diese **Einleitung** ist uns sehr vertraut. Ich nutze diese Vertrautheit bewusst, um bei der Märchenarbeit an die Erinnerung der Gäste anzuknüpfen. Inhaltlich zeigt der Satz „Es war einmal“ an, dass das Geschehen, das nun erzählt wird, bereits vergangen ist. Es spielt zu einer anderen Zeit, an einem anderen Ort, in einem Reich, in dem alles möglich und wahr ist. Es gibt auch andere Anfänge, wie z. B. „Vor langer Zeit“ oder „Zu einer Zeit, als das Wünschen noch half“. Dennoch verknüpfen wir fast alle mit den drei Worten „Es war einmal“ ein Märchen und begeben uns fast automatisch in die Erwartungshaltung, ein Märchen zu hören. Diesen Effekt nutze ich in meiner Aktivierungsarbeit, indem ich die Anfangsworte „Es war einmal“ bei jedem Märchen verwende, unabhängig vom ursprünglichen Text. Oftmals wiederhole ich den Beginn, um den Gästen die Möglichkeit zu geben, die einleitenden Worte zu erinnern und beim zweiten Mal mitzusprechen.

---

[9] *Merkel, Johannes:* **Erzählen kann jeder**, Bremen, 2007, Seite 6.

* Ein retardierendes Moment ist die Herauszögerung der Lösung nach dem Höhepunkt – Anmerkung der Autorin.

[10] *Wardetzky, Kristin; Weigel, Christiane:* **Sprachlos? Erzählen im interkulturellen Kontext**, Baltmannsweiler, 2008, Seite 40.

** Aus Datenschutzgründen konnte der Abschlussbericht zu dem Projekt „Märchenstube – ressourcenaktivierende Arbeit mit Märchen für Demenzerkrankte“ nicht veröffentlicht werden. Auszüge der Ergebnisse der Studie sind erschienen in: *Meyer, Sabine; Rethschulte, Dr. Antje:* **Zusammenfassung der Ergebnisse – Projekt Märchenstube im Küpper-Menke-Stift – ressourcenaktivierende Arbeit mit Demenzerkrankten**, Osnabrück, 2010 und können als PDF beim Erzähltheater Osnabrück angefordert werden.

Einführung

Zur Einleitung gehört auch die Beschreibung der **Ausgangssituation** im Märchen. Die wichtigsten Personen und der Ort des Geschehens werden vorgestellt. Oftmals wird bereits hier der Grundkonflikt angesprochen.

Beispiel

> Es war einmal ein König. Der hatte Töchter. Alle Töchter waren wunderschön. Doch die jüngste Tochter war so schön, dass selbst die Sonne sich wunderte.
> Nahe beim Schloss, da war ein großer, dunkler Wald. Und im Wald, da lag ein Brunnen. An den heißen Sommertagen ging die jüngste Königstochter hinaus zum Brunnen. Sie setzte sich an den Brunnenrand. Die Königstochter brachte stets ihr Lieblingsspielzeug mit, eine goldene Kugel. Die warf die Königstochter hoch in den blauen Himmel und fing sie wieder auf. Das war ihr Lieblingsspiel.*

Schon nach diesen Worten ist uns allen klar, worum es in dem folgenden Märchen gehen wird: um die jüngste Königstochter und um ihr Lieblingsspielzeug. Und durch die Worte entstehen in uns Bilder, die von den Sätzen nicht beschrieben wurden. Wir sehen einen König mit Krone und rotem Samtmantel, ein Schloss mit Türmchen und einem Schlossgarten, einen Thronsaal mit Gold und Spiegeln und Prinzessinnen mit schönen Kleidern und Krönchen auf dem Kopf.

Beginn des Konfliktes *(oder das auslösende Moment)*

Das bisherige alltägliche Geschehen wird nun unterbrochen. Es kommt zu einem Ereignis, das das Leben des Helden verändert. Der Konflikt – die **Spannung** – hat hier ihren Entstehungspunkt.

Beispiel

> Doch einmal, da warf die Königstochter die Kugel so hoch hinauf in den Himmel, dass sie die Kugel nicht mehr auffangen konnte. Die Kugel glitt aus ihrer Hand und fiel in den Brunnen.

Bildhaft wird uns deutlich, dass die kleine Prinzessin selbst keine Lösung finden wird, ihr Lieblingsspielzeug aus dem Brunnen zu befreien. Es kommt hier zu einem erwarteten Spannungshöhepunkt, der aber bereits andeutet, dass die Geschichte weitergehen muss. Es wird eine Verwicklung auf uns zukommen.
In dem Märchen „Der Froschkönig (oder der eiserne Heinrich)" nimmt der Frosch der Prinzessin das Versprechen ab, dass er ihr Gefährte sein darf, wenn er die Kugel heraufholt. Verständlicherweise verspricht die Prinzessin alles, denn sie möchte ihr Spielzeug wiederhaben. Doch sie vergisst im gleichen Augenblick das gegebene Versprechen. Die Steigerung des Konfliktes ist damit vorprogrammiert.

---

* Den kompletten Text „Der Froschkönig (oder der eiserne Heinrich)" finden Sie im Anhang ab Seite 130.

Die Steigerung des Konfliktes *(oder die Verwicklung)*

Das Vergessen hilft der Prinzessin nicht, denn der Frosch bringt sich lautstark und aufdringlich in Erinnerung. Sie muss sich mit dem Ereignis auseinandersetzen und es zu einem Ergebnis bringen.
Die Steigerung des Konfliktes ist erwartbar. Das Märchen baut die Steigerung gradlinig auf. In vielen Fällen gibt es in diesem Erzählteil **Wiederholungen**, wenn der Held eine Aufgabe gelöst hat, stellt sich ihm die nächste Aufgabe. Der Konflikt, die Verwicklung, die Spannung steigern sich bis zum erwarteten Höhepunkt.

Der Höhepunkt

Das Märchen redet nicht um den heißen Brei herum. Es braucht nicht viel Worte oder verschlungene Gedankenpfade. Kurz und knapp lässt das Märchen die Situation erwartungsgemäß eskalieren. Die Prinzessin wirft den aufdringlichen Frosch ohne viel Federlesen einfach an die Wand.
Der Höhepunkt ist meistens sehr klar und durch nur wenige Worte erkennbar. Unter Umständen wird der Höhepunkt durch das retardierende Moment herausgezögert. Das können wir bei dem Märchen „Aschenputtel" erkennen. Schon als der Prinz beim Kaufmann, Aschenputtels Vater, eintrifft, ist klar, dass der Prinz mit dem goldenen Schuh sein Aschenputtel finden wird. Doch bevor das geschieht, müssen erst die Stiefschwestern den Schuh anprobieren. Die Lösung wird herausgezögert.

Lösung *(Ergebnis oder Happy End – meistens ...)*

Der Spannungshöhepunkt lässt, theoretisch gesehen, im Märchen „Der Froschkönig (oder der eiserne Heinrich)" zwei Ergebnisse zu. 1. Variante: Der Frosch ist tot. Das Ende ist schlecht. 2. Variante: Der Frosch ist etwas anderes geworden. Das Ende ist gut.
Typischerweise greift das Märchen auf das **gute Ende** zu: Der Frosch wird zum Prinzen. Was nun kommt, ist wieder vorherzusehen: das glückliche Ende und die Hochzeit.

Schluss

Nicht in jedem Fall endet das Märchen mit der bekannte Schlussformel **„Und wenn sie nicht gestorben sind, dann leben sie noch heute."** Dennoch füge ich sie am Ende jedes Märchens, das ich im Rahmen der ressourcenaktivierenden Märchenarbeit erzähle, an. Der Satz ist ein Erinnerungsanker und in den meisten Fällen sprechen die Gäste diesen Satz mit. Besonders wenn ich den Satz so spreche, dass ich zwischen den beiden Satzteilen eine Pause mache, löst das oft in den Gästen die Erinnerung an die Worte aus. Sie vervollständigen selbst den Satz.

Struktur

Zum freien Erzählen der Märchen prägen Sie sich zu den einzelnen Punkten der Struktur innere Bilder ein. Im freien Erzählen und insbesondere beim Erzählen im Bereich der ressourcenaktivierenden Märchenarbeit geht es nicht um das wortwörtliche Erzählen, sondern um das freie, zum Teil improvisierte Erzählen. Speichern Sie die Bilder des Märchens wie einen **inneren Film** ab und ergänzen Sie Ihre eigenen inneren Bilder mit Worten, Gesten und mimischem Ausdruck. Sie finden im Anhang zu den zehn ausgewählten Märchen der Brüder Grimm Märchentexte, die anhand der vorgestellten Struktur gegliedert wurden, um Ihnen das Erlernen zu vereinfachen.

Das Erzählen: Warum frei erzählen?

„Erzählen kann jeder.“ [11] – *Johannes Merkel*

Die Grundlage der ressourcenaktivierenden Märchenarbeit ist das **freie Erzählen** der Märchen. Doch was ist eigentlich das freie Erzählen? Im Rahmen der ressourcenaktivierenden Arbeit mit Märchen möchte ich das freie Erzählen wie folgt definieren, und dabei lehne ich mich an Beschreibungen wie z. B. die von Johannes Merkel an:

1. **Das freie Erzählen ist das freie, improvisierende Sprechen einer Geschichte anhand eines roten Fadens.**
   Das freie Erzählen ist **Improvisation**. Anhand des roten Fadens, der vorhandenen Struktur des Märchens, lasse ich in mir zu den Worten Bilder entstehen, wie einen Film in meinem Kopf. Dafür nutze ich die sogenannten **bildreichen Worte**.
   Ich erzähle anhand der Bilder die Märchen. Ich beschreibe, was ich in meinem Kopf sehe, höre, rieche, schmecke und fühle, zum Teil mit eigenen Worten, zum Teil mit Märchenworten.

2. **Das freie Erzählen ist die Kombination aus Wort, Geste und Mimik.**
   Die **inneren Bilder**, die ich erzähle, kleide ich in Worte, aber auch in Gesten und Mimik. Gesten und mimischer Ausdruck illustrieren, erklären und unterstützen mein Erzählen. Gesten und Mimik ersetzen zum Teil Worte. Sie machen das freie Erzählen verständlich und bildhaft für unsere Gäste.

3. **Das freie Erzählen ist die Melodie der Stimme.**
   Mit Betonungen, Pausen und mit unterschiedlichen Stimmfarben für einzelne Rollenfiguren wird das freie Erzählen zu einem kompletten **Erleben mit allen Sinnen**. Auch für Sie wird eine Prinzessin eine andere Stimme haben als ein alter König und ein fröhlicher Bursche wird eine andere Stimme haben als eine traurige Prinzessin. So fließen Rollenbilder und Emotionen in das freie Erzählen ein und unterstützen das Verstehen.

[11] *Merkel, Johannes:* **Erzählen kann jeder**, Bremen, 2007, Seite 1.

4. **Das freie Erzählen nutzt bestimmte Redewendungen als Erkennungsmerkmale.**
   In der ressourcenaktivierenden Arbeit ist es für die Erinnerungswelten der Gäste wichtig, bestimmte Inhalte der Märchen wortwörtlich zu sprechen. Das umfasst die Märchenredewendungen, wie z. B. „Rucke di guck. Rucke di guck. Blut ist im Schuh“ oder „Rapunzel, Rapunzel, lass dein Haar herunter“, aber auch den einleitenden Satzteil „Es war einmal … “ oder den Schluss „Und wenn sie nicht gestorben sind, dann leben sie noch heute.“ Diese Redewendungen können **Erinnerungsanker** sein, die die Gäste wiedererkennen und womöglich selbst mitsprechen können.

In den im Anhang vorgestellten Märchentexten finden Sie diese vier Aspekte wieder. Sie finden den roten Faden, die bildreichen Worte, die Rollen und die Teile, die Sie möglichst wortgetreu erzählen. Wobei – Sie werden staunen – der Bereich der wortwörtlichen Textwiedergabe verschwindend gering ist.
In den Kurzfassungen der Märchen werden Sie den roten Faden in Stichworten wiederfinden, der Ihnen im Moment des Erzählens eine Stütze sein kann.
Seien Sie gewiss: „Erzählen kann jeder.“[12] Sie auch. Und selbst, wenn Sie etwas einmal vergessen oder verwechseln und ein Gast Sie darauf aufmerksam macht, ist doch eigentlich passiert, was Sie wollten: Der Gast hat sich erinnert und agiert.
Und damit sind wir bei den großen **Vorteilen** des freien Erzählens.

1. **Das freie Erzählen schafft lebendige Märchen.**
   Märchen sind **Erzähltraditionen**. Sie sind im Grundsatz als Geschichten konzipiert, die frei erzählt werden, und nicht als Geschichten, die gelesen werden. „Erst im Erzählen gewinnen diese Geschichten ihre eigentümliche Leichtigkeit. Mündliches Erzählen schafft ein recht zartes Gewebe, das in knappen andeutenden Sätzen und illustrierenden Gesten dem Hörer Raum lässt für eigene Vorstellungen“[13], so beschreibt Johannes Merkel das Erzählen.

2. **Das freie Erzählen schafft Interaktionsräume.**
   Mitmachen und Mitagieren ist einer der Schwerpunkte der ressourcenaktivierenden Märchenarbeit. Mitsprechen von Textpassagen, gemeinsame Textwiederholungen usw. lassen das Erzählen zu einem gemeinsamen Erleben aller in der Gruppe werden.

3. **Das freie Erzählen schafft Handlungsspielräume.**
   Mit einem Buch oder Text in der Hand sind Ihre Hände im wahrsten Sinne gebunden. Das freie Erzählen schafft für Ihre Hände, Ihre Gestik, Ihre Mimik **Spielraum** und so orientiert es sich stärker an dem Erleben der Gäste, die in ihrer Demenz **kognitive und sprachliche Defizite** erleben.

---

[12] *Merkel, Johannes:* **Erzählen kann jeder**, Bremen, 2007.
[13] *Merkel, Johannes:* **Sprache der inneren Welt**, Bremen, 2007, Seite 155.

4. **Das freie Erzählen schafft Freiraum.**
   Abseits eines starren Ablesens der Texte schenkt das freie Erzählen dem Erzähler **Freiraum**, Texte spontan anders, kürzer zu erzählen, **spontan** Wiederholungen einzubauen und vor allem genügend Möglichkeiten und Ressourcen, die Gäste in ihrer Befindlichkeit wahrzunehmen.

Praxiserfahrung

Als ich vor einiger Zeit in eine Einrichtung kam, in der ich noch nie erzählt hatte, war in der für mich logischerweise unbekannten Gruppe eine knapp 50-jährige Frau, die sich bereits im schweren Stadium der Demenz befand. Sie saß in einem Spezialrollstuhl, der mit einem angebauten Tisch ihrem Kopf eine Stütze bot, denn sie ließ immer ihren Kopf sinken und blieb in der extrem gebeugten Position sitzen. Nur mit Ansprache und körperlicher Unterstützung, wie z. B. Anheben oder Halten, richtete sich diese Frau kurz auf, um dann erneut zusammenzusinken.
Ich habe an diesem Vormittag „Dornröschen" erzählt. Dieses Märchen kann ich fast in jeder Situation erzählen, da ich es sehr verinnerlicht habe. Weil der Märchentext so leicht für mich abrufbar ist, kann ich meine komplette Aufmerksamkeit mehr oder weniger meiner Gruppe schenken. Das bedeutet z. B., dass ich ständig Blickkontakt zu der Gruppe halten kann. Ich blicke umher und wandere immer mit meinem Blick in Ruhe durch die Gruppe.
Aus den Augenwinkeln bemerkte ich, dass die junge Frau ihren Kopf hob, sich langsam aufrichtete und mich anschaute. Ich erwiderte ihren Blick und erzählte in ihre Richtung für eine kurze Zeit das Märchen weiter. Ein fast unmerkliches Lächeln glitt über ihre Lippen. Dann sackte die Frau wieder zusammen.
Nach einer Weile wiederholte sich das Geschehen. Die Frau richtete sich auf und blickte mich an. Ich erwiderte den Blickkontakt und erzählte eine Zeit lang in ihre Richtung. Ein Lächeln erschien auf ihrem Gesicht. Und ein erneutes Zusammensacken.
Das ganze Geschehen wiederholte sich mehrfach für jeweils einige Augenblicke während der ganzen Märchenstunde. Mein Erzählen und mein Blick ersetzten in diesem Fall die körperliche Unterstützung zur Aufrichtung und die Frau fand die Möglichkeit, sich selbst aufzurichten. Hätte ich ein Buch in der Hand gehalten, wäre dieser intensive Blickkontakt sicher nicht möglich gewesen.

Einführung

Als ich begann, meine Texte frei zu erzählen, entstand in mir automatisch ein bestimmtes **Schema**, nach dem ich seit Jahren meine Märchentexte erarbeite. Viele Berufskollegen nutzen ähnliche Strukturen, dennoch weichen sie voneinander ab und jeder Erzähler entwickelt seine eigenen Lernstrukturen.
Jeder lernt unterschiedlich und individuell.
Auch Sie werden ein eigenes **Schema** haben, mit dem Sie sich **Texte leicht merken können**. Meines möchte ich Ihnen an dieser Stelle verraten.

1. **Schritt: Laut lesen! Mehrfach!**
   In den meisten Fällen kommen hier schon die ersten Ideen zu Betonungen, bildreichen Worten, Rollen und Gesten. Dabei ist es wichtig, eigene Verständnisfragen zu klären. Je besser ich den Inhalt verstehen und nachvollziehen kann, desto besser kann ich mir den Text merken.

2. **Schritt: Erkennen des roten Fadens**
   Hier kennzeichne ich Bereiche, suche Stichworte im Text, die diesen roten Faden charakterisieren.

3. **Schritt: Erzählen**
   Ich lege den bearbeiteten Text weg und beginne sofort das freie Erzählen. Die Geschichte spreche ich zwei- oder dreimal, wie sie mir in den Sinn kommt. Ich erzähle im Stehen, mit Händen und Füßen. Schon jetzt beginne ich gestisch und mimisch zu erzählen und in Rollen zu sprechen.

4. **Schritt: Vertiefen**
   Ich lese ein weiteres Mal den Text und erkenne, zu welchem Bereich ich mein Erzählen noch ausfüllen kann. Ich lege den Text weg und erzähle wieder.

5. **Schritt: Redewendungen**
   Ich lese ein weiteres Mal den Text und gleiche meinen erzählten Text mit den wörtlichen Redewendungen ab. Es haben sich bestimmte Redewendungen beim Erzählen schon eingeschliffen. Ich überprüfe anhand des Textes, ob ich dabei für die wortwörtlichen Redewendungen (Märchensprüche) die richtigen Worte gewählt habe.

6. **Schritt: Vertiefen**
   Ich erzähle nun die komplette Geschichte mit Gesten, Mimik, Stimmveränderungen und Redewendungen.

7. **Schritt: Freuen, dass das Märchen bei mir angekommen ist**
   Alle Schritte brauchen ein wenig Zeit. Es macht nicht immer Sinn, sie schnell hintereinander durchzuführen, manchmal setzt sich eine Geschichte besser, wenn man dazwischen auch mal einen Tag ohne Märchen vergehen lässt.

Einführung

Ich möchte Ihnen allen, die dieses Buch lesen, **Mut** machen, die Bücher zur Seite zu legen. Sie können frei erzählen und Sie werden rasch merken, dass sich der anfängliche Aufwand lohnt. Sie werden auch rasch merken, dass es Ihnen immer leichter fallen wird, frei zu erzählen. Denn wir Menschen sind und bleiben erzählende Wesen.

Grundlagen der Märchenarbeit als Aktivierungsmethode

Grundlagen der Märchenarbeit als Aktivierungsmethode

Der Erzählort: Auswahl und Gestaltung

Neben der inhaltlichen Ausgestaltung der Märchenstunde, d. h. der Auswahl des Märchens und der Aktivierungsimpulse, stellen sich im Vorfeld auch organisatorische Fragestellungen.

Raumgröße und Sitzanordnung

Der Erzählort soll genügend Platz bieten, um die Gruppe in einen **Stuhlhalbkreis** setzen zu können. Ein Stuhl bildet dabei auf der geöffneten Seite des Halbkreises die **Erzählerposition**. Diese Anordnung hat den Vorteil, dass alle Gäste von ihrer Position im Halbkreis den Erzähler sehen können. Gerade bei dem freien, lebendigen Erzählen ist der **Blickkontakt** zwischen Erzähler und Publikum sehr wichtig.

Bilden Sie einen Stuhlhalbkreis und setzen Sie sich so, dass alle Gäste Sie sehen können.

Praxistipp

Ein schwerhöriger Gast sitzt am besten mittig im Blickfeld des Erzählers. Durch den Blickkontakt kann sich der Gast besser das erschließen, was er nicht hören kann. Der Erzähler sitzt beim Erzählen in der sogenannten Erzählerposition. Durch das Sitzen des Erzählers wird die Theateratmosphäre, die unwillkürlich beim Erzählen entsteht, reduziert. Die Hemmschwelle zur Interaktion der Gäste wird heruntergesetzt, denn der Erzähler fügt sich in die Gruppe ein.

Sollte die Gruppe zu groß und der Raum zu klein für einen Stuhlhalbkreis sein, wäre es sinnvoll, zwei kleinere Halbkreise hintereinander aufzustellen. Achten Sie dabei darauf, dass Sie bequem zwischen den Stühlen und Reihen hin und her gehen können, damit Sie Aktivierungsmaterialien, z. B. ein Spinnrad, zu den einzelnen Gästen bringen können. Die Anordnung der Gruppe an Tischen behindert die Aktivierungsarbeit und sollte nach Möglichkeit nicht erfolgen.

Bei größeren Gruppen bilden Sie zwei Stuhlhalbkreise hintereinander.

Licht und Dekoration

Die ressourcenaktivierende Märchenarbeit ist eine Form der Aktivierung und benötigt Licht. Licht spielt grundsätzlich in der Aktivierung eine wichtige Rolle. Im Licht erleben wir unsere Umwelt lebendiger. Aktivierungsmaterialien müssen von den Gästen gut erkannt werden können. Ebenso müssen die Mimik und Gestik des Erzählers deutlich sichtbar sein. Gerade Gäste mit eingeschränkten Sehfähigkeiten brauchen viel Licht, um klarer erkennen zu können.
Das Erzählen der Märchen im abgedämpften Raum, unter Umständen von wenigen, warm leuchtenden Lichtquellen, wie LED-Kerzen, erhellt, hat dagegen etwas Beruhigendes an sich. Es wirkt entspannend. So können auch Kindheitserinnerungen an die Gute-Nacht-Geschichte entstehen. Bewusst eingesetzt, bietet die Märchenarbeit im Sinne der Entspannung weitere wertvolle Möglichkeiten, die aber nicht Gegenstand dieses Buches sind.
Zwischen dem Stuhlhalbkreis und der Erzählerposition wird auf dem Boden eine Dekoration aufgebaut, die sogenannte **Märchenmitte**. Materialien, die eindeutig auf das Märchen, das erzählt wird, hinweisen, werden dort auf verschiedenfarbige Tücher platziert.

Praxiserfahrung

In der Mitte stand ein altes Spinnrad. Auf weißen Tüchern lagen Rosenblätter. Eine kleine Prinzessinnenkrone lag auf einem rosafarbenen Tuch daneben. Ich fragte die Gruppe: „Was meinen Sie, welches Märchen will ich Ihnen heute wohl erzählen, wenn Sie einmal die Gegenstände in der Mitte betrachten?“ Getuschel in den Reihen. Eine Dame sprach zu ihrer Nachbarin: „Die erzählt bestimmt Rumpelstilzchen.“ Die Nachbarin schüttelte ihren Kopf. „Nein, die erzählt Dornröschen.“ „Stimmt“, sagte die erste Dame und beide lächelten.

Die Märchenmitte dient als Einstimmung auf das folgende Märchen und ist sogleich der erste Aktivierungsimpuls. Die Gegenstände in der Mitte werden so ausgewählt, dass die Wahrscheinlichkeit, das Märchen erkennen zu können, für die Gäste sehr hoch ist. Dazu reichen zwei bis drei Hinweise aus. Hier gilt die Grundregel: Weniger ist mehr.
Ein Beispiel, dass weniger mehr ist, kann man am Märchen „Frau Holle“ sehen. Bei dem Märchen „Frau Holle“ könnten viele Requisiten in die Märchenmitte gelegt werden: Äpfel, Federn, Kissen, Spinnrad, Spindel, Wolle, Brot, Brotschieber, Gold usw. Da stellt sich die Frage, welche Requisiten möglichst klar das Märchen „Frau Holle“ widerspiegeln.

Bei einem Spinnrad könnten die Gäste auch das Märchen „Dornröschen“ oder „Rumpelstilzchen“ erkennen. Bei einem Korb mit Äpfeln könnte auch das Märchen „Schneewittchen und die sieben Zwerge“ erwartet werden. Aber Äpfel und eine goldene Spindel spiegeln sehr eindeutig das Märchen „Frau Holle“ wider.
Weitere Dekorationen sind für die Märchenarbeit nicht nötig. Andere Dekorationen lenken die Aufmerksamkeit ab. Bedenken Sie bei der Auswahl der Materialien stets, dass es den Gästen aufgrund ihrer Erkrankung schwerfällt, Reize zu filtern. Zu viele Reize strengen an, nehmen Konzentration und Ausdauer.

Erscheinungsbild des Erzählers

Märchen leben von Bildern. Das Erzählen lebt vom Erzähler. Das wird durch ein entsprechendes Erscheinungsbild, ein **Kostüm**, des Erzählers unterstützt. Hilfreich für die Gäste ist es, dieses Erscheinungsbild stets beizubehalten. Besonders wenn es sich um Gäste mit schwerer Demenz handelt, unterstützt ein immer gleiches äußeres Erscheinungsbild das Wiedererkennen von Person und Situation.

Praxiserfahrung

In dem Projekt „Märchenstube“ trug ich ein bestimmtes Kleid. Es war an den Stil der mittelalterlichen Gewandung angelehnt und bodenlang. Die Ärmel waren lang und ausgestellt. Auf dem Rücken war das Kleid geschnürt. Die Gäste meiner Gruppe kamen einen Flur entlang, mussten um die Ecke in einen großen Bereich gehen und sahen dann mich vor der Tür des Erzählraumes stehen. Schon nach wenigen Treffen wussten die Gäste sehr genau, wohin sie wollten. Zielstrebig gingen sie zu dieser Frau in dem merkwürdigen Kleid. Meinen Namen mögen sie vergessen haben, nicht aber das Kleid.

Bei der Auswahl eines geeigneten Kostüms ist der Erzähler nicht auf das Mittelalter festgelegt. Vielmehr geht es darum, dass sich der Erzähler in seiner Bekleidung wohl fühlt und sich gut darin bewegen kann.

Es ist aber sinnvoll, eine bewusst andere als die normale, in der Einrichtung bekannte Kleidung zu wählen. Auch ein farbiger Umhang, ein Hut oder Ähnliches kann das Erkennen von Person und Situation unterstützen. Achten Sie darauf, dass im Kostüm Ihr Gesicht stets gut erkennbar bleibt. Verzichten Sie auf breitrandige Hüte. Nehmen Sie die Haare aus dem Gesicht und stecken Sie lange Haare lieber hoch. Ein breiter Schal um den Hals ist zwar wärmend, aber er verbirgt Ausdrucksmöglichkeiten und lenkt den Blick der Gäste ab.

Störungsfreiheit

Eine wichtige Voraussetzung für Intensität und Qualität der Märchenarbeit ist die Störungsfreiheit im Raum. **Störungen** können unterschiedliche Formen und Ausprägungen haben. Ich unterscheide zwischen kurzfristigen und langfristigen Störungen.

Kurzfristige Störungen treten auf, wenn z. B.
- eine Tür geöffnet und geschlossen wird,
- etwas zu Boden fällt,
- ein Geräusch von außen in den Raum dringt.

Langfristige Störungen treten auf, wenn z. B.
- ständige Geräuschquellen, wie Fernseher, Wellensittich, Radio, vorhanden sind,
- ständiger Durchgangsverkehr herrscht,
- eine Spülmaschine mit erhöhtem Geräuschpegel läuft.

Kurzfristige Störungen lassen sich meistens gut überbrücken. Die Spannung kann beim Erzählen gehalten werden. Bei langfristigen Störungen ist das oft nicht möglich. Läuft beim Erzählen der Fernseher, werden sich schwerlich Aktivierungserfolge ergeben. Die Gäste sind durch die Geräusche, die Bewegungen und das Licht des Fernsehers abgelenkt. Wird die Märchenstunde in einem Bereich durchgeführt, durch den ständig Personen (Mitarbeiter, Besucher, Gäste) gehen, werden sich ebenfalls kaum Ruhe und Konzentration einstellen. Sicherlich sind in vielen Einrichtungen die räumlichen Bedingungen erschwert, weil es wenig Rückzugsbereiche und ruhige Räume gibt. Dennoch gilt es, auf die **Reduzierung der Störungen** zu achten.

Beispiele, wie Sie Störungen reduzieren können:
- Fernsehen und Radio ausstellen,
- Wellensittiche mit einem Tuch abdecken,
- an die Tür außen ein Schild mit der Aufschrift: „Bitte nicht stören! Hier werden Märchen erzählt." anbringen,
- im Durchgangsbereich Sichtschutzwände aufstellen,
- bei unruhigen Räumen die Gruppe verkleinern,
- die Erzählerposition so wählen, dass die Gruppe nicht in Störungsbereiche blickt, wie z. B. zu Türen, Fenstern etc.

Es wird nicht möglich sein, jede Störung auszuschließen. Aber es ist möglich, die Störungen zu verringern. Oft ist dazu auch eine Absprache mit anderen Berufsgruppen in der Einrichtung notwendig. Erläutern Sie Ihre Gründe für die Störungsfreiheit, klären Sie auf und bitten Sie um Verständnis.

Es gibt noch eine dritte Störungsart. Das sind **Störungen, die in der Gruppe entstehen**, z. B.:
- ein Gast muss auf die Toilette,
- ein Gast leidet an Hinlauftendenz,
- ein Gast spricht dazwischen,
- ein Gast wird unruhig.

Es gilt zunächst grundsätzlich, die **Störung zu akzeptieren** und sich nicht aus der Ruhe bringen zu lassen. In manchen Situationen kann es vorkommen, dass eine Störung die Gruppe auseinanderbrechen lässt. In solchen Fällen ist es wichtig, sich **für die Gruppe** und **gegen den Störenden** zu entscheiden. Ein unruhiger Gast lenkt alle anderen durch seine Unruhe ab. Die Gruppe hört nicht mehr zu. Der Gast sollte nach Möglichkeit die Gruppe verlassen.
Eine andere Konstellation ist es, wenn ein Gast eine akute Krise hat. Da ist es natürlich notwendig, sich **gegen die Gruppe** und **für den Gast** zu entscheiden. Bei manchen Störungen hilft es, sie „auszusitzen" und „auszuhalten".

Praxiserfahrung

Frau T., schwere Demenz, war sehr unruhig und ungehalten. Kaum begann ich meine Märchenstube, rief sie lautstark in den Raum: „Rede doch keinen Blödsinn." Sie wiederholte beständig ihren Ausruf. Was sollte ich tun? Die Gruppe von 15 Gästen war heterogen zusammengesetzt, alle Demenzstufen waren vertreten. Doch scheinbar ließen sich die anderen nicht durch die lautstarken Einwürfe davon abhalten, zuzuhören. Ich habe also weitererzählt.
Im Verlauf der ersten Sätze reduzierte Frau T. die Lautstärke und die Anzahl der Wiederholungen. Am Ende des Märchens hatte sie ihre Ausrufe schon längst komplett eingestellt und hörte andächtig zu. Als wir zum Abschluss der Märchenstube „Dornröschen war ein schönes Kind" sangen, ergänzte Frau T. unser Lied um zwei Strophen, die ich vergessen hatte. Und sie lächelte.

Im Idealfall leiten Sie die Märchenstunden zu zweit. So hat Ihr Kollege die Möglichkeit, Störungen aufzufangen, während Sie weiterhin die Gruppenleitung übernehmen können. In der Realität ist das oft nicht möglich. Aber vielleicht können Sie einen Kollegen in Ruf- und Sichtweite haben, den Sie im Störungsfall dann um Unterstützung bitten.

Die Gruppe: Aufbau und Auswahl

Die Aktivierungsarbeit mit Märchen ist **für viele Gäste**, aber nicht für jeden sinnvoll. Gäste mit leichter Demenz, mittlerer Demenz und schwerer Demenz sprechen auf die Aktivierungsarbeit mit Märchen gleichermaßen an. Gäste, die orientiert sind, finden über das Märchen ebenfalls Zugänge zu Ressourcen und Erinnerungen. Dennoch erlebe ich in der Märchenarbeit auch Gäste, die für das Thema Märchen nicht offen sind. Bei der Zusammensetzung der Gruppe ist also zunächst einmal abzuklären, inwieweit die Gäste für das Thema „Märchen" offen sind.

Praxiserfahrung

2009 begann das Projekt „Märchenstube – ressourcenaktivierende Arbeit mit Märchen für Demenzerkrankte". Beim ersten Treffen der Gruppe, die wir im Vorfeld in Absprache mit dem Begleitenden Sozialen Dienst, den Pflegekräften und der Heimleitung ausgewählt hatten, kam die Bewohnerin Frau K. mit den Worten in den Erzählraum: „Märchen – das ist Kinderkram. Das interessiert mich nicht." Darauf wandte ich mich an die Bewohnerin: „Liebe Frau K., schauen Sie, ich habe hier einen Stuhl in der Nähe der Tür. Wollen Sie nicht einfach einmal reinhören, ob es Ihnen nicht doch gefällt? Wenn es Ihnen nicht gefällt, können Sie gerne leise den Raum verlassen. Das ist kein Problem."

Frau K. war sehr mobil und eigenständig. Sie konnte ohne Gehhilfe oder Rollator aufstehen und gehen. Sie brummte eine Zustimmung und setzte sich hin. Und sie blieb dort auf dem Stuhl sitzen. Erst nachdem ich mich mit Handschlag von jedem Gast wieder verabschiedet hatte, kam sie von allein auf mich zu. „Nächstes Mal komme ich wieder", sagte sie. Und das tat sie. Der Termin der Märchenstube wurde ihr so wichtig, dass sie sich ihn von einer Betreuungskraft in den Kalender eintragen ließ. Wollte von nun an ein Angehöriger oder Bekannter zu dieser Zeit zu Besuch kommen, lehnte Frau K. ab: „Da habe ich keine Zeit. Ich muss zur Märchenstunde. Da warten sie auf mich."

Frau K. hatte erkannt, dass es bei der Märchenstube nicht um das Erzählen der Kindermärchen aus alten Tagen ging. Ihr war bewusst geworden, dass es hier um sie selbst ging. Die Märchen, die ich erzählte, öffneten die Tür zu ihrem eigenen Leben. Sie fühlte sich und ihr Leben wertgeschätzt und erlebte im Rahmen der Märchengruppe zum ersten Mal seit ihrem Einzug in die Einrichtung ein Gemeinschaftsgefühl.

Frau K. hatte sich zwei Jahre lang geweigert, ihr Zimmer zu verlassen, da sie ihrer Meinung nach in einem „Irrenhaus" gelandet war. Durch das Erleben in der Märchengruppe wurde ihr ein neuer Zugang zu den Angeboten der Einrichtung geöffnet. Sie begann mit einem Mal, an allen Angeboten teilzunehmen. Und sie blühte auf wie eine märchenhaft schöne Rose.

Am Anfang der Märchenarbeit empfinden manche Gäste das Erzählen der Märchen als eine Herabsetzung zum Kind, da sie die Märchen aus ihrer Kindheit kennen. Aber spätestens in der Aktivierungsphase erkennen die meisten Gäste, was hinter der Märchenarbeit steckt: die Wertschätzung ihrer eigenen Geschichten, ihrer Fähigkeiten und ihrer Kompetenzen. Das ist oft ein neues Erleben für die Gäste, da ihre Welt in der Demenz häufig nur noch aus Defiziten besteht. Wäre Frau K. während der Märchenstube aufgestanden und hinausgegangen oder hätte sie beim nächsten Treffen abermals eine Verweigerung ausgesprochen, hätte ich ihre Entscheidung akzeptieren müssen. Doch oft ist die Verweigerung am Anfang nur das Resultat der Unkenntnis und der Unsicherheit darüber, was die Gäste in der Märchenstunde erwartet. Seien Sie geduldig und geben Sie nicht so schnell auf.

Die Gruppengröße

Je kleiner die Gruppe, desto individueller und intensiver kann die Aktivierungsarbeit erfolgen.
Generell gehe ich von einer Gruppengröße von mindestens fünf Gästen aus. Um eine qualitativ hohe Arbeit zu leisten, sollte die Gruppe nicht mehr als 15 Gäste umfassen.
Zudem gilt: **Je größer die Gruppe, desto kürzer das Märchen.**
Wählen Sie das Märchen der Gruppengröße entsprechend aus: Erzählen Sie in größeren Gruppen lieber Märchen von sieben Minuten als von 20 Minuten, damit Sie mehr Zeit für die Aktivierungsarbeit haben.

Unter diesem Symbol finden Sie in den ausgearbeiteten Märchenstunden **Informationen zur Gruppengröße**. Diese Informationen gelten als Richtlinie und nicht als Vorschrift.

Der Grad der Demenz

Je stärker die Gäste von der Demenz betroffen sind, desto kleiner sollte die Gruppe sein.
Die Märchenstube ist für alle Demenzstufen geeignet. Einschränkungen, wie Hörverlust, Erblindung, sowie demenztypische Symptomatiken, wie Wortfindungsstörungen und Hinlauftendenz, schließen niemanden aus der Märchenstube aus.
Oft ist es für die Gruppenleitung hilfreich, die Gruppe homogen zu gestalten, d. h. leichte und mittlere Demenz sowie mittlere und schwere Demenz zusammenzufassen. Aber unterschätzen Sie nicht die Synergieeffekte, wenn orientierte Gäste andere unterstützen. Sie kennen Ihre Gäste am besten und wissen, wer mit wem eine Gruppe bilden kann.
Nutzen Sie bei Gruppen mit mittlerer und schwerer Demenz eher sehr bekannte Märchen, bei leichterer Demenz können Sie auch auf unbekanntere Märchen zurückgreifen. Das System der Märchenarbeit lässt sich auf unbekanntere Märchen übertragen. In den ausgearbeiteten Märchenstunden werden sehr bekannte Märchen vorgestellt.

Unter dem Symbol finden Sie zudem Informationen über die **vorgeschlagene Gruppenzusammensetzung**.

Praxiserfahrung

Frau B. litt unter Hinlauftendenz. Nicht eine Minute konnte Frau B. auf einem Stuhl sitzen bleiben, kaum saß sie, sprang sie wieder auf. In der Märchenstube verhielt sie sich komplett anders. Bis zu den einleitenden Märchenworten „Es war einmal" lief Frau B. im Raum auf und ab. Dann setzte sie sich hin und hörte aufmerksam zu, bis ich meine Märchenstube mit den Worten: „Bis zur nächsten Woche!" beendete. Frau B. saß über 45 Minuten auf ihrem Platz. Und nicht nur das. Sie machte mit, war konzentriert und aufmerksam.

Das Geschlecht

Männer und Frauen sprechen **gleichermaßen positiv** auf Märchen an. Da sowohl weibliche als auch männliche Gäste in ihrem Leben mehrfach mit Märchen in Berührung gekommen sind, haben sowohl Frauen wie Männer zum Märchen Zugang. Dennoch kann die Auswahl des Märchens eine geschlechtsspezifische Aktivierung ermöglichen.
Märchen mit weiblichen Helden und Tieren eignen sich besonders für weibliche Gäste, Märchen mit männlichen Helden und Tieren sind für männliche Gäste ideal. Dazu eine kleine Auswahl:

Geeignete Märchen für weibliche Gäste:
- Frau Holle
- Rotkäppchen und der Wolf
- Aschenputtel

Geeignete Märchen für männliche Gäste:
- Hans im Glück
- Die Bremer Stadtmusikanten
- Hänsel und Gretel

Praxiserfahrung

Ich habe das Märchen „Hans im Glück" vor einer Gruppe erzählt, in der es mehrheitlich weibliche und nur einige männliche Gäste gab. Im Märchen war Hans in der Lehre und hatte ein Handwerk gelernt. Deshalb habe ich die Aktivierungsimpulse an das Thema „Lehre und Handwerk" angeknüpft. Ich hatte einen Hammer und einen Holzscheit mit.
Herr B. hatte eine mittlere Demenz. Er war in sich gekehrt und blickte stets zu Boden. „Hans im Glück" schien ihm zu gefallen. Er schaute mich beim Erzählen an. In der Aktivierungsrunde legte ich den Holzscheit auf das Tischchen seines Rollstuhls, es befand sich direkt vor ihm. Er fühlte über die raue Rindenseite und über die glatte Seite des Holzblocks. Längere Zeit war er damit beschäftigt. Dann gab ich ihm einen Hammer. Und er lachte. „Ich war Tischler", sagte er. Leise und vorsichtig hämmerte er auf den Holzscheit. Und dann begann er von seinem Gesellenstück, einem Tisch, zu erzählen.

In den seltensten Fällen arbeiten wir mit reinen Männergruppen. Achten Sie dennoch bei der Auswahl des Märchens darauf, auch für Männer Identifikationsmöglichkeiten zu schaffen; das können Sie über die männlichen Helden und über die angebotenen Aktivierungsimpulse tun. Bringen Sie also zum Frauenmärchen „Aschenputtel" nicht nur den goldenen Schuh mit, sondern bedenken Sie ebenfalls die Herren mit einem schwarzen Männertanzschuh.

Die Vorbereitungen: eine Checkliste

Unabhängig von dem ausgewählten Märchen sind für jede Märchenstunde bestimmte Vorbereitungen nötig. Diese Checkliste soll Ihnen helfen, die verschiedenen Aspekte der Vorbereitung im Auge zu behalten.

Etwa 4 Wochen vorher

- ☐ Märchen auswählen, den vorgeschlagenen Text durcharbeiten und ggf. auf die Gruppe abstimmen
- ☐ Märchenkurzfassung lernen und üben
- ☐ Erinnerungsanalyse durcharbeiten und ggf. auf die Gruppe abstimmen
- ☐ Termin für die Märchenstunde festlegen und mit anderen Bereichen der Einrichtung abstimmen
- ☐ erste Überlegungen zur Zusammensetzung der Gruppe treffen

Grundlagen der Märchenarbeit als Aktivierungsmethode

Etwa 3 Wochen vorher

- [ ] Märchenkurzfassung lernen und üben
- [ ] Fragen und Aktivierungsimpulse aus den vorgeschlagenen Impulsen auswählen und auf Karteikarten schreiben
- [ ] Requisiten und Materialien aus der Materialliste auswählen, ggf. besorgen oder herstellen
- [ ] Lieder auswählen und Liedtexte vervielfältigen

Etwa 2 Wochen vorher

- [ ] Märchentext so weit wie möglich auswendig und frei erzählen

Etwa 1 Woche vorher

- [ ] geplanten Termin überprüfen und mit der Leitung und ggf. anderen Berufsgruppen abgleichen
- [ ] die geplante Gruppenzusammenstellung überprüfen
- [ ] Einladungen formulieren, Plakate erstellen (wenn gewünscht!)
- [ ] mit Kollegen Transfer und Unterstützung abklären
- [ ] Störungsfreiheit klären
- [ ] Märchen üben

Am Tag der Märchenstunde

- [ ] Gruppenzusammenstellung überprüfen, eventuell kurzfristig Ersatzpersonen einladen
- [ ] Raum vorbereiten
- [ ] Sitzordnung festlegen

Unmittelbar vor der Märchenstube

- [ ] Türschild „Bitte nicht stören! Hier werden Märchen erzählt." anbringen
- [ ] Märchenmitte aufbauen
- [ ] Karteikarten mit der Märchenkurzfassung als Gedächtnisstütze bereitlegen
- [ ] Erinnerungsstücke bereitlegen
- [ ] Liedtexte bereitlegen
- [ ] eventuell Getränke für die Gäste bereitstellen
- [ ] ein Glas Wasser für den Erzähler bereitstellen
- [ ] eventuell Kostüm anlegen
- [ ] Transfer einleiten oder selbst durchführen

Praxistipp

Nutzen Sie die Checkliste, indem Sie sie kopieren und zu den jeweiligen Ausarbeitungen Ihrer Märchenstunde legen. Haken Sie Erledigtes ab. Eine Kopiervorlage finden Sie im Anhang auf Seite 188.

Das Märchen: Text und Bearbeitung

Wenn Sie sich für ein Märchen entschieden haben, gilt es, den Märchentext in eine für die Gruppe entsprechend **verständliche Form** zu bringen. Folgende Punkte sind dabei zu berücksichtigen:

Einfache, klare Satzstruktur

Es gilt, lange Sätze zu vermeiden. Bevorzugen Sie kurze Sätze mit klaren Aussagen.

Beispiel

Originaltext aus dem Märchen „Der Froschkönig (oder der eiserne Heinrich)", Fassung Brüder Grimm, 1857:
„Sie dachte aber, der einfältige Frosch mag schwätzen, was er will, der sitzt doch im Wasser bei seinesgleichen und quakt und kann keines Menschen Geselle sein!"

Umwandlung:
„Die Königstochter aber dachte: ‚Was redet dieser Frosch für ein dummes Zeug. Er ist ein Frosch. Wie soll der der Gefährte einer Königstochter sein?'"

Verständliche Redewendungen

Viele Märchen sind in ihrer Satzstruktur umständlich und in einer manchmal altertümlich anmutenden Sprache geschrieben. Hierbei ist es wichtig, den Zauber der Märchensprache einerseits zu erhalten und das Märchen andererseits dennoch in einfachen Worten wiederzugeben.

Beispiel 1

Originaltext aus dem Märchen „Hans im Glück", Fassung Brüder Grimm, 1857:
„Hans zog weiter und überdachte, wie ihm doch alles nach Wunsch ginge, begegnete ihm ja eine Verdrießlichkeit, so würde sie doch gleich wieder gutgemacht. Es gesellte sich danach ein Bursch zu ihm, der trug eine schöne weiße Gans unter dem Arm. Sie boten einander die Zeit, und Hans fing an, von seinem Glück zu erzählen, und wie er immer so vorteilhaft getauscht hätte."

Umwandlung:
„Da zog Hans weiter. Er war glücklich, dass es ihm stets gut erging. Da traf Hans auf einen Burschen. Der hatte eine weiße Gans unter dem Arm. Die beiden gingen ein Stück des Weges und sprachen miteinander."

Beispiel 2

Originaltext aus dem Märchen „Rotkäppchen und der Wolf", Fassung Brüder Grimm, 1857:
„Es war einmal eine kleine süße Dirne, die hatte jedermann lieb, der sie nur ansah, am allerliebsten aber ihre Großmutter, die wusste gar nicht, was sie alles dem Kinde geben sollte."

Umwandlung:
„Es war einmal ein kleines Mädchen. Das Mädchen war so süß, dass jeder es liebte. Doch die Großmutter hatte das Mädchen am allerliebsten. Sie wusste gar nicht, was sie dem Kind vor lauter Liebe geben sollte."

Wiederholungen von Namen und Figuren

In den Märchentexten werden oftmals die Namen und die Figuren mit „sie", „er" usw. ersetzt. Aus Gründen der Verständlichkeit macht es beim Erzählen für Menschen mit Demenz Sinn, die Namen und die Figuren auszusprechen und ggf. auch zu wiederholen.

Beispiel

Originaltext aus dem Märchen „Frau Holle", Brüder Grimm, 1857:
„Da trat es herzu und holte mit dem Brotschieber alles nacheinander heraus. Danach ging es weiter und kam zu einem Baum, der hing voll Äpfel, und rief ihm zu: ‚Ach, schüttel mich, schüttel mich, wir Äpfel sind alle miteinander reif.'"

Umwandlung:
Da öffnete das Mädchen den Backofen. Das Mädchen nahm einen Brotschieber und holte das Brot heraus. Dann ging das Mädchen weiter. Da kam das Mädchen zu einem Apfelbaum. Der hing voller Äpfel und rief: „Ach, schüttel mich, schüttel mich. Wir Äpfel sind alle miteinander reif."

Ritualisierter Anfang und Schluss und Märchensprüche.

Als Anfangssatz „Es war einmal" unabhängig von der Textvorlage als Wiedererkennungsmerkmal einfügen.
Als Schlusssatz „Und wenn sie nicht gestorben sind, dann leben sie noch heute" unabhängig von der Textvorlage als Wiedererkennungsmerkmal einfügen.
Märchensprüche, wie „Ach, schüttel mich, schüttel mich, wir Äpfel sind alle miteinander reif", wörtlich übernehmen.

Die Textlänge des bearbeiteten Märchens sollte 15 Minuten nicht überschreiten.

Haben Sie Mut, den Märchentext zu verändern, sodass er für Ihre Gruppe verständlich wird und er Ihre Gruppe von der Länge her nicht überfordert. Im Anhang finden Sie die bearbeiteten Märchentexte und Kurzfassungen zum Erlernen der Märchen.

Die Erinnerungen: Analyse und Bedeutung

Nach dem Umarbeiten und Anpassen des Textes sollten Sie sich mit den möglichen **Erinnerungen**, die das ausgewählte Märchen bei den Gästen wecken könnte, auseinandersetzen. Unterteilen Sie dabei die Erinnerungen in Erinnerungen, die Sie aktiv **unterstützen** möchten, und in Erinnerungen, die Sie **nicht unterstützen** möchten. Leiten Sie möglichst aus den Erinnerungen, die Sie unterstützen wollen, Ihre Fragen und Aktivierungsimpulse ab. Bei den vorgestellten Märchenstunden finden Sie eine vorgefertigte Erinnerungsanalyse, die Sie für Ihre geplante Gruppe ergänzen und verändern können.

Beispiel für die Erinnerungsanalyse zum Märchen „Die Sterntaler", Brüder Grimm, 1857

Erinnerungen, die unterstützt werden sollen:	Erinnerungen, die nicht unterstützt werden sollen:
Glaube, Gott, Religion	Armut, Not, Hunger
Gold, Silber	Einsamkeit
Hoffnung	Heimatverlust, Flucht
Sterne, Himmel	Tod, Sterben
Teilen, Helfen, Tauschen	Verlust von Menschen, Eltern, Ehepartner

Beispiel

Fragestellung, die auf einer Erinnerung basiert, die unterstützt werden soll:
Was haben Sie als Kind mit Ihren Geschwistern oder Freunden geteilt?
Die positive Erinnerung „Teilen" wird unterstützt.

Fragestellung, die auf einer Erinnerung basiert, die nicht unterstützt werden soll:
Hatten Sie schon mal Angst, dass Sie verhungern würden?
Die negative Erinnerung an „Armut, Not, Hunger" wird unterstützt.

Es gibt keine Garantie dafür, welche Erinnerungen Sie durch Ihr Erzählen auslösen. Es kann Ihnen passieren, dass Sie negative Erinnerungen wecken. Durch die Erinnerungsanalyse sind Sie vorbereitet und können aufkommende Erinnerungen besser validieren. Außerdem können Sie so gut erkennen, welche Fragen und Impulse eher positive und welche Fragen und Impulse eher negative Erinnerungen bei dem betroffenen Gast unterstützen.

Unter dem Symbol finden Sie in den ausgearbeiteten Märchenstunden jeweils die **Informationen zur Erinnerungsanalyse** der jeweiligen Märchen.

Das Material: Auswahl

Die ausgearbeiteten Märchenstunden bieten Ihnen viele Hinweise zum Materialeinsatz. Hier finden Sie die Zusammenstellungen zu den jeweiligen Märchen. Bitte beachten Sie, diese Materialideen sind zum Auswählen und zum individuellen Anpassen an Ihre Bedürfnisse gedacht.

Der Ablauf: Überblick

In der Ausarbeitung der Märchenstunden gibt es zu den einzelnen Märchen konkrete Anleitungen, Beispiele und Vorschläge. Jede Märchenstunde folgt einem festgelegten Ablaufschema. Zu den einzelnen Unterpunkten im Ablauf finden Sie jeweils bestimmte Symbole, die Ihnen die Orientierung erleichtern.

Grundlagen der Märchenarbeit als Aktivierungsmethode

Die Begrüßung

Die Zeitdauer der Begrüßung ist abhängig von der Gruppengröße und vom Eintreffen der Gäste. Generell sollte erst mit dem Anfangslied begonnen werden, wenn alle Gäste ihren Platz eingenommen haben.

- **Begrüßung mit Handschlag und Namen** vor dem Raum: „Guten Tag, Frau Müller, herzlich willkommen zur Märchenstunde. Mein Name ist Frau Meyer. Ich freue mich, dass Sie zur Märchenstube gekommen sind."
- **Gäste unterstützen und zum Platz führen.** Rollatoren, Gehhilfen etc. sollten Sie an die Seite stellen, da Sie sonst nur erschwert mit den Requisiten zu den Gästen gelangen können.
- **Gemeinsam auf alle Gäste warten.** Eventuell kann die Wartezeit mit einem Lied oder mit der Märchenmitte überbrückt werden. Wenn die Märchenmitte als Überbrückung genutzt wird, werden dieselben Fragen für die bereits Anwesenden genutzt wie unter dem Punkt „Märchenmitte".
- Wenn alle Gäste eingetroffen sind, erfolgt die **offizielle Begrüßung**: „Herzlich willkommen zur heutigen Märchenstunde. Mein Name ist Frau Meyer und ich habe Ihnen heute ein Märchen mitgebracht."

Die Märchenmitte (ca. 5 Minuten)

- **„Welches Märchen möchte ich Ihnen heute erzählen?"** Es kann sein, dass schon ein Gast antwortet und das Märchen nennt. Sie können aber trotzdem mit den Fragen weiter fortfahren, damit andere Gäste ebenfalls das Märchen erkennen können.
- **„Was sehen Sie in der Mitte?"** – zeigen Sie dabei auf die Mitte! Stellen Sie nun die Hauptrequisiten vor, bis möglichst viele Gäste das Märchen erkannt haben. Heben Sie dazu die Requisiten hoch. Gehen Sie näher mit den Requisiten an die Gäste. Bestätigen Sie jeden Hinweis. Selbst wenn ein anderes Märchen genannt wird. Wird z. B. bei einem Apfel nicht das Märchen von „Frau Holle", sondern das Märchen „Schneewittchen und die sieben Zwerge" erkannt, bestätigen Sie diese Antwort und fügen hinzu: „Hier liegt in der Mitte aber auch eine goldene Spindel. In welchem Märchen kommt denn beides vor: ein Apfel und eine goldene Spindel?" Bestätigen Sie die richtigen Antworten der Gäste, indem Sie den Titel des Märchens nochmals wiederholen.
- Die Fragen zur Märchenmitte **sprechen wiederholt auf den Märchentitel an**. Diese Wiederholung dient dazu, dass möglichst viele Gäste während dieses Teiles das Märchen erkennen. Wenn Sie merken, dass der größte Teil der Gruppe das Märchen erkannt hat, können Sie die weiteren Fragen überspringen. Dann schließen Sie mit der Bestätigung des Märchentitels.

Das Anfangslied (ca. 5 Minuten)

- **Beginnen Sie mit einem Lied.** Wählen Sie dabei ein Lied, das entweder regelmäßig in oder mit der Gruppe zu Beginn verschiedener Treffen gesungen wird, oder wählen Sie ein Lied, das etwas mit dem Märchen zu tun hat. Dazu finden Sie im Anhang ab Seite 166 Vorschläge. Leiten Sie zum Anfangslied über, indem Sie die Verbindung zwischen Märchen und Lied ziehen, z. B. „Heute möchte ich Ihnen das Märchen von ‚Dornröschen' erzählen. Und weil es in diesem Märchen um Rosen geht, möchte ich mit Ihnen zu Beginn das bekannte Lied ‚Sah ein Knab ein Röslein stehen' singen. Das kennen Sie sicherlich."
- **Verteilen Sie Liederzettel.** Im Anhang finden Sie zu den ausgearbeiteten Märchenstunden Liedvorschläge als Kopiervorlagen.
- **Singen Sie mit!** Wenn Sie sich für unmusikalisch halten, lassen Sie sich instrumental von einer CD zum Lied begleiten. Seien Sie beruhigt, meistens brauchen Sie selbst nur die erste Zeile zu singen, die Gäste werden Sie rasch unterstützen. Setzen Sie an das Ende des Liedes ein Lob, einen Dank oder einen Applaus.
- **Sammeln Sie die Liedtexte wieder ein.** Das ist wichtig, damit die Gäste für die anschließende Aktivierung die Hände nutzen können.

Das Märchen (ca. 10–15 Minuten)

- **Leiten Sie die Erzählung ein:** „Sie haben alle schon erkannt, dass ich Ihnen heute das Märchen von ‚Dornröschen' erzählen möchte. Ein Märchen beginnt mit den Worten: ‚Es war einmal' und so beginnt mein heutiges Märchen auch mit den Worten: ‚Es war einmal'." Lassen Sie die Gäste mitsprechen.
- **Sprechen Sie langsam und deutlich.** Lassen Sie Pausen bei Satzzeichen und Absätzen. Und lassen Sie sich nicht stören, wenn ein Gast mitspricht und in den Text einfällt. Das ist der Sinn des freien Erzählens. Geben Sie Ihren Gästen Raum, zu agieren, mitzuerzählen und zu erkennen. Bestätigen Sie solche Interaktionen! Sanktionieren Sie solche Reaktionen nicht!
- **Machen Sie Ihre Erzählung lebendig.** Sprechen Sie das Märchen mit Betonungen und unterschiedlichen Stimmen für die Hauptfiguren. Nutzen Sie Gesten und mimische Ausdrücke, um Sachverhalte zu erklären und zu verdeutlichen. Bilder sagen mehr als Worte. Beenden Sie stets Ihre Erzählung mit dem Schluss: „Und wenn sie nicht gestorben sind, dann leben sie noch heute." Fügen Sie dabei eine Pause nach dem ersten Satzteil ein, damit die Gäste reagieren können und mitsprechen können.
- **Beenden Sie die Märchenerzählung mit einer Verbeugung.** Lassen Sie Applaus zu. Auch Applaudieren ist eine Aktivierung! Leiten Sie den Applaus ggf. selbst ein.

Die Aktivierungseinheit (ca. 20–30 Minuten)

Die Aktivierungseinheit ist eine **Kombination** aus Fragen für das Kurzzeitgedächtnis, Fragen für das Langzeitgedächtnis, Sinnesaktivierung mit Requisiten zum Fühlen, Hören, Schmecken/Riechen, Sehen und zur motorischen Aktivierung. Dazu kommen Fragen zur kognitiven Ressourcenaktivierung und Biografiearbeit. Natürlich können sich die einzelnen Bereiche überschneiden und die Impulse können oftmals mehreren Bereichen zugeordnet werden.

Aktivierungsbereiche:

- Kurzzeitgedächtnis
- Langzeitgedächtnis
- Tastsinn
- Hörsinn
- Geschmackssinn/Geruchssinn
- Sehsinn
- Motorik
- Kognitive Ressourcen
- Biografiearbeit

Gerade die Kombination aus kognitiven, motorischen und sinnlichen Aktivierungsimpulsen regt die Gäste zum Agieren an. Die unterschiedlichen Aktivierungen **stimulieren unterschiedliche Gehirnareale**. Da die Demenz in der Regel bestimmte Gehirnareale betrifft, vergrößert eine Vielfalt der Aktivierungen die Möglichkeit, den Gast zu erreichen. Außerdem wissen wir, dass in der Demenz die verbalen Fähigkeiten verloren gehen, die Bilder und Emotionen aber bleiben. Bestimmte Sinneswahrnehmungen und Bewegungen lassen die Gäste – abseits der Worte – Erinnerungen über Emotionen wiederentdecken.

Beispiel

Beim Märchen „Dornröschen" wird als Requisite ein Spinnrad eingebracht. Ein Gast wird aufgefordert, das Spinnrad in Bewegung zu setzen. Er beginnt, das Pedal des Rades mit Unterstützung auf und ab zu bewegen. Das Spinnrad läuft, die Spindel dreht sich, das Rad quietscht. Die motorische Bewegung ist für den Gast erinnerbar, das Quietschen erinnert, der visuelle Reiz des drehenden Rades erinnert. Der Gast beginnt, zu erzählen, dass er zu Füßen seiner Großmutter gesessen und sie ihm beim Spinnen Geschichten erzählt hat.

- Beginnen Sie die Aktivierungseinheit damit, dass Sie sich, wenn Sie zur Verbeugung aufgestanden sind, wieder auf Ihre Erzählerposition setzen.
- **Nutzen Sie die Fragen zum Kurzzeitgedächtnis.** Geben Sie bei den Fragen Unterstützungen durch die entsprechenden Hauptrequisiten. Mischen Sie Fragen und Materialeinsatz. Achten Sie darauf, dass immer nur ein Impuls zu einem Zeitpunkt bearbeitet wird. Erst wenn die Frage beantwortet ist, setzen Sie den nächsten Impuls in Form einer Frage oder Requisite. Eine Abstufung der Fragen in ihrem Schwierigkeitsgrad macht eine Beantwortung leichter. Nach jeder Frage warten Sie die Antworten ab. Dann entscheiden Sie bitte, ob die nächste Frage noch nötig ist. Es ist auch möglich, eine Frage unbeantwortet zu lassen.

Wählen Sie aus den Vorschlägen aus. In der Regel reichen für eine Märchenstunde **drei bis fünf verschiedene Impulse** aus. Wählen Sie bewusst die Impulse nach der Befindlichkeit der Gäste aus. Probieren Sie aus – was regt Ihre Gruppe zum Erzählen an? Das kann von Tag zu Tag, von Märchenstunde zu Märchenstunde, von Gruppe zu Gruppe unterschiedlich sein.

- **Entwickeln Sie die vorgestellten Fragen und Impulse weiter** und leiten Sie neue Fragen und Impulse ab. Sie werden meistens mehr Aktivierungsmaterial vorbereitet haben, als Sie wirklich benötigen. Es kann sein, dass eine Aktion besonders gut ankommt und mehr Zeit braucht, als Sie gedacht haben. Wunderbar! Dann lassen Sie der Aktion die Zeit. Es geht nicht darum, Ihre Liste mit den Aktivierungsideen abzuarbeiten, sondern die Zeit mit dem zu füllen, was in diesem Moment für diese Gruppe sinnvoll ist.
- **Formulieren Sie Fragen verständlich und einfach.** Lassen Sie Raum und Zeit zum Beantworten. Formulieren Sie Fragen um, lassen Sie wieder Zeit. Geben Sie mit den vorhandenen Requisiten Hilfestellungen. Sollte eine Frage nicht von der Gruppe beantwortet werden können, gehen Sie getrost zu einer anderen Frage über. Jede Frage, jede Aktivierung ist ein Angebot – wird es nicht angenommen, wird ein anderes Angebot gemacht.
- Die **Vielzahl** der angebotenen Aktivierungsimpulse ermöglicht Ihnen ein **erneutes Erzählen** des Märchens in Kombination mit noch nicht beim ersten Mal eingesetzten Impulsen.
- Achten Sie bei der Auswahl und dem Einsatz der Materialien und Fragen darauf, dass möglichst jeder Gast einen **Erfolg** erlebt, eine Bestätigung bekommt und Sie das Gefühl haben, ihn erreicht zu haben.

Das Abschlusslied (ca. 5 Minuten)

- **Beenden Sie die Aktivierungseinheit mit einem Lied.** Es kann das Anfangslied sein oder ein anderes, das sich auf das Märchen bezieht. Nutzen Sie ritualisierte Lieder, die es in vielen Einrichtungen gibt, wenn Gruppenaktionen zu Ende sind. Sie finden eine Auswahl märchenbezogener Liedtexte im Anhang.
- **Leiten Sie zum Schlussteil über.** „Wie schnell doch die Zeit vergangen ist. Wir sind schon fast am Ende unserer Märchenstunde mit ‚Dornröschen' angelangt. Vieles haben wir heute entdeckt: Wolle und Spinnrad … (Fügen Sie an dieser Stelle Dinge ein, die während der Märchenstunde ausprobiert oder besprochen wurden.) Nun möchte ich gerne mit Ihnen zum Abschluss noch ein Lied singen. Dafür habe ich das Lied ‚Dornröschen war ein schönes Kind' ausgewählt. Das kennen Sie sicherlich alle. Zu diesem Lied gibt es kleine Bewegungen, die Sie gerne beim Singen mitmachen können …"
- **Verteilen Sie Liedtexte, wenn benötigt.** Sammeln Sie nach dem Lied die Texte wieder ein.

Das Erinnerungsstück

* **Helfen Sie Ihren Gästen, sich an die Stunde zu erinnern.** Bereiten Sie als Erinnerung am Ende der Märchenstunde für jeden Gast ein kleines Geschenk vor. Einerseits dient dieses Geschenk als Bestätigung der Gäste und ist ein Dank für ihr Kommen. Andererseits können sich häufig Gäste anhand dieser kleinen „Mitgebsel" an das Erzählte erinnern. Nutzen Sie Symbole aus dem Märchen dafür. Die Erinnerungsstücke sollten in ausreichender Zahl vorhanden sein.

Haben Sie immer ein paar Erinnerungsstücke in Reserve, wenn noch jemand spontan dazukommt, z. B. ein Angehöriger oder ein weiterer unangemeldeter Gast.

* **Leiten Sie zu den Erinnerungsstücken über.** „Vielen Dank, dass Sie heute bei mir waren. Ich hoffe, es hat Ihnen Freude gemacht, und als kleines Dankeschön habe ich für Sie …". Benennen Sie das ausgewählte Erinnerungsstück und verteilen Sie die Erinnerungsstücke an jeden Gast.

Die Verabschiedung

* Verabschieden Sie jeden Gast wieder mit **Namen und Handschlag**. Greifen Sie ggf. noch einmal Gesprächsfäden auf.

Gönnen Sie sich nach der Märchenstunde fünf Minuten, um das Erlebte und Wahrgenommene zu **reflektieren** und zu **dokumentieren**. Das kann formlos mit Stichworten sein, das kann mithilfe eines Beobachtungsbogens aus der Einrichtung stattfinden, das kann ein Dokumentationsprogramm sein. Wichtig ist, dass Sie die Eindrücke, die Sie erlebt haben, schnell festhalten. Schreiben Sie auf, wie welche Gäste reagiert haben. Was war außergewöhnlich? Was hat Sie bestätigt? Was hat Sie verunsichert? Woran haben Sie gemerkt, dass Sie einen Gast erreicht haben? Was ist Ihnen nicht gelungen? Was ist Ihnen gelungen?

Ausgearbeitete Märchenstunden

Ausgearbeitete Märchenstunden

Aufbau der Anleitungen

In diesem Kapitel finden Sie ausgearbeitete Märchenstunden zu zehn bekannten Märchen der Brüder Grimm. Jede Anleitung ist gleich aufgebaut. Über verschiedene Symbole können Sie sich gut in den Anleitungen orientieren. Hier finden Sie alle Symbole und ihre Bedeutung:

Symbole zu „Vorbemerkung“:

Die Gruppe 

Das Märchen 

Die Erinnerungen 

Symbol zu „Das Material“:

Die Bezugsquellen 

Symbole zu „Der Ablauf der Märchenstunde“:

Die Begrüßung 

Die Märchenmitte 

Das Anfangslied 

Das Märchen 

Die Aktivierung 

Das Abschlusslied 

Das Erinnerungsstück 

Die Verabschiedung 

Tipp 

Märchenstunde „Aschenputtel“

Vorbemerkung

Im Anhang finden Sie den Märchentext „Aschenputtel“ (Seite 113) sowie die Kurzfassung als Kopiervorlage für Karteikarten (Seite 154). Die allgemeinen Vorbereitungen können Sie der Checkliste „Vorbereitungen“ im Anhang auf Seite 188 entnehmen. Kopieren Sie sich diese und haken Sie Erledigtes ab.

Die Gruppe

Diese Märchenstunde ist für Menschen mit mittlerer Demenz erarbeitet. Die Gruppe kann 10–15 Gäste umfassen.

Das Märchen

Hinweise zum Text und zur Bearbeitung des Märchens finden Sie im Kapitel „Das Märchen: Text und Bearbeitung", Seite 36.

Die Erinnerungen

Erinnerungen, die unterstützt werden sollen:	Erinnerungen, die <u>nicht</u> unterstützt werden sollen:
Hausarbeit	schwere und ungerecht verteilte Arbeit
Kochen, Gemüseeintöpfe, Rezepte	Tod, besonders der der eigenen Eltern
Liebe finden und Hochzeit	Verletzungen durch Stiefmütter, Schwestern und andere Familienmitglieder
Prinzessin, Prinz, König	
Schönheit, Kleider, Schmuck	
Tanzen, Ball, Fest, Tanzschule	

Das Material

Märchenmitte

- ca. 1,50 x 1,50 m Stoff für die Märchenmitte in Weiß oder Creme (Bettlaken, Meterstoff oder schlichte Tischdecke)
- ca. 0,5 x 1 m goldener und/oder silberner Stoff (Meterstoff oder Tischdecke) für den Aspekt „Kleider“

Beispiel für die Märchenmitte zu „Aschenputtel“

- **ein goldener Schuh = Hauptrequisit**
  Damit der Schuh gut anzuprobieren ist, sollte er eine gängige Schuhgröße von 38–39 haben, außerdem sollte er gebraucht sein. *Dachboden, Flohmarkt, Onlinehandel, Schuhhandel*
- Tauben, Vögel *Bastel- und Dekorationsbedarf, Gartenbedarf*
- durchsichtige, leichte Schale mit einem Durchmesser von ca. 15 cm oder durchsichtige Küchenschütte; in diese kommen getrocknete braune Linsen, die mit Vogelsand gemischt sind. *Lebensmittelhandel*

Ideen für weitere Materialien (zum Auswählen)

Wählen Sie aus der nachfolgenden Liste zusätzliche Materialien aus. Diese legen Sie bitte bis zu ihrem Gebrauch außerhalb des Blickfeldes der Gäste.

- zwei weitere leichte Schalen aus Kunststoff mit Vogelsand und getrockneten Erbsen bzw. mit Vogelsand und getrockneten Bohnen *Lebensmittelhandel*
- ein Koffer oder eine Kiste voller Schuhe: Tanzschuhe, Ballettschuhe, Ausgehschuhe, Holzschule, Arbeitsschuhe etc., auch einzelne Schuhe sind möglich; hier sollten ebenfalls gebrauchte Schuhe angeboten werden, damit das Anprobieren leichter fällt *Flohmarkt, Onlinehandel*
- schöne Kleider: Brautkleider, Brautschleier, Ballkleider, Frack, Zylinder zum Anprobieren *Flohmarkt, Kostümverleih, Onlinehandel, Secondhandshop*
- eine oder mehrere Königskronen *Karnevalsbedarf*
- eine oder mehrere Prinzessinnenkronen *Karnevalsbedarf*
- ein Handspiegel mit Griff (der Durchmesser des Spiegels sollte mind. 15 cm sein; wenn größere Kostüme, wie Brautkleider, anprobiert werden, sollte ein Spiegel mit einem Durchmesser von mind. 50 cm angeboten werden)
- verschiedenartige Stoffreste: Samt, Seide, bestickte Stoffe, Baumwolle, Leinen, grobe Stoffe, feine Stoffe, Felle (Größe der Stoffreste mind. 15 x 15 cm, max. 50 x 50 cm)

Ideen für Erinnerungsstücke (zum Auswählen)

- weiße Federn *Bastel- und Dekorationsbedarf*
- Kunstperlen an einem Schleifenband *Bastel- und Dekorationsbedarf*
- Halbedelsteine *Bastel- und Dekorationsbedarf*
- ausgeschnittene goldene Schuhe oder weiße Tauben aus Papier *Bastel- und Dekorationsbedarf*

Der Ablauf der Märchenstunde

Die Begrüßung (ca. 5 Minuten)

- → Begrüßen Sie die Gäste mit Handschlag und Namen vor dem Raum.
- → Führen Sie die Gäste zum Platz, stellen Sie die Rollatoren zur Seite.
- → Warten Sie gemeinsam auf alle Gäste. Überbrücken Sie die Wartezeit eventuell mit der Märchenmitte und nutzen Sie dafür einige der Fragen, die Sie unter dem nachfolgenden Punkt „Die Märchenmitte“ finden.

➜ Wenn alle Gäste eingetroffen sind, erfolgt die offizielle Begrüßung: *„Herzlich willkommen zur Märchenstunde ...“*

Die Märchenmitte (ca. 5 Minuten)

Nach der Begrüßung nehmen Sie die Erzählerposition ein und beginnen die Märchenstunde mit den Fragen zur Märchenmitte. Die nachfolgenden Fragen sprechen wiederholt auf den Märchentitel an. Diese Wiederholung dient dazu, dass möglichst viele Gäste während dieses Teiles das Märchen erkennen. Wenn Sie merken, dass der größte Teil der Gruppe das Märchen erkannt hat, können Sie die weiteren Fragen überspringen. Dann schließen Sie mit der Bestätigung des Märchentitels.

- *„Welches Märchen möchte ich Ihnen heute erzählen?“*
- *„Was sehen Sie in der Mitte?“* ➜ Zeigen Sie auf die Märchenmitte!
- *„Was ist das für ein Kleidungsstück?“* ➜ Zeigen Sie auf den Schuh, nehmen Sie den Schuh aus der Mitte und bringen Sie ihn näher zu den Gästen.
- *„Welche Farbe hat der Schuh?“*
- *„In welchem Märchen kommt ein goldener Schuh vor?“*
- *„In dem Märchen, das ich heute erzählen will, kommt auch etwas zum Essen vor. Was ist das?“* ➜ Halten Sie die Linsen hoch, nehmen Sie sie aus der Mitte und bringen Sie diese näher zu den Bewohnern.
- *„In dem Märchen, das ich heute erzählen will, kommen auch Vögel vor. Welche Vögel sehen Sie? Die Vögel helfen in diesem Märchen einem Mädchen bei der Arbeit.“* ➜ Nehmen Sie die Tauben aus der Mitte und bringen Sie diese näher zu den Gästen.
- *„Welches Märchen möchte ich Ihnen heute erzählen?“*

Das Anfangslied (ca. 5 Minuten)

Leiten Sie zum Anfangslied über:

„Heute möchte ich Ihnen das Märchen von ‚Aschenputtel‘ erzählen. Und weil es in diesem Märchen um Vögel geht, die dem Mädchen helfen, möchte ich mit Ihnen zu Beginn das bekannte Lied ‚Kommt ein Vogel geflogen‘ singen. Dieses Lied kennen Sie sicherlich alle.“

➜ Nach der Überleitung verteilen Sie die vorbereiteten Liedtexte, wenn benötigt.

➜ Singen des Liedes „Kommt ein Vogel geflogen“ (Liedtext im Anhang, Seite 167).

➜ Sammeln Sie nach dem Singen des Liedes die Liedtexte wieder ein.

Das Märchen (ca. 15 Minuten)

Leiten Sie die Erzählung ein:

„Sie haben alle schon erkannt, dass ich Ihnen heute das Märchen von ‚Aschenputtel‘ erzählen möchte. Ein Märchen beginnt mit den Worten ‚Es war einmal‘. Und so beginnt auch mein heutiges Märchen mit den Worten ‚Es war einmal‘.“

Beenden Sie die Erzählung mit dem Schluss *„Und wenn sie nicht gestorben sind …“.*

→ Am Ende der Erzählung kommen Verbeugung und Schlussapplaus, leiten Sie den Applaus ggf. selbst ein.

Die Aktivierung (ca. 20–30 Minuten)*

Beginnen Sie die Aktivierungseinheit dadurch, dass Sie sich wieder auf Ihren Stuhl setzen. Leiten Sie die Aktivierungseinheit ein:
„Und das war das Märchen von Aschenputtel, das einen Schuh verloren hat und einen Prinz fand.“

Kurzzeitgedächtnis (Impulse zum Auswählen)
Stellen Sie Fragen zum Kurzzeitgedächtnis und warten Sie nach jeder Frage die Antworten ab. Geben Sie eventuell Unterstützungen durch die entsprechenden Hauptrequisiten.

- *„Was warf die Stiefmutter in die Asche?“* (Linsen)
- *„Wer half Aschenputtel, die Linsen aus der Asche zu suchen?“* (Vögel)
- *„Warum verlor Aschenputtel den Schuh?“* (Die Treppe war mit Pech bestrichen.)
- *„Was rief Aschenputtel unter dem Baum?“* („Bäumchen, rüttel dich, Bäumchen, schüttel dich, wirf Gold und Silber über mich!“)
- *„Was riefen die Täubchen in dem Baum?“* („Rucke di guck, rucke di guck, Blut ist im Schuh. Der Schuh ist zu klein, die rechte Braut sitzt noch daheim.“)

Langzeitgedächtnis (Impulse zum Auswählen)
Nutzen Sie einige der Impulse zum Langzeitgedächtnis und probieren Sie aus, was Ihre Gruppe zum Erzählen anregt.

- Thema „Stoffe“: *„Welche Stoffe sind das?“ „Was würden Sie daraus nähen oder nähen lassen?“ „Welcher gefällt Ihnen am besten?“*
- Thema „Tanzen“: *„Waren Sie einmal auf einem Tanzfest, einem Ball?“ „Welche Tänze kennen Sie?“*
- Thema „Tiere“: *„Welche Vögel kennen Sie?“ „Hatten Sie einen Vogel als Haustier?“ „Kennen Sie Lieder, in denen Vögel eine Rolle spielen?“* („Alle Vögel sind schon da“, „Der Kuckuck und der Esel“ o. Ä.)

Fragen zu den Materialien (Impulse zum Auswählen)
Zeigen Sie die Materialien, geben Sie sie herum und lassen Sie sie ansehen und anfassen! **Achtung:** Immer nur ein Material nach dem anderen zeigen. Erst wenn das Material von allen gesehen und bearbeitet wurde, sollte etwas Neues eingebracht werden. Eine Mischung aus kognitiven, motorischen und sinnlichen Aktivierungsimpulsen regt die Gäste zum Interagieren an.

* *In der Regel reichen für eine Märchenstunde drei bis fünf verschiedene Impulse aus. Sehen Sie die vorgestellten Impulse als Ideengeber an und variieren bzw. ergänzen Sie nach Bedarf.*

<u>Tastsinn:</u>

- Thema „Linsen“: *„Was ist in der Schale?“* ➜ Fordern Sie die Gäste auf, eine Linse aus der Schale zu holen.
- Thema „Stoffe“: *„Wie fühlen sich die verschiedenen Stoffe an?“*

<u>Hörsinn:</u>

- Thema „Tanz“: *„Welche Musik wurde wohl auf dem Ball im Schloss gespielt?“* (Walzer o. Ä.; dann z. B. den „Schneewalzer“ gemeinsam mit den Gästen summen.)

<u>Sehsinn:</u>

- Thema „Schuhe“: *„Welche Schuhe sind zum Ausgehen, Tanzen oder für wichtige Feste gedacht?“ „Welche Schuhe sind zum Arbeiten gedacht?“*
- Thema „Stoffe“: *„Welche Stoffe sind zum Ausgehen, Tanzen oder für wichtige Feste gedacht?“ „Welche Stoffe sind zum Arbeiten gedacht?“*

<u>Motorik:</u>

- Thema „Schuhe“: ➜ Lassen Sie den goldenen Schuh und andere Schuhe anprobieren.
- Thema „Verkleidungen“: ➜ Lassen Sie Kronen aufsetzen, reichen Sie einen Spiegel, stellen Sie Fragen: *„Wie würden Sie als König heißen?“* oder *„Wo würden Sie als Prinzessin wohnen?“*

<u>Kognitive Ressourcen:</u>

- Thema „Kochen“: *„Welche Hülsenfrüchte kennen Sie?“ „Was macht man daraus?“* ➜ Nutzen Sie als Impulse die Linsen, Erbsen und Bohnen in den Schüsseln.

<u>Biografiearbeit</u> (Hier können auch Fragen aus dem Bereich „Langzeitgedächtnis“ eingebracht werden.):

- Thema „Hochzeit“: ➜ Lassen Sie Brautkleider anschauen und über die eigene Hochzeit erzählen. **Achtung:** Hier können auch traurige Erinnerungen vom Verlust des Ehepartners geweckt werden.
- Thema „Tanzen“: ➜ Lassen Sie Tanzkleider, Tanzschuhe anprobieren und über die Tanzstunde erzählen. Fragen Sie nach Lieblingstänzen und Tanzgelegenheiten.

Das Abschlusslied (ca. 5 Minuten)

Leiten Sie zum Schlussteil über:

„Wie schnell doch die Zeit vergangen ist. Wir sind schon fast am Ende unserer Märchenstunde mit ‚Aschenputtel‘ angelangt. Vieles haben wir heute entdeckt: Schuhe und Linsen (➜ Fügen Sie an dieser Stelle Dinge ein, die während der Märchenstunde ausprobiert oder besprochen wurden.) *Nun möchte ich gerne mit Ihnen zum Abschluss noch ein Lied singen. Dafür habe ich das Lied ‚Ein Vogel wollte Hochzeit machen‘ ausgewählt. Das kennen Sie sicherlich alle.“*

- Verteilen Sie Liedtexte, wenn benötigt.
- Singen des Liedes: „Ein Vogel wollte Hochzeit machen“ (Liedtext im Anhang, Seite 168).
- Sammeln Sie nach dem Singen des Liedes die Liedtexte wieder ein.

Das Erinnerungsstück (ca. 3 Minuten)

Leiten Sie zu den Erinnerungsstücken über:
„Vielen Dank, dass Sie heute bei mir waren. Ich hoffe, es hat Ihnen Freude gemacht, und als kleines Dankeschön habe ich für Sie …“. Benennen Sie das ausgewählte Erinnerungsstück und verteilen Sie die Erinnerungsstücke an jeden Gast.

Die Verabschiedung (ca. 5 Minuten)

Leiten Sie zu der Verabschiedung über und verabschieden Sie jeden Gast mit Namen und Handschlag: *„Auf Wiedersehen, Frau/Herr …, danke, dass Sie dabei waren. Ich wünsche Ihnen noch einen schönen Tag.“*

Praxiserfahrung

Ich habe in einer Altenpflegeeinrichtung auf dem Wohnbereich einer sehr gemischten Gruppe das Märchen „Aschenputtel“ erzählt. Es waren alle Demenzstufen vertreten.
Einer Dame in meiner Runde, Frau K., reichte ich den goldenen Schuh mit den Worten: „Und sind Sie die Prinzessin, die wir suchen?“ Frau K. hatte eine fortgeschrittene mittlere Demenz. Es gelang ihr mit meiner Hilfe, ihren Schuh auszuziehen und den goldenen Schuh anzuziehen. Ihr passte der goldene Schuh wie angegossen. „Dann sind Sie die Prinzessin, die wir suchen?“ „Nein, ich bin lieber die, die ich bin. Prinzessinnen sind alle etwas verrückt im Kopf“, lautete ihre Antwort.

© Olaf Pieper

Der Schuh passt wie angegossen. Ist das unsere Prinzessin?

Märchenstunde „Die Bremer Stadtmusikanten“

Vorbemerkung

Im Anhang finden Sie den Märchentext „Die Bremer Stadtmusikanten“ (Seite 118) sowie die Kurzfassung als Kopiervorlage für Karteikarten (Seite 156). Die allgemeinen Vorbereitungen können Sie der Checkliste „Vorbereitungen“ im Anhang auf Seite 188 entnehmen. Kopieren Sie sich diese und haken Sie Erledigtes ab.

Die Gruppe

Diese Märchenstunde ist für Menschen mit leichter und mittlerer Demenz erarbeitet. Die Gruppe kann ca. 15 Gäste umfassen.

Das Märchen

Hinweise zum Text und zur Bearbeitung des Märchens finden Sie im Kapitel „Das Märchen: Text und Bearbeitung“, Seite 36.

Die Erinnerungen

Erinnerungen, die unterstützt werden sollen:	Erinnerungen, die nicht unterstützt werden sollen:
Lohn erhalten	Ausgestoßenwerden
Musikinstrumente, Musik, Gesang	Alter, Altwerden
Tiere, Haustiere, Bauernhof	Heimatverlust, Flucht
Wald	Räuber, der dunkle Wald
Zusammenhalt	Tod von anderen, der eigene Tod

Das Material

Märchenmitte

- ca. 1,50 x 1,50 m Stoff für die Märchenmitte in Weiß oder Creme (Bettlaken, Meterstoff oder schlichte Tischdecke)
- ca. 0,5 x 1 m grüner Stoff für den Aspekt „Wald“ (Meterstoff oder Tischdecke)
- **Esel als Stofftier = Hauptrequisit**
  Flohmarkt, Onlinehandel, Spielwaren

Beispiel für die Märchenmitte zu „Die Bremer Stadtmusikanten“

Ausgearbeitete Märchenstunde „Die Bremer Stadtmusikanten“

Ideen für weitere Materialien (zum Auswählen)

Wählen Sie aus der nachfolgenden Liste zusätzliche Materialien aus. Diese legen Sie bitte bis zu ihrem Gebrauch außerhalb des Blickfeldes der Gäste.

- weitere Stofftiere: Hund, Katze oder Hahn *Flohmarkt, Onlinehandel, Spielwaren* – erweitern Sie die Mannschaft der Bremer Stadtmusikanten gerne um zusätzliche Tiere, z. B. ein Schwein oder eine Kuh.
- Tierstimmen als Stimmdose oder auf CD *Onlinehandel, Spielwaren*
- Waldmaterialien, wie Moos, Rinde, Blätter, Kastanien, Bucheckern etc. *am besten selbst suchen*
- Musikinstrumente, wie Gitarre, Schlaginstrumente, Kleinpercussioninstrumente, Kinderakkordeon, Triangel, Glockenspiel – es können auch alte und defekte Instrumente verwendet werden, solange diese noch Töne von sich geben. **Achtung:** Vermeiden Sie aus hygienischen Gründen Flöten oder ähnliche Instrumente.

Ideen für Erinnerungsstücke (zum Auswählen)

- Holztiere *Onlinehandel, Spielwaren*
- Bilder der Figur „Die Bremer Stadtmusikanten“ in Bremen *digitale Bilder, die selbst ausgedruckt werden können, oder Postkarten*

Der Ablauf der Märchenstunde

Die Begrüßung (ca. 5 Minuten)

- ➜ Begrüßen Sie die Gäste mit Handschlag und Namen vor dem Raum.
- ➜ Führen Sie die Gäste zum Platz, stellen Sie die Rollatoren zur Seite.
- ➜ Warten Sie gemeinsam auf alle Gäste. Überbrücken Sie die Wartezeit eventuell mit der Märchenmitte und nutzen Sie dafür einige der Fragen, die Sie unter dem nachfolgenden Punkt „Die Märchenmitte“ finden.
- ➜ Wenn alle Gäste eingetroffen sind, erfolgt die offizielle Begrüßung: *„Herzlich willkommen zur Märchenstunde …“*

Die Märchenmitte (ca. 5 Minuten)

Nach der Begrüßung nehmen Sie die Erzählerposition ein und beginnen die Märchenstunde mit den Fragen zur Märchenmitte. Die nachfolgenden Fragen sprechen wiederholt auf den Märchentitel an. Diese Wiederholung dient dazu, dass möglichst viele Gäste während dieses Teiles das Märchen erkennen. Wenn Sie merken, dass der größte Teil der Gruppe das Märchen erkannt hat, können Sie die weiteren Fragen überspringen. Dann schließen Sie mit der Bestätigung des Märchentitels.

- *„Welches Märchen möchte ich Ihnen heute erzählen?“*
- *„Was sehen Sie in der Mitte?“* ➜ Zeigen Sie auf die Mitte.
- *„Was sind das für Gegenstände?“* ➜ Zeigen Sie auf die Tiere, nehmen Sie die Tiere aus der Mitte und bringen Sie diese näher zu den Gästen.

- *„In welchem Märchen kommen diese Tiere vor?"*
- *„In welchem Märchen gehen diese Tiere von zu Hause fort?"*
- *„In welchem Märchen gehen diese Tiere nach Bremen?"*
- *„Welches Märchen möchte ich Ihnen heute erzählen?"*

Das Anfangslied (ca. 5 Minuten)

Leiten Sie zum Anfangslied über:
„Heute möchte ich Ihnen das Märchen von den ‚Bremer Stadtmusikanten' erzählen. Und weil es in diesem Märchen darum geht, dass die Tiere fortgehen, möchte ich mit Ihnen zu Beginn das bekannte Lied ‚Muss ich denn, muss ich denn zum Städtele hinaus' singen. Dieses Lied kennen Sie sicherlich alle."

→ Nach der Überleitung verteilen Sie die vorbereiteten Liedtexte, wenn benötigt.
→ Singen des Liedes „Muss ich denn, muss ich denn zum Städtele hinaus" (Liedtext im Anhang, Seite 169).
→ Sammeln Sie nach dem Singen des Liedes die Liedtexte wieder ein.

Das Märchen (ca. 10 Minuten)

Leiten Sie die Erzählung ein:
„Sie haben alle schon erkannt, dass ich Ihnen heute das Märchen von den ‚Bremer Stadtmusikanten' erzählen möchte. Ein Märchen beginnt mit den Worten ‚Es war einmal'. Und so beginnt auch mein heutiges Märchen mit den Worten ‚Es war einmal'." Beenden Sie die Erzählung mit dem Schluss *„Und wenn sie nicht gestorben sind …"*.

→ Am Ende der Erzählung kommen Verbeugung und Schlussapplaus, leiten Sie den Applaus ggf. selbst ein.

Die Aktivierung (ca. 20–30 Minuten)*

Beginnen Sie die Aktivierungseinheit dadurch, dass Sie sich wieder auf Ihren Stuhl setzen. Leiten Sie die Aktivierungseinheit ein:
„Und das war das Märchen von den ‚Bremer Stadtmusikanten'. In dem Märchen von den ‚Bremer Stadtmusikanten' gehen die Tiere von zu Hause fort und finden ein neues, schönes Zuhause."

Kurzzeitgedächtnis (Impulse zum Auswählen)

Stellen Sie Fragen zum Kurzzeitgedächtnis und warten Sie nach jeder Frage die Antworten ab. Geben Sie eventuell Unterstützungen durch die entsprechenden Hauptrequisiten.

- *„Wie viele und welche Tiere kommen in dem Märchen vor?"* (Esel, Hund, Katze, Hahn) → Verweisen Sie als Hilfestellung auf die entsprechenden Tiere in der Mitte.

* *In der Regel reichen für eine Märchenstunde drei bis fünf verschiedene Impulse aus. Sehen Sie die vorgestellten Impulse als Ideengeber an und variieren bzw. ergänzen Sie nach Bedarf.*

- *„In welcher Reihenfolge stehen die Tiere übereinander?"* (Der Größe nach: unten steht der Esel, dann kommen Hund, Katze, Hahn.)
- *„Welche Laute geben diese vier Tiere von sich?"* (Esel schreit, Hund bellt, Katze miaut, Hahn kräht.)

Langzeitgedächtnis (Impulse zum Auswählen)

Nutzen Sie einige der Impulse zum Langzeitgedächtnis und probieren Sie aus, was Ihre Gruppe zum Erzählen anregt.

- *„Hatten Sie Tiere zu Hause?"*
- *„Waren Sie schon einmal in Bremen?"*

Fragen zu Materialien (Impulse zum Auswählen)

Zeigen Sie die Materialien, geben Sie sie herum und lassen Sie sie ansehen und anfassen. **Achtung:** Immer nur ein Material nach dem anderen zeigen. Eine Mischung aus kognitiven, motorischen und sinnlichen Aktivierungsimpulsen regt die Gäste zum Interagieren an.

Tastsinn:

- Thema „Tiere": → Bringen Sie die Tiere zu jedem Gast und lassen Sie die Tiere *„Guten Tag"* sagen. Die Tiere dürfen dabei angefasst und auf den Schoß genommen werden.
- Thema „Wald": *„Wie fühlt sich das Moos an?" „Welche Baumfrüchte sind glatt, welche rau?"*

Hörsinn:

- Thema „Instrumente" → Spielen Sie die Instrumente vor, Ihre Gäste hören zu. Sie brauchen dazu das Instrument nicht zu beherrschen. Es geht hierbei nur um die Laute der Instrumente.

Tipp

Im Märchen spielt der Esel die Laute, der Hund spielt die Pauke/Trommel. Was könnten Katze und Hahn spielen? Lassen Sie die Gäste die anderen mitgebrachten Instrumente diesen beiden Tieren zuordnen. Gerne können die Gäste die Instrumente ausprobieren und zusammen spielen. Hier kommt es nicht auf eine Melodie an, sondern auf den Lärm, den die Tiere gemacht haben.

- Thema „Tiere": → Setzen Sie Stimmdosen oder eine CD mit Tierstimmen ein: *„Welches Tier ist das?"*

Tipp

Wenn Sie Stimmdosen haben, geben Sie alle in einen undurchsichtigen Beutel und drücken Sie gleichzeitig die Stimmdosen. Es entsteht ein

Ausgearbeitete Märchenstunde „Die Bremer Stadtmusikanten“

Stimmenwirrwarr. So ein Geräusch könnten die Bremer Stadtmusikanten zusammen gemacht haben. Stellen Sie dann die einzelnen Stimmen vor.

Sehsinn:

- Thema „Tiere“: *„Welche Tiere sind in der Mitte zu sehen?“*

Tipp

Mischen Sie Tiere darunter, die nicht in das Märchen gehören, z. B. Schwein und/oder Kuh. Fragen Sie die Gäste: *„Welches Tier war nicht bei den Bremer Stadtmusikanten?“*

Motorik:

- Thema „Instrumente“: → Lassen Sie die Gäste die Instrumente spielen bzw. ausprobieren.
- Thema „Stofftiere“: → Lassen Sie die Gäste die Stofftiere anfassen und benennen.
- Thema „Wald“: → Lassen Sie die Gäste verschiedene Waldmaterialien im Körbchen anfassen, sortieren und benennen.

Kognitive Ressourcen:

- Thema „Tiere“: *„Welche Tiere leben auf einem Bauernhof?“ „Welche Tiere leben im Wald?“*

Biografiearbeit (Hier können auch Fragen aus dem Bereich „Langzeitgedächtnis“ eingebracht werden.):

- Thema „Musik“: *„Können Sie ein Instrument spielen oder haben Sie im Chor gesungen?“*
- Thema „Tiere“: *„Hatten Sie ein Haustier?“ „Welches Tier ist Ihr Lieblingstier und warum?“*
- Thema „Urlaub“: *„Waren Sie schon mal in Bremen?“ „Wohin sind Sie in den Urlaub gefahren?“*
- Thema „Wandern“: *„Die Tiere waren auf Wanderschaft. Waren Sie auch schon mal wandern?“*

Das Abschlusslied (ca. 5 Minuten)

Leiten Sie zum Schlussteil über:

„Wie schnell doch die Zeit vergangen ist. Wir sind schon fast am Ende unserer Märchenstunde mit den ‚Bremer Stadtmusikanten'. Vieles haben wir heute entdeckt: wie ein Esel, ein Hund, eine Katze und ein Hahn die Räuber vertreiben und wie verschiedene Musikinstrumente klingen. (→ Fügen Sie an dieser Stelle Dinge ein, die während der Märchenstunde ausprobiert oder besprochen wurden.) *Nun möchte ich gerne mit Ihnen zum Abschluss noch ein Lied singen.*

Dafür habe ich das Lied ‚Kein schöner Land' ausgewählt. Das kennen Sie sicherlich alle."

- ➜ Verteilen Sie Liedtexte, wenn benötigt.
- ➜ Singen des Liedes „Kein schöner Land" (Liedtext im Anhang, Seite 171).
- ➜ Sammeln Sie nach dem Singen des Liedes die Liedtexte wieder ein.

Das Erinnerungsstück (ca. 3 Minuten)

Leiten Sie zu den Erinnerungsstücken über:
„Vielen Dank, dass Sie heute bei mir waren. Ich hoffe, es hat Ihnen Freude gemacht, und als kleines Dankeschön habe ich für Sie …". Benennen Sie das ausgewählte Erinnerungsstück und verteilen Sie die Erinnerungsstücke an jeden Gast.

Die Verabschiedung (ca. 5 Minuten)

Leiten Sie zu der Verabschiedung über und verabschieden Sie jeden Gast mit Namen und Handschlag: *„Auf Wiedersehen, Frau/Herr …, danke, dass Sie dabei waren. Ich wünsche Ihnen noch einen schönen Tag."*

Praxiserfahrung

Das Märchen von den „Bremer Stadtmusikanten" begleitet mich seit vielen Jahren in der Arbeit mit Gästen. Ein Gast mit schwerer Demenz bewegte sich nicht mehr aus eigenem Antrieb. Er hatte eine eingefrorene Gesichtsmimik und äußerte sich nicht verbal. Von der begleitenden Betreuungskraft erfuhr ich, dass Herr N. früher Akkordeon gespielt hatte. An diesem Tag hatte ich ein altes Kinderakkordeon mit. Wer schon einmal Akkordeon gespielt hat, weiß, dass es nicht so einfach ist, dieses Musikinstrument anzulegen. Ich hielt das Akkordeon Herrn N. hin. Seine Augen öffneten sich weit. Dann ging ein kleiner Ruck durch seine Arme und geschickt glitten seine Hände durch die Riemen und zogen die Ziehharmonika auseinander. Er begann, auf den Tasten und auf den Knöpfen zu spielen. Gleichzeitig bewegten wir zusammen die Ziehharmonika auf und zu. Es war keine Melodie zu hören, aber es kamen klare Töne aus dem Instrument. In den Augen des Gastes erkannte ich Erstaunen, Erkennen und Freude. Die Tränen traten ihm in die Augen. Und er hielt lange Zeit das Akkordeon auf seinem Schoß.

Mit Musik geht vieles besser.

Märchenstunde „Dornröschen“

Vorbemerkung

Im Anhang finden Sie den Märchentext „Dornröschen“ (Seite 122) sowie die Kurzfassung als Kopiervorlage für Karteikarten (Seite 157). Die allgemeinen Vorbereitungen können Sie der Checkliste „Vorbereitungen“ im Anhang auf Seite 188 entnehmen. Kopieren Sie sich diese und haken Sie Erledigtes ab.

Die Gruppe

Diese Märchenstunde ist für Menschen mit mittlerer bis schwerer Demenz erarbeitet. Die Gruppe kann ca. 10 Gäste umfassen.

Das Märchen

Hinweise zum Text und zur Bearbeitung des Märchens finden Sie im Kapitel „Das Märchen: Text und Bearbeitung", Seite 36.

Die Erinnerungen

Erinnerungen, die unterstützt werden sollen:	Erinnerungen, die nicht unterstützt werden sollen:
Liebe finden und Hochzeit	Menschen, die einem etwas Böses gewünscht haben
Blumen, Rosen, Garten	(in einem Turm) eingesperrt sein
Prinzessin, Prinz, König	Tod
Schönheit	sich verirren, sich verlaufen
Spinnen, Wolle, Handarbeiten	Verlust des Ehepartners

Das Material

Märchenmitte

- ca. 1,50 x 1,50 m Stoff für die Märchenmitte in Weiß oder Creme (Bettlaken, Meterstoff oder schlichte Tischdecke)
- ca. 0,5 x 1 m roter und/oder rosa Stoff für den Aspekt „Rosen“ (Meterstoff oder Tischdecke)
- **ein Spinnrad = Hauptrequisit** (funktionstüchtig!) zum Ausprobieren *Dachboden, Flohmarkt, Onlinehandel*

© Olaf Pieper

Beispiel für die Märchenmitte zu „Dornröschen“

Ausgearbeitete Märchenstunde „Dornröschen"

- Rosen oder Rosenblätter, künstliche oder echte Blätter – je nach Jahreszeit *Bastel- und Dekorationsbedarf, Gartenbedarf*

Ideen für weitere Materialien (zum Auswählen)

Wählen Sie aus der nachfolgenden Liste zusätzliche Materialien aus. Diese legen Sie bitte bis zu ihrem Gebrauch außerhalb des Blickfeldes der Gäste.

- Wollkämme (anderes Wort: Handratschen) zum Glattbürsten der Wolle *Dachboden, Flohmarkt, Onlinehandel*
- Korb mit Wolle in allen möglichen Formen und Farben, ungesponnene Wolle *Handarbeitsbedarf oder von einem Schäfer*

© Olaf Pieper

Mit Handratschen wird die Wolle glatt gekämmt.

- Duftrosen oder Rosenduftöl (oder auch andere Düfte, wie Lavendel, Flieder, Pfefferminze, Orange als Duftöle). **Achtung:** Bitte verwenden Sie nur natürliche ätherische Öle *Drogerien oder Naturkosthandel*

!

Tipp

Sie können mit den Duftölen einfacher arbeiten, wenn Sie vorher 3–4 Duftöltropfen auf Schminkschwämmchen geben. Diese Schwämmchen in kleinen, gut verschließbaren Dosen (z. B. Film- oder Bonbondosen) aufbewahren. Gehen Sie mit dem Duft nicht zu nahe an die Gäste. Nähern Sie sich vorsichtig.

- Rosenseife *Drogerie, Naturkosthandel*
- andere Blumensorten, Blumensamen, Blumenkästen und Blumenerde *Gartenbedarf*
- Rosenbilder, z. B. in Form alter Glanzbilder oder Oblaten *Onlinehandel, Schreibwarenbedarf*
- eine oder mehrere Königskronen *Karnevalsbedarf*
- eine oder mehrere Prinzessinnenkronen *Karnevalsbedarf*
- Brautkleider, Brautschleier, Zylinder *Flohmarkt, Kostümverleih, Onlinehandel*
- ein Handspiegel mit Griff (der Durchmesser des Spiegels sollte mind. 15 cm sein; wenn größere Kostüme, wie Brautkleider, anprobiert werden, sollte ein Spiegel mit einem Durchmesser von mind. 50 cm angeboten werden)
- Zauberstäbe *Karnevalsbedarf*

Ideen für Erinnerungsstücke (zum Auswählen)

- echte Rosen *Blumenhandel*
- Rosenblüten, gefaltet (z. B. aus Tonpapier oder Servietten) *Bastel- und Dekorationsbedarf*
- rote Filzherzen *Bastel- und Dekorationsbedarf*
- Schokoherzen *Lebensmittelhandel*

Der Ablauf der Märchenstunde

Die Begrüßung (ca. 5 Minuten)

- ➜ Begrüßen Sie die Gäste mit Handschlag und Namen vor dem Raum.
- ➜ Führen Sie die Gäste zum Platz, stellen Sie die Rollatoren zur Seite.
- ➜ Warten Sie gemeinsam auf alle Gäste. Überbrücken Sie die Wartezeit eventuell mit der Märchenmitte und nutzen Sie dafür einige der Fragen, die Sie unter dem nachfolgenden Punkt „Die Märchenmitte" finden.
- ➜ Wenn alle Gäste eingetroffen sind, erfolgt die offizielle Begrüßung: *„Herzlich willkommen zur Märchenstunde …"*

Die Märchenmitte (ca. 5 Minuten)

Nach der Begrüßung nehmen Sie die Erzählerposition ein und beginnen die Märchenstunde mit den Fragen zur Märchenmitte. Die nachfolgenden Fragen sprechen wiederholt auf den Märchentitel an. Diese Wiederholung dient dazu, dass möglichst viele Gäste während dieses Teiles das Märchen erkennen. Wenn Sie merken, dass der größte Teil der Gruppe das Märchen erkannt hat, können Sie die weiteren Fragen überspringen. Dann schließen Sie mit der Bestätigung des Märchentitels.

- *„Welches Märchen möchte ich Ihnen heute erzählen?"*
- *„Was sehen Sie in der Mitte?"* ➜ Zeigen Sie auf die Mitte.
- *„Was ist das für ein Gerät?"* ➜ Zeigen Sie auf das Spinnrad, nehmen Sie es aus der Mitte und bringen Sie es näher zu den Gästen. Betätigen Sie eventuell selbst das Pedal.
- *„In welchem Märchen kommt ein Spinnrad vor?"*
- *„In dem Märchen, das ich heute erzählen will, kommen auch Blumen vor. Es sind besondere Blumen. Welche Blumen sehen Sie in der Mitte?"*
  ➜ Halten Sie die Rosen hoch und bringen Sie diese näher an die Gäste.
- *„Welches Märchen möchte ich Ihnen heute erzählen?"*

Das Anfangslied (ca. 5 Minuten)

Leiten Sie zum Anfangslied über:
„Heute möchte ich Ihnen das Märchen von ‚Dornröschen' erzählen. Und weil es in diesem Märchen um Rosen geht, möchte ich mit Ihnen zu Beginn das bekannte Lied ‚Sah ein Knab ein Röslein stehen' singen. Dieses Lied kennen Sie sicherlich alle."

Ausgearbeitete Märchenstunde „Dornröschen"

- ➜ Nach der Überleitung verteilen Sie die vorbereiteten Liedtexte, wenn benötigt.
- ➜ Singen des Liedes „Sah ein Knab ein Röslein stehen" (Liedtext im Anhang, Seite 172).
- ➜ Sammeln Sie nach dem Singen des Liedes die Liedtexte wieder ein.

Das Märchen (ca. 15 Minuten)

Leiten Sie die Erzählung ein:
„Sie haben alle schon erkannt, dass ich Ihnen heute das Märchen von ‚Dornröschen' erzählen möchte. Ein Märchen beginnt mit den Worten ‚Es war einmal'. Und so beginnt auch mein heutiges Märchen mit den Worten ‚Es war einmal'."
Beenden Sie die Erzählung mit dem Schluss *„Und wenn sie nicht gestorben sind …".*

- ➜ Am Ende der Erzählung kommen Verbeugung und Schlussapplaus, leiten Sie den Applaus ggf. selbst ein.

Die Aktivierung (ca. 20–30 Minuten)*

Beginnen Sie die Aktivierungseinheit dadurch, dass Sie sich wieder auf Ihren Stuhl setzen. Leiten Sie die Aktivierungseinheit ein:
„Und das war das Märchen von ‚Dornröschen'. In dem Märchen schläft die Prinzessin 100 Jahre."

Kurzzeitgedächtnis (Impulse zum Auswählen)
Stellen Sie Fragen zum Kurzzeitgedächtnis und warten Sie nach jeder Frage die Antworten ab. Geben Sie eventuell Unterstützungen durch die entsprechenden Hauptrequisiten.

- *„Wie lange schläft Dornröschen in dem Märchen?"* (100 Jahre)
- *„Die Dornenhecke verwandelt sich in Rosen. Welche Farben haben die Rosen?"* (rot)
- *„Wie viele Feen gab es in dem Märchen?"* (13 Feen)
- *„Wie wurde Dornröschen erlöst?"* (Der Kuss des Prinzen erlöste sie.)

Langzeitgedächtnis (Impulse zum Auswählen)
Nutzen Sie einige der Impulse zum Langzeitgedächtnis und probieren Sie aus, was Ihre Gruppe zum Erzählen anregt.

- Thema „Blumen": *„Hatten Sie Rosen im Garten oder auf dem Balkon?" „Wer hat Ihnen Rosen geschenkt?"* – diese Frage eignet sich besonders für weibliche Gäste. *„Wem haben Sie Rosen geschenkt?"* – diese Frage eignet sich besonders für männliche Gäste.
- Thema „Hochzeit": *„Wie haben Sie Ihren Mann/Ihre Frau kennengelernt?" „Wie haben Sie geheiratet?" „Gab es einen Hochzeitstrauß?"* **Achtung:** Hier können auch negative Erinnerung an den Verlust des Ehepartners geweckt werden.

---

* *In der Regel reichen für eine Märchenstunde drei bis fünf verschiedene Impulse aus. Sehen Sie die vorgestellten Impulse als Ideengeber an und variieren bzw. ergänzen Sie nach Bedarf.*

- Thema „Spinnrad“: *„Kennen Sie ein Spinnrad?“ „Haben Sie schon einmal ein Spinnrad betätigt?“ „Wen haben Sie beim Spinnen beobachtet?“*
  ➜ Schließen Sie motorische Impulse zum Spinnrad an, siehe unten.
- Thema „Sprichwort“: *„Wie heißt es in dem Sprichwort: Rosen, Tulpen, Nelken …“ („… alle Blumen welken, nur die eine nicht, und die heißt Vergissmeinnicht.“)*
- Thema „Wolle“: *„Was kann man mit einem Spinnrad spinnen?“*
  ➜ Schließen Sie Impulse zum Thema „Wolle“ an, siehe unten.

Fragen zu den Materialien (Impulse zum Auswählen)

Zeigen Sie die Materialien, geben Sie sie herum und lassen Sie sie ansehen und anfassen! **Achtung:** Immer nur ein Material nach dem anderen zeigen. Erst wenn das Material von allen gesehen und bearbeitet wurde, sollte etwas Neues eingebracht werden. Eine Mischung aus kognitiven, motorischen und sinnlichen Aktivierungsimpulsen regt die Gäste zum Interagieren an.

<u>Tastsinn:</u>

- Thema „Wolle“: *„Wie fühlt sich die Wolle an? Rau? Weich? Glatt? Mit Knoten?“*
- Thema „Brautkleid“: *„Wie fühlt sich das Brautkleid an? Weich? Schwer? Leicht?“*
- Thema „Blumenerde“: *„Wie fühlt sich die Blumenerde an?“*

<u>Hörsinn:</u>

- Thema „Spinnrad“: *„Wie hört sich das Spinnrad an?“*

<u>Sehsinn:</u>

- Thema „Rosen“: *„Welche Farben haben Rosen?“* ➜ Nutzen Sie dazu die mitgebrachten Rosen oder Rosenblätter.
- Thema „Rosenbilder“: ➜ Geben Sie Glanzbilder, Oblaten, Poesiebilder und Albumbilder in die Runde. *„Wozu benutzte man die kleinen Bilder?“ „Wie heißen sie?“*

<u>Geschmackssinn/Geruchssinn:</u>

- Thema „Duft“: ➜ Lassen Sie die Gäste Düfte erkennen, nutzen Sie dafür Duftöle, duftende Blumen oder Seifen. Gehen Sie zu jedem Gast und bieten Sie die Materialien zum Riechen an.

<u>Motorik:</u>

- Thema „Blumen“: ➜ Pflanzen Sie gemeinsam mit den Gästen Blumensamen oder kleine Blumen in einen Blumenkasten.
- Thema „Spinnrad“: ➜ Gehen Sie reihum zu jedem Gast und unterstützen Sie ihn dabei, das Spinnrad mit Füßen oder Händen in Bewegung zu bringen. Die Füße können auf dem Pedal stehen, Hände können die Spindel drehen.
- Thema „Wollkämme“: ➜ Lassen Sie Ihre Gäste die Wollkämme ausprobieren.
- Thema „Wollknäuel“: ➜ Geben Sie verschiedene Wollknäuel in die Gruppe, lassen Sie die Knäuel abwickeln, aufwickeln, die Fäden prüfen, Wollfäden verknoten etc.

- Thema „Verkleidungen": ➜ Lassen Sie Kronen aufsetzen, reichen Sie einen Spiegel, stellen Sie Fragen: *„Wie würden Sie als König heißen?"* oder *„Wo würden Sie als Prinzessin wohnen?"*

Kognitive Ressourcen:

- Thema „Blumen": *„Welche Bedeutung haben rote Rosen?" „Welche anderen Blumen kennen Sie noch?"*
- Thema „Zauberstäbe": *„Wer hat im Märchen Zauberstäbe?" „Was würden Sie sich wünschen, wenn Sie einen Zauberstab hätten?"*

Biografiearbeit (Hier können auch Fragen aus dem Bereich „Langzeitgedächtnis" eingebracht werden.):

- Thema „Hochzeit": ➜ Lassen Sie die Gäste Brautkleider anschauen und über die eigene Hochzeit sprechen. **Achtung:** Hier können auch traurige Erinnerungen an den Verlust des Ehepartners geweckt werden.

Das Abschlusslied (ca. 5 Minuten)

Leiten Sie zum Schlussteil über:

„Wie schnell doch die Zeit vergangen ist. Wir sind schon fast am Ende unserer Märchenstunde mit dem ‚Dornröschen' angelangt. Vieles haben wir heute entdeckt: Wolle und Spinnrad. (➜ Fügen Sie an dieser Stelle Dinge ein, die während der Märchenstunde ausprobiert oder besprochen wurden.) *Nun möchte ich gerne mit Ihnen zum Abschluss noch ein Lied singen. Dafür habe ich das Lied ‚Dornröschen war ein schönes Kind' ausgewählt. Das kennen Sie sicherlich alle. Zu diesem Lied gibt es auch kleine Bewegungen, die Sie gerne gleich beim Singen mitmachen können."*

Folgende Bewegungsvorschläge können Sie beim Singen anbieten:

- **2. Strophe:** eine Tür öffnen
- **3. Strophe:** die Hände falten und den Kopf darauflegen
- **4. Strophe:** die Hecke mit den Händen wachsen lassen
- **5. Strophe:** mit den Füßen im Takt auf der Stelle gehen
- **6. Strophe:** räkeln und gähnen
- **7. Strophe:** einander zuprosten
- **8. Strophe:** im Takt klatschen

➜ Verteilen Sie Liedtexte, wenn benötigt. Wenn die Gäste die Bewegungen mitmachen sollen (siehe oben), sollten Sie keine Liedtexte verteilen.

➜ Singen des Liedes „Dornröschen war ein schönes Kind" (Liedtext im Anhang, Seite 173).

➜ Sammeln Sie nach dem Singen des Liedes die Liedtexte wieder ein.

Das Erinnerungsstück (ca. 3 Minuten)

Leiten Sie zu den Erinnerungsstücken über:

„Vielen Dank, dass Sie heute bei mir waren. Ich hoffe, es hat Ihnen Freude gemacht, und als kleines Dankeschön habe ich für Sie …". Benennen Sie das

ausgewählte Erinnerungsstück und verteilen Sie die Erinnerungsstücke an jeden Gast.

Die Verabschiedung (ca. 5 Minuten)
Leiten Sie zu der Verabschiedung über und verabschieden Sie jeden Gast mit Namen und Handschlag: *„Auf Wiedersehen, Frau/Herr ..., danke, dass Sie dabei waren. Ich wünsche Ihnen noch einen schönen Tag."*

Praxiserfahrung

Ich habe in einer Einrichtung auf dem Wohnbereich einer sehr gemischten Gruppe das Märchen „Dornröschen" erzählt. Es waren alle Demenzstufen vertreten.

© Olaf Pieper

Das Spinnrad bewegt sich. So werden Erinnerungen „bewegt".

Eine Dame in meiner Runde, Frau P., lag im Cosy Chair (Ruhesessel). Sie hatte die Augen beim Erzählen geschlossen. Ihre Hände lagen zusammengefaltet auf ihrer Brust. Bei der Aktivierung konnte ich Frau P. nicht das Spinnrad anbieten, da ihre Bewegungsfähigkeit zu stark eingeschränkt war. Außerdem waren ihre Augen die ganze Zeit über geschlossen. Auch die Wollkämme waren für Frau P. kein geeigneter Impuls. Ich habe Frau P. etwas Wolle in ihre halb geöffnete Hand gelegt, um zu erkennen, ob sie einen Greifreflex hat. Aber ich sah keine Reaktion. Dann bot ich ihr eine Duftrose an. Ich legte ihr die Rose nah an ihre Nase, damit sie riechen konnte. Frau P. schlug die Augen auf und lachte.

Am Ende der Märchenstunde haben wir alle zusammen das Lied „Dornröschen war ein schönes Kind gesungen". Mitsingen konnte Frau P. nicht. Aber unter ihrer Decke wippte ihr Fuß im Takt. Und als wir das letzte Wort gesungen hatten, stand ihr Fuß still. Das war ihre Art, zu singen.

Märchenstunde „Frau Holle“

Vorbemerkung

Im Anhang finden Sie den Märchentext „Frau Holle“ (Seite 126) sowie die Kurzfassung als Kopiervorlage für Karteikarten (Seite 158). Die allgemeinen Vorbereitungen können Sie der Checkliste „Vorbereitungen“ im Anhang auf Seite 188 entnehmen. Kopieren Sie sich diese und haken Sie Erledigtes ab.

Die Gruppe

Diese Märchenstunde ist für Menschen mit mittlerer bis schwerer Demenz erarbeitet. Die Gruppe kann ca. 10 Gäste umfassen.

Das Märchen

Hinweise zum Text und zur Bearbeitung des Märchens finden Sie im Kapitel „Das Märchen: Text und Bearbeitung", Seite 36. Entscheiden Sie dabei im Vorfeld, ob Sie den jahreszeitlichen Aspekt „Winter“ in die Aktivierung aufnehmen oder ob Sie ohne den jahreszeitlichen Bezug arbeiten möchten. Im Folgenden werden Anregungen zu beiden Varianten gegeben.

Die Erinnerungen

Erinnerungen, die unterstützt werden sollen:	Erinnerungen, die nicht unterstützt werden sollen:
Gold und Reichtum	Heimatverlust, fortgehen müssen
Helfen	Geschwisterkonflikte
Haushalt	Notzeiten
Jahreszeiten (Ernte, Winter)	eine Stiefmutter haben, Stiefkind sein
Landwirtschaft	Ungerechtigkeiten
Lohn erhalten	

Das Material

Märchenmitte

- ca. 1,50 x 1,50 m Stoff für die Märchenmitte in Weiß oder Creme (Bettlaken, Meterstoff oder schlichte Tischdecke)

Beispiel für die Märchenmitte zu „Frau Holle“

Ausgearbeitete Märchenstunde „Frau Holle“

- ca. 0,5 x 1 m grüner Stoff oder Stoff mit Blumen für den Aspekt „Wiese“ oder/und blauer Stoff für den Aspekt „Brunnen“ (Meterstoff oder Tischdecke)
- **Korb mit Äpfeln = Hauptrequisit. Achtung:** Nur abgewaschenes Obst anbieten! *Lebensmittelhandel, Naturkosthandel*
- **goldene Spindel = Hauptrequisit** *Dachboden, Flohmarkt, Onlinehandel*

Tipp
Wickeln Sie auf eine alte, defekte Holzspindel einen Faden und sprühen alles mit Goldfarbe an.

- Holzteller mit einem Laib Brot. Zerteilen Sie das Brot in der Mitte, zerschneiden Sie zum Probieren einen Teil und heben Sie zum Herumgeben im späteren Verlauf der Märchenstunde einen anderen Teil auf. *Lebensmittelhandel, Naturkosthandel*
- im Winter: große Schneeflocken aus Kunststoff, Papier oder Metall *Bastel- und Dekorationsbedarf* und ein Federkissen

Ideen für weitere Materialien (zum Auswählen)

Wählen Sie aus der nachfolgenden Liste zusätzliche Materialien aus. Diese legen Sie bitte bis zu ihrem Gebrauch außerhalb des Blickfeldes der Gäste.

- alte Haushaltsgegenstände: Waschbrett mit Bürste, Bügeleisen, Brotschieber, Kochtöpfe, Spinnrad etc. *Dachboden, Flohmarkt, Onlinehandel*
- zum Verkosten: Brot, Brötchen, Äpfel, Apfelmus, Apfelsaft. **Achtung:** Auf mögliche Schluckbeschwerden der Gäste achten!
- verschiedene große und kleine Federkissen

Tipp
Schneiden Sie an einer Kante eines Kissens kleine Löcher, sodass beim Schütteln der Kissen Feder herausfliegen können. Sie brauchen dann am Ende der Märchenstunde einen Besen.

- Federn (Daunen, Hühnerfedern, Gänsefedern) *Bastel- und Dekorationsbedarf*
- Schüttel-Schneekugel *Onlinehandel, Spielwaren*
- Hahn als Stofftier oder als eine Tierstimmdose „Hahn“ *Onlinehandel, Spielwaren*

Ideen für Erinnerungsstücke (zum Auswählen)

- weiße Federn – versehen Sie zum besseren Festhalten jede Feder mit einem bunten Bändchen. *Bastel- und Dekorationsbedarf*
- abgewaschene, kleine Äpfel *Lebensmittelhandel, Naturkosthandel*

Ausgearbeitete Märchenstunde „Frau Holle“

Der Ablauf der Märchenstunde

Die Begrüßung (ca. 5 Minuten)

- ➜ Begrüßen Sie die Gäste mit Handschlag und Namen vor dem Raum.
- ➜ Führen Sie die Gäste zum Platz, stellen Sie die Rollatoren zur Seite.
- ➜ Warten Sie gemeinsam auf alle Gäste. Überbrücken Sie die Wartezeit eventuell mit der Märchenmitte und nutzen Sie dafür einige der Fragen, die Sie unter dem nachfolgenden Punkt „Die Märchenmitte“ finden.
- ➜ Wenn alle Gäste eingetroffen sind, erfolgt die offizielle Begrüßung: *„Herzlich willkommen zur Märchenstunde ...“*

Die Märchenmitte (ca. 5 Minuten)

Nach der Begrüßung nehmen Sie die Erzählerposition ein und beginnen die Märchenstunde mit den Fragen zur Märchenmitte. Die nachfolgenden Fragen sprechen wiederholt auf den Märchentitel an. Diese Wiederholung dient dazu, dass möglichst viele Gäste während dieses Teiles das Märchen erkennen. Wenn Sie merken, dass der größte Teil der Gruppe das Märchen erkannt hat, können Sie die weiteren Fragen überspringen. Dann schließen Sie mit der Bestätigung des Märchentitels.

- *„Welches Märchen möchte ich Ihnen heute erzählen?“*
- *„Was sehen Sie in der Mitte?“* ➜ Zeigen Sie auf die Mitte.
- *„Was sind das für Gegenstände?“* ➜ Zeigen Sie auf die Äpfel und das Brot bzw. auf die Kissen und die Schneeflocken. Nehmen Sie die Requisiten aus der Mitte und bringen Sie diese näher zu den Gästen.
- *„In welchem Märchen muss ein Apfelbaum geschüttelt werden und Brot aus dem Backofen gezogen werden?“* Oder: *„Wer schüttelt im Märchen die Betten so, dass es auf der Welt schneit?“*
- *„Welches Märchen möchte ich Ihnen heute erzählen?“*

Das Anfangslied (ca. 5 Minuten)

Leiten Sie zum Anfangslied über:
„Heute möchte ich Ihnen das Märchen von ‚Frau Holle‘ erzählen. Und weil es in diesem Märchen um einen Brunnen geht, möchte ich mit Ihnen zu Beginn das bekannte Lied ‚Am Brunnen vor dem Tore‘ singen.“ Oder wenn Sie einen jahreszeitlichen Bezug gewählt haben: *„Und weil es um Schnee geht, möchte ich mit Ihnen zu Beginn das bekannte Lied ‚Schneeflöckchen, Weißröckchen‘ singen. Dieses Lied kennen Sie sicherlich alle.“*

- ➜ Nach der Überleitung verteilen Sie die vorbereiteten Liedtexte, wenn benötigt.
- ➜ Singen des Liedes „Am Brunnen vor dem Tore“ (Liedtext im Anhang beim Märchen „Der Froschkönig (oder der eiserne Heinrich)“, Seite 176) oder „Schneeflöckchen, Weißröckchen“ (Liedtext im Anhang, Seite 174).
- ➜ Sammeln Sie nach dem Singen des Liedes die Liedtexte wieder ein.

Ausgearbeitete Märchenstunde „Frau Holle“

Das Märchen (ca. 10 Minuten)

Leiten Sie die Erzählung ein:
„Sie haben alle schon erkannt, dass ich Ihnen heute das Märchen von ‚Frau Holle‘ erzählen möchte. Ein Märchen beginnt mit den Worten ‚Es war einmal‘. Und so beginnt auch mein heutiges Märchen mit den Worten ‚Es war einmal‘.“
Beenden Sie die Erzählung mit dem Schluss *„Und wenn es nicht gestorben ist …“.*

➜ Am Ende der Erzählung kommen Verbeugung und Schlussapplaus, leiten Sie den Applaus ggf. selbst ein.

Die Aktivierung (ca. 20–30 Minuten)*

Beginnen Sie die Aktivierungseinheit dadurch, dass Sie sich wieder auf Ihren Stuhl setzen. Leiten Sie die Aktivierungseinheit ein:
„Und das war das Märchen von ‚Frau Holle‘. In dem Märchen von ‚Frau Holle‘ müssen Äpfel vom Baum geschüttelt und Betten geschüttelt werden.“ Wenn Sie den jahreszeitlichen Bezug gewählt haben: *„In dem Märchen von ‚Frau Holle‘ müssen die Betten so geschüttelt werden, dass Schnee vom Himmel fällt.“*

Kurzzeitgedächtnis (Impulse zum Auswählen)

Stellen Sie Fragen zum Kurzzeitgedächtnis und warten Sie nach jeder Frage die Antworten ab. Geben Sie eventuell Unterstützungen durch die entsprechenden Hauptrequisiten.

- *„Wenn Frau Holle die Betten schüttelt, dann …“* (… schneit es auf der Welt.)
- *„Was rief der Apfelbaum?“* („Ach schüttel mich, schüttel mich. Wir Äpfel sind alle miteinander reif.“)
- *„Was rief das Brot im Backofen?“* („Ach, zieh mich raus, zieh mich raus, sonst verbrenne ich. Ich bin schon längst ausgebacken.“)
- *„Was rief der Hahn auf dem Misthaufen?“* („Kikeriki, kikeriki, unsere goldene [oder schmutzige] Jungfrau ist wieder hie.“)

Langzeitgedächtnis (Impulse zum Auswählen)

Nutzen Sie einige der Impulse zum Langzeitgedächtnis und probieren Sie aus, was Ihre Gruppe zum Erzählen anregt.

- Thema „Garten“: *„Hatten Sie einen Apfelbaum im Garten?“*
- Thema „Backen“: *„Was haben Sie gerne im Backofen gebacken?“*

Fragen zu den Materialien (Impulse zum Auswählen)

Zeigen Sie die Materialien, geben Sie sie herum und lassen Sie sie ansehen und anfassen! **Achtung:** Immer nur ein Material nach dem anderen zeigen. Erst wenn das Material von allen gesehen und bearbeitet wurde, sollte etwas Neues eingebracht werden. Eine Mischung aus kognitiven, motorischen und sinnlichen Aktivierungsimpulsen regt die Gäste zum Interagieren an.

---

* *In der Regel reichen für eine Märchenstunde drei bis fünf verschiedene Impulse aus. Sehen Sie die vorgestellten Impulse als Ideengeber an und variieren bzw. ergänzen Sie nach Bedarf.*

Ausgearbeitete Märchenstunde „Frau Holle"

Tastsinn:

- Thema „Federn": *„Wie fühlen sich die Federn an?" „Von welchem Tier stammen die Federn?"*
- Thema „Kissen": *„Wie fühlen sich die Kissen an?" „Was ist in den Kissen?"*

Hörsinn:

- Thema „Tiere": ➜ Spielen Sie die Tierstimmdose „Hahn": *„Welches Tier ist das?" „Und was ruft das Tier im Märchen?"* („Kikeriki, kikeriki, unsere goldene [oder schmutzige] Jungfrau ist wieder hie.")

Geschmackssinn/Geruchssinn:

- Thema „Essen": ➜ Lassen Sie Äpfel (bzw. andere Apfelzubereitungen, siehe oben) und Brot verkosten.

Sehsinn:

- Thema „Schneekugel": ➜ Geben Sie eine oder mehrere Schneekugeln in die Runde und lassen Sie sie schütteln. Können die Gäste erkennen, was sich in dem Schnee befindet?

Motorik:

- Thema „Äpfel und Brot": ➜ Lassen Sie die Äpfel und ein Brot in der Runde umhergehen, lassen Sie die Lebensmittel anfassen und ertasten.
  Achtung: die angefassten Lebensmittel können selbstverständlich nicht mehr verkostet werden. Daher vorher immer einen Teil der Lebensmittel zum Verkosten extra legen und diese nicht anfassen lassen.
- Thema „alte Haushaltsgeräte": ➜ Die Gäste können ein Waschbrett mit einer Bürste bearbeiten, das Spinnrad treten oder den Brotschieber hochheben.

Tipp

Erkunden die Gäste größere Requisiten, wie einen Brotschieber oder ein Waschbrett, bleiben Sie immer bei dem Gast, der gerade damit arbeitet. Sorgen Sie dafür, dass die Gäste beim Ausprobieren ausreichend Bewegungsfreiheit haben.

- Thema „Kissen": Die Gäste können die Kissen schütteln, glatt streichen und glatt klopfen.
- Thema „Schneekugel": ➜ Geben Sie eine oder mehrere Schneekugeln in die Runde und lassen Sie sie schütteln.

Kognitive Ressourcen:

- Thema „Äpfel": *„Welche Apfelsorten kennen Sie?" „Was kann man aus Äpfeln machen?"*
- Thema „Brot": *„Welche Brotsorten kennen Sie?" „Was braucht man, um ein Brot zu backen?"*

Biografiearbeit (Hier können auch Fragen aus dem Bereich „Langzeitgedächtnis“ eingebracht werden.):

- Thema „Backen“: *„Haben Sie ein Lieblingsapfelkuchenrezept?“*
- Thema „Haushalt“: *„Was haben Sie im Haushalt am liebsten gemacht?“ „Was fiel Ihnen leicht, was war schwer für Sie?“*
- Thema „Schnee“: *„Was haben Sie als Kinder im Schnee gemacht?“*

Das Abschlusslied (ca. 5 Minuten)

Leiten Sie zum Schlussteil über:
„Wie schnell doch die Zeit vergangen ist. Wir sind schon fast am Ende unserer Märchenstunde mit ‚Frau Holle‘. Vieles haben wir heute entdeckt: was man aus Äpfeln machen kann und wie viel Arbeit der Haushalt machte oder wie Schnee vom Himmel fällt. (➜ Fügen Sie an dieser Stelle Dinge ein, die während der Märchenstunde ausprobiert oder besprochen wurden.) *Nun möchte ich gerne mit Ihnen zum Abschluss noch ein Lied singen. Dafür habe ich das Lied ‚Gold und Silber lieb ich sehr‘ ausgewählt. Das kennen Sie sicherlich alle.“* Wenn Sie einen jahreszeitlichen Bezug gewählt haben: *„Dafür habe ich das Lied ‚Leise rieselt der Schnee‘ ausgewählt. Das kennen Sie sicherlich alle.“*

- ➜ Verteilen Sie Liedtexte, wenn benötigt.
- ➜ Singen des Liedes „Gold und Silber lieb ich sehr“ (Liedtext im Anhang zum Märchen „Der Froschkönig [oder der eiserne Heinrich]“, Seite 177) oder „Leise rieselt der Schnee“ (Liedtext im Anhang, Seite 175).
- ➜ Sammeln Sie nach dem Singen des Liedes die Liedtexte wieder ein.

Das Erinnerungsstück (ca. 3 Minuten)

Leiten Sie zu den Erinnerungsstücken über:
„Vielen Dank, dass Sie heute bei mir waren. Ich hoffe, es hat Ihnen Freude gemacht, und als kleines Dankeschön habe ich für Sie …“. Benennen Sie das ausgewählte Erinnerungsstück und verteilen Sie die Erinnerungsstücke an jeden Gast.

Die Verabschiedung (ca. 5 Minuten)

Leiten Sie zu der Verabschiedung über und verabschieden Sie jeden Gast mit Namen und Handschlag: *„Auf Wiedersehen, Frau/Herr …, danke, dass Sie dabei waren. Ich wünsche Ihnen noch einen schönen Tag.“*

Tipp

Ich erzähle „Frau Holle“ natürlich gerne in der Winterzeit, aber auch zur Erntezeit ist das Märchen sehr gut geeignet.

Praxiserfahrung

Bei einer Märchenstunde mit Gästen mit mittlerer bis schwerer Demenz erzählte ich das Märchen „Frau Holle“. Ich hatte ein altes Waschbrett und eine Bürste mit. Ich hielt das Waschbrett fest und eine Dame mit schwerer Demenz fuhr mit der Bürste vorsichtig auf und ab.
Dann stutzte sie und schaute mich an. „Davon wird das Zeug aber nicht sauber“, sagte sie und begann, energisch die Bürste zu bewegen. Und dabei begann sie, zu singen: „Zeigt her eure Füße. Zeigt her eure Schuh. Und seht den lustigen Waschfrauen zu.“
Dann schaute sie mich wieder an und lächelte. „Jetzt ist es sauber.“

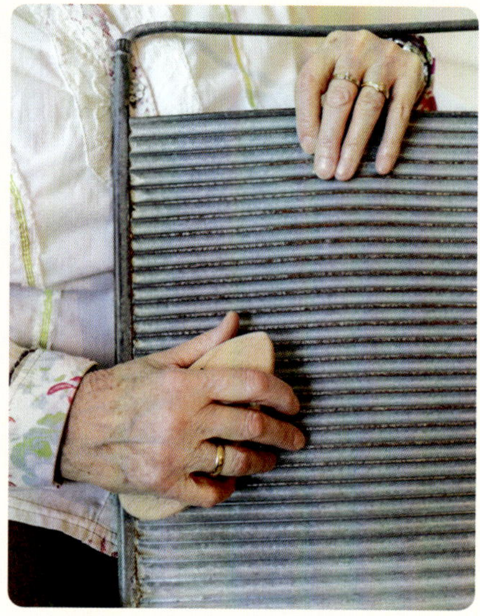

© Olaf Pieper

Ein Waschbrett und alte Haushaltsgegenstände kommen zu märchenhaften Ehren.

Märchenstunde „Der Froschkönig (oder der eiserne Heinrich)“

Vorbemerkung

Im Anhang finden Sie den Märchentext „Der Froschkönig (oder der eiserne Heinrich)“ (Seite 130) sowie die Kurzfassung als Kopiervorlage für Karteikarten (Seite 159). Die allgemeinen Vorbereitungen können Sie der Checkliste „Vorbereitungen“ im Anhang auf Seite 188 entnehmen. Kopieren Sie sich diese und haken Sie Erledigtes ab.

Die Gruppe

Diese Märchenstunde ist für Menschen mit mittlerer bis schwerer Demenz erarbeitet. Die Gruppe kann ca. 10 Gäste umfassen.

Das Märchen

Hinweise zum Text und zur Bearbeitung des Märchens finden Sie im Kapitel „Das Märchen: Text und Bearbeitung“, Seite 36. Entscheiden Sie, ob Sie die Textfassung mit dem Teil „Der eiserne Heinrich“ erzählen wollen oder nicht.

Die Erinnerungen

Erinnerungen, die unterstützt werden sollen:
Brunnen, Wasser, See, Fluss
Farben
Liebe finden und Hochzeit
Schmuck, Gold und Silber
Spielen, Lieblingsspiel, Lieblingsspielzeug
Tiere im Wald und im Wasser
Versprechen, Ehrlichkeit, Treue

Erinnerungen, die nicht unterstützt werden sollen:
Ängste, z. B. vor dem Wald
Ekel, z. B. vor dem Frosch
Lügen, Versprechen brechen, Untreue
negative Erziehungserinnerungen
Verlust von Dingen, Verlust von Menschen

Das Material

Märchenmitte

- ca. 1,50 x 1,50 m Stoff für die Märchenmitte in Weiß oder Creme (Bettlaken, Meterstoff oder schlichte Tischdecke)
- ca. 0,5 x 1 m blauer Stoff für den Aspekt „Wasser“ (Meterstoff oder Tischdecke)

© Olaf Pieper

Beispiel für die Märchenmitte zu „Der Froschkönig“

- ca. 0,5 x 1 m grüner Stoff für die Aspekte: „Wiese“, „Wald“ und „Frosch“
- **ein Stofftierfrosch mit Krone = Hauptrequisit.** Achten Sie stets auf die Waschbarkeit von Stofftieren. *Onlinehandel, Spielwarenhandel*
- **eine goldene Kugel = Hauptrequisit** *Bastel- und Dekorationsbedarf, Gartenbedarf*

> **Tipp**
> Sie können die goldene Kugel auch selbst herstellen. Überziehen Sie einen Tennisball mit Goldfolie oder lackieren Sie eine Holzkugel oder Metallkugel mit Goldsprühfarbe. Die Kugel kann besser von den Gästen wahrgenommen werden, wenn sie etwas Gewicht hat.

Ideen für weitere Materialien (zum Auswählen)

Wählen Sie aus der nachfolgenden Liste zusätzliche Materialien aus. Diese legen Sie bitte bis zu ihrem Gebrauch außerhalb des Blickfeldes der Gäste.

© Olaf Pieper

Mit Klangfröschen kann man ein Froschkonzert gestalten.

- ein oder mehrere Klangfrösche in unterschiedlichen Größen (siehe Foto) *Musikalienhandel*
- Wasser in einer durchsichtigen Schale (ca. 25 cm Durchmesser) oder ein Glaskrug mit einer kleineren Schüssel, Handtücher *Dekorationsbedarf, einrichtungseigene Küche*
- für jeden Gast einen goldenen Luftballon *Bastel- oder Dekorationsbedarf*
- mehrere gelbe, weiche Bälle und einen Ballkorb, z. B. einen Eimer, einen Wäschekorb oder einen leerer Papierkorb *Nutzung einrichtungseigener Gegenstände, Onlinehandel, Spielwarenhandel*
- eine Dose Seifenblasen *Spielwarenhandel*
- eine alte Zinkwanne oder einen Zinkeimer *Flohmarkt, Onlinehandel*
- eine oder mehrere Königskronen *Karnevalsbedarf*
- eine oder mehrere Prinzessinnenkronen *Karnevalsbedarf*
- ein Handspiegel mit Griff (Durchmesser des Spiegels mind. 15 cm)
- Korb mit unterschiedlichen bunten Materialien, die nach Farben sortiert werden können
- Dispersionsfarben oder Wasserfarben zum Mischen, Pappteller, Pinsel *Bastel- und Dekorationsbedarf*
- Schatztruhe mit Schmuck *Dachboden, Flohmarkt, Onlinehandel*

Ausgearbeitete Märchenstunde „Der Froschkönig (oder der eiserne Heinrich)"

Tipp

Wenn in Ihrer Gruppe männliche Gäste sind, legen Sie auch Taschenuhren und Manschettenknöpfe in die Schatztruhe.

- Brautkleider, Brautschleier *Flohmarkt, Kostümverleih, Onlinehandel*

Ideen für Erinnerungsstücke (zum Auswählen)

- Schokokugeln mit Goldpapier *Lebensmittelhandel*
- grüne Weingummifrösche *Lebensmittelhandel*
- kleine, grüne Filzfrösche *Bastel- und Dekorationsbedarf*

Der Ablauf der Märchenstunde

Die Begrüßung (ca. 5 Minuten)

- Begrüßen Sie die Gäste mit Handschlag und Namen vor dem Raum.
- Führen Sie die Gäste zum Platz, stellen Sie die Rollatoren zur Seite.
- Warten Sie gemeinsam auf alle Gäste. Überbrücken Sie die Wartezeit eventuell mit der Märchenmitte und nutzen Sie dafür einige der Fragen, die Sie unter dem nachfolgenden Punkt „Die Märchenmitte" finden.
- Wenn alle Gäste eingetroffen sind, erfolgt die offizielle Begrüßung: *„Herzlich willkommen zur Märchenstunde …"*

Die Märchenmitte (ca. 5 Minuten)

Nach der Begrüßung nehmen Sie die Erzählerposition ein und beginnen die Märchenstunde mit den Fragen zur Märchenmitte. Die nachfolgenden Fragen sprechen wiederholt auf den Märchentitel an. Diese Wiederholung dient dazu, dass möglichst viele Gäste während dieses Teiles das Märchen erkennen. Wenn Sie merken, dass der größte Teil der Gruppe das Märchen erkannt hat, können Sie die weiteren Fragen überspringen. Dann schließen Sie mit der Bestätigung des Märchentitels.

- *„Welches Märchen möchte ich Ihnen heute erzählen?"*
- *„Was sehen Sie in der Mitte?"* → Zeigen Sie auf die Mitte.
- *„Was ist das für ein Tier?"* → Zeigen Sie auf den Stofffrosch, halten Sie ihn hoch und gehen Sie zu jedem Gast. Dabei kann der Frosch auch begrüßen: *„Guten Tag!"*
- *„In welchem Märchen kommt ein Frosch vor?"*
- *„In dem Märchen, das ich heute erzählen will, kommt auch eine Prinzessin vor. Die hat ein Lieblingsspielzeug. Welches war das?"* → Halten Sie die goldene Kugel hoch. Gehen Sie mit der Kugel zu den Gästen.
- *„Welches Märchen möchte ich Ihnen heute erzählen?"*

Ausgearbeitete Märchenstunde „Der Froschkönig (oder der eiserne Heinrich)"

Das Anfangslied (ca. 5 Minuten)

Leiten Sie zum Anfangslied über:

„Heute möchte ich Ihnen das Märchen vom ‚Froschkönig' erzählen. Und dieser Froschkönig lebt in einem Brunnen. Deswegen möchte ich gerne mit Ihnen zu Beginn das bekannte Lied ‚Am Brunnen vor dem Tore' singen. Dieses Lied kennen Sie sicherlich alle."

➜ Nach der Überleitung verteilen Sie die vorbereiteten Liedtexte, wenn benötigt.

➜ Singen des Liedes „Am Brunnen vor dem Tore" (Liedtext im Anhang, Seite 176).

➜ Sammeln Sie nach dem Singen des Liedes die Liedtexte wieder ein.

Das Märchen (ca. 10 Minuten ohne Zusatz, ca. 13 Minuten mit Zusatz)

Leiten Sie die Erzählung ein:

„Sie haben alle schon erkannt, dass ich Ihnen heute das Märchen vom ‚Froschkönig' erzählen möchte. Ein Märchen beginnt mit den Worten ‚Es war einmal'. Und so beginnt auch mein heutiges Märchen mit den Worten ‚Es war einmal'."

Beenden Sie die Erzählung mit dem Schluss *„Und wenn sie nicht gestorben sind …"*.

➜ Am Ende der Erzählung kommen Verbeugung und Schlussapplaus, leiten Sie den Applaus ggf. selbst ein.

Die Aktivierung (ca. 20–30 Minuten)*

Beginnen Sie die Aktivierungseinheit dadurch, dass Sie sich wieder auf Ihren Stuhl setzen. Leiten Sie die Aktivierungseinheit ein:

„Und das war das Märchen vom ‚Froschkönig'. In dem Märchen vom ‚Froschkönig' geht es um das Lieblingsspielzeug einer Prinzessin."

Kurzzeitgedächtnis (Impulse zum Auswählen)

Stellen Sie Fragen zum Kurzzeitgedächtnis und warten Sie nach jeder Frage die Antworten ab. Geben Sie eventuell Unterstützungen durch die entsprechenden Hauptrequisiten.

- *„Was war das Lieblingsspielzeug der Prinzessin?"* (goldene Kugel) ➜ Halten Sie die goldene Kugel hoch.
- *„Wo wohnt der Frosch?"* (Brunnen) ➜ Halten Sie den Frosch hoch.
- *„Welche Farbe hat ein Frosch?"* (grün)
- *„Welches Laute macht ein Frosch?"* (er quakt)

Langzeitgedächtnis (Impulse zum Auswählen)

Nutzen Sie einige der Impulse zum Langzeitgedächtnis und probieren Sie aus, was Ihre Gruppe zum Erzählen anregt.

---

* *In der Regel reichen für eine Märchenstunde drei bis fünf verschiedene Impulse aus. Sehen Sie die vorgestellten Impulse als Ideengeber an und variieren bzw. ergänzen Sie nach Bedarf.*

- Thema „Brunnen/Wasser“: *„Hatten Sie im Garten einen Brunnen?“ „Wie haben Sie die Blumen in Ihrem Garten/auf Ihrem Balkon gewässert?“ „Waren Sie schon mal am Wasser?“ „Was haben Sie dort am liebsten gemacht?“*
- Thema „Frosch“: *„Haben Sie schon einmal einen Frosch gesehen?“ „Hatten Sie schon einmal einen Frosch in der Hand?“*
- Thema „Liebe“: *„Wie haben Sie Ihren Mann/Ihre Frau gefunden? Wie haben Sie geheiratet?“ „Gab es eine Kutsche?“* (**Achtung:** Hier können auch traurige Erinnerungen an den Verlust des Ehepartners geweckt werden.)
- Thema „Schmuck“: *„Welchen Schmuck tragen Sie besonders gerne?“* – diese Frage eignet sich besonders für weibliche Gäste. *„Welchen Schmuck haben Sie verschenkt?“* – diese Frage eignet sich besonders für männliche Gäste.
- Thema „Spielen“: *„Welches war Ihr Lieblingsspielzeug?“*
- Thema „Sprichwörter“: *„Wie heißt es in dem Sprichwort: ‚Was du versprochen hast, musst du …‘?“* (… halten). *„Wie geht es weiter bei dem Sprichwort ‚Ehrlichkeit währt am …‘?“* (… längsten). **Achtung:** Mit Fragen nach Ehrlichkeit und Versprechen können auch negative Erinnerungen an gebrochene Versprechen, Untreue und Unehrlichkeit geweckt werden.
- Thema „Tiere“: *„Der Frosch lebt im Brunnen im Wald. Welche Tiere leben auch im Wasser, See, Meer?“ „Welche Tiere leben noch im Wald?“*

Fragen zu den Materialien (Impulse zum Auswählen)

Zeigen Sie die Materialien, geben Sie sie herum und lassen Sie sie ansehen und anfassen! **Achtung:** Immer nur ein Material nach dem anderen zeigen. Erst wenn das Material von allen gesehen und bearbeitet wurde, sollte etwas Neues eingebracht werden. Eine Mischung aus kognitiven, motorischen und sinnlichen Aktivierungsimpulsen regt die Gäste zum Interagieren an.

Tastsinn:

- Thema „Goldene Kugel“: *„Wie fühlt sich die goldene Kugel an? Leicht? Schwer?“* ➜ **Achtung:** Bleiben Sie bei dem Gast, der gerade mit dem Requisit arbeitet.
- Thema „Stofftier“: *„Wie fühlt sich der Frosch an? Weich? Hart?“*
- Thema „Wasser“: *„Wie fühlt sich das Wasser an? Warm? Kalt?“* ➜ Nehmen Sie dafür die mit Wasser gefüllten Schalen und halten Sie ein Handtuch bereit.

Hörsinn:

- Thema „Klangfrosch“: ➜ Die Gäste können den Klangfrosch ausprobieren. Wenn mehrere Klangfrösche vorhanden sind, können Sie ein Froschkonzert anleiten. Wer keinen Klangfrosch in den Händen hält, kann das Froschquaken selbst produzieren.

Sehsinn:

- Thema „Farben": *„Welche Farben gibt es?"* ➜ Zeigen Sie Materialien mit verschiedenen Farben und lassen Sie die Materialien nach Farben sortieren.

Motorik:

- Thema „Ballspiele": ➜ Die Gäste können versuchen, gelbe Bälle in einen Korb (= Brunnen) zu werfen. Alternativ können Bälle und/oder Luftballons von Gast zu Gast weitergegeben werden.
- Thema „Farben": ➜ Verteilen Sie farbige Materialien und leiten Sie ein Farbenspiel an: *„Alle, die etwas Rotes in den Händen halten, halten das einmal hoch. Alle, die etwas Grünes in den Händen halten, halten das einmal hoch ..."* usw.
- Thema „Seifenblasen": ➜ Machen Sie für die Gäste Seifenblasen zum Anschauen und zum Greifen.
- Thema „Verkleidung": ➜ Lassen Sie entsprechende Kronen aufsetzen, reichen Sie einen Spiegel, stellen Sie Fragen, z. B. *„Wie würden Sie als König heißen?" oder „Wo würden Sie als Prinzessin wohnen?"*

Kognitive Ressourcen:

- Thema „Farben": ➜ Grüne und andersfarbige Materialien präsentieren, die Gäste sollen aus diesen Materialien die grünen heraussortieren. ➜ Dispersionsfarben werden auf Papptellern entweder von Ihnen oder von den Gästen gemischt, die Gäste bestimmen und benennen die Mischfarben.

Biografiearbeit (Hier können auch Fragen aus dem Bereich „Langzeitgedächtnis" eingebracht werden.):

- Thema „Hochzeit": ➜ Lassen Sie Brautkleider anschauen und über die eigene Hochzeit erzählen. **Achtung:** Hier können auch traurige Erinnerungen an den Verlust des Ehepartners geweckt werden.
- Thema „Schatztruhe": ➜ Geben Sie die mit Schmuck gefüllte Schatulle zum Anschauen und Ausprobieren herum. Halten Sie dabei einen Spiegel bereit, wenn die Gäste den Schmuck anlegen und sich betrachten möchten.
- Thema „Zinkeimer/Zinkwanne": *„Woher kennen Sie diese Gegenstände?" „Was macht man damit?"*

Das Abschlusslied (ca. 5 Minuten)

Leiten Sie zum Schlussteil über:

„Wie schnell doch die Zeit vergangen ist. Wir sind schon fast am Ende unserer Märchenstunde mit dem ‚Froschkönig' angelangt. Vieles haben wir heute entdeckt: einen Frosch, eine Kugel. (➜ Fügen Sie an dieser Stelle Dinge ein, die während der Märchenstunde ausprobiert oder besprochen wurden.) *Nun möchte ich gerne mit Ihnen zum Abschluss noch ein Lied singen. Dafür habe ich das Lied ‚Gold und Silber lieb ich sehr' ausgewählt. Das kennen Sie sicherlich alle."*

- Verteilen Sie Liedtexte, wenn benötigt.
- Singen des Liedes „Gold und Silber lieb ich sehr“ (Liedtext im Anhang, Seite 177).
- Sammeln Sie nach dem Singen des Liedes die Liedtexte wieder ein.

Das Erinnerungsstück (ca. 3 Minuten)

Leiten Sie zu den Erinnerungsstücken über: *„Vielen Dank, dass Sie heute bei mir waren. Ich hoffe, es hat Ihnen Freude gemacht, und als kleines Dankeschön habe ich für Sie ...“.* Benennen Sie das ausgewählte Erinnerungsstück und verteilen Sie die Erinnerungsstücke an jeden Gast.

Die Verabschiedung (ca. 5 Minuten)

Leiten Sie zu der Verabschiedung über und verabschieden Sie jeden Gast mit Namen und Handschlag: *„Auf Wiedersehen, Frau/Herr ..., danke, dass Sie dabei waren. Ich wünsche Ihnen noch einen schönen Tag.“*

Praxiserfahrung

Ich habe in einer Einrichtung auf dem Wohnbereich mit Menschen mit schwerer Demenz das Märchen „Der Froschkönig (oder der eiserne Heinrich)“ erzählt.

In meiner Runde war ein Gast, Herr M., der nicht mehr verbal kommunizieren konnte. Er zeigte keine mimischen oder gestischen Reaktionen auf Fragen, die an ihn gerichtet wurden. Ich habe ihm zuerst den weichen, leichten, grünen Stofffrosch vorsichtig in seine Hand gelegt. Nach einer Weile habe ich den Frosch wieder aus seiner Hand genommen und ihn auf den Tisch vor Herrn M. gesetzt. Dafür legte ich Herrn M. die schwere, kalte goldene Kugel in die Hand. Dann legte ich auch die Kugel vor ihm auf den Tisch. Nach einer Weile habe ich ihn gefragt: „Herr M., welches der beiden Dinge war leicht?“ Herr M. konnte sich verbal nicht äußern. Aber seine Hand wanderte langsam zum Frosch vor sich auf den Tisch. Und er nahm den Frosch in seine Hand. Das war seine Antwort auf meine Frage.

Ein Frosch zum Liebhaben.

Märchenstunde „Hänsel und Gretel"

Vorbemerkung

Im Anhang finden Sie den Märchentext „Hänsel und Gretel" (Seite 135) sowie die Kurzfassung als Kopiervorlage für Karteikarten (Seite 161). Die allgemeinen Vorbereitungen können Sie der Checkliste „Vorbereitungen" im Anhang auf Seite 188 entnehmen. Kopieren Sie sich diese und haken Sie Erledigtes ab.

Die Gruppe

Diese Märchenstunde ist für Menschen mit mittlerer Demenz erarbeitet. Die Gruppe kann ca. 10–15 Gäste umfassen.

Das Märchen

Hinweise zum Text und zur Bearbeitung des Märchens finden Sie im Kapitel „Das Märchen: Text und Bearbeitung", Seite 36. Das Märchen eignet sich besonders gut im Herbst und Winter.

Die Erinnerungen

Erinnerungen, die unterstützt werden sollen:	**Erinnerungen, die nicht unterstützt werden sollen:**
Backen, Brot, Kuchen	Angst vor Armut, Alleinsein, Gefangenschaft
Reichtum	Angst vor bösen Menschen, Hexen
Wald	Angst vor dem Wald
Wandern	negative Kindheitserinnerungen
Zusammenhalt	Verlust von Heimat

Das Material

Märchenmitte

- ca. 1,50 x 1,50 m Stoff für die Märchenmitte in Weiß oder Creme (Bettlaken, Meterstoff oder schlichte Tischdecke)
- ca. 0,5 x 1 m grüner Stoff für den Aspekt „Wald" (Meterstoff oder Tischdecke)

Beispiel für die Märchenmitte zu „Hänsel und Gretel"

- **ein Lebkuchenhäuschen = Hauptrequisit** im Herbst/Winter *als fertige Backware im Lebensmittelhandel oder als Dekorationsstück im Dekorationsbedarf*
- **Backzutaten = Hauptrequisit** im Frühjahr/Sommer: Nudelholz, Ausstechförmchen, Mehl, Zucker, Lebkuchengewürze *Lebensmittelhandel*
- Waldmaterialien, wie Moos, Rinde, Blätter, Kastanien, Bucheckern etc. *am besten selbst suchen*

Ideen für weitere Materialien (zum Auswählen)

Wählen Sie aus der nachfolgenden Liste zusätzliche Materialien aus. Diese legen Sie bitte bis zu ihrem Gebrauch außerhalb des Blickfeldes der Gäste.

- ein Mädchenhäubchen zum Binden und eine Jungenmütze *Kostümhandel*
- Figuren von Waldtieren, wie Eichhörnchen, Fuchs, Hase etc. *Flohmarkt, Onlinehandel, Spielwarenhandel*
- Vogelstimmen, Tierstimmen auf einer CD und/oder Waldgeräusche *Buchhandel*
- Backgerätschaften: Backformen, Brotschieber *einrichtungseigene Küche, Flohmarkt, Onlinehandel*
- kleine Kiste oder Truhe mit Halbedelsteinen, Perlenketten, Gold- und Silbertalern *Bastel- und Dekorationsbedarf, Flohmarkt*
- Wanderrequisiten: Wanderstock, Rucksack, Wanderschuhe *Flohmarkt, Onlinehandel, Secondhandshop*

Ideen für Erinnerungsstücke (zum Auswählen)

- Lebkuchen *Lebensmittelhandel*
- Tannenzapfen oder Kastanien *am besten selbst suchen*
- Halbedelsteine *Bastel- und Dekorationsbedarf.* **Achtung:** Die Halbedelsteine müssen groß genug sein, um sie nicht mit Bonbons zu verwechseln. Sollte die Gefahr einer Verwechslung durch einen Gast bestehen, dann lieber auf ein anderes Erinnerungsstück zurückgreifen.

Der Ablauf der Märchenstunde

Die Begrüßung (ca. 5 Minuten)

- Begrüßen Sie die Gäste mit Handschlag und Namen vor dem Raum.
- Führen Sie die Gäste zum Platz, stellen Sie die Rollatoren zur Seite.
- Warten Sie gemeinsam auf alle Gäste. Überbrücken Sie die Wartezeit eventuell mit der Märchenmitte und nutzen Sie dafür einige der Fragen, die Sie unter dem nachfolgenden Punkt „Die Märchenmitte" finden.
- Wenn alle Gäste eingetroffen sind, erfolgt die offizielle Begrüßung: *„Herzlich willkommen zur Märchenstunde …"*

Ausgearbeitete Märchenstunde „Hänsel und Gretel"

Die Märchenmitte (ca. 5 Minuten)

Nach der Begrüßung nehmen Sie die Erzählerposition ein und beginnen die Märchenstunde mit den Fragen zur Märchenmitte. Die nachfolgenden Fragen sprechen wiederholt auf den Märchentitel an. Diese Wiederholung dient dazu, dass möglichst viele Gäste während dieses Teiles das Märchen erkennen. Wenn Sie merken, dass der größte Teil der Gruppe das Märchen erkannt hat, können Sie die weiteren Fragen überspringen. Dann schließen Sie mit der Bestätigung des Märchentitels.

- *„Welches Märchen möchte ich Ihnen heute erzählen?"*
- *„Was sehen Sie in der Mitte?"* ➜ Zeigen Sie auf die Mitte.
- *„Was ist das für ein Gegenstand?"* ➜ Zeigen Sie auf das Lebkuchenhaus oder die Backzutaten. Nehmen Sie die Requisiten aus der Mitte und bringen Sie diese näher zu den Gästen.
- *„Wo finden wir diese Dinge?"* ➜ Zeigen Sie auf die Waldrequisiten, nehmen Sie diese hoch und bringen Sie diese näher zu den Gästen. Lassen Sie die Materialien benennen.
- *„In welchen Märchen finden Kinder ein Lebkuchenhaus im Wald?"*
- *„Welches Märchen möchte ich Ihnen heute erzählen?"*

Das Anfangslied (ca. 5 Minuten)

Leiten Sie zum Anfangslied über:

„Heute möchte ich Ihnen das Märchen von ‚Hänsel und Gretel' erzählen. Und weil es ein Kinderlied gibt, das ebenso heißt, möchte ich mit Ihnen das Lied ‚Hänsel und Gretel' singen. Dieses Lied kennen Sie sicherlich alle."

➜ Nach der Überleitung verteilen Sie die vorbereiteten Liedtexte, wenn benötigt.

➜ Singen des Liedes „Hänsel und Gretel" (Liedtext im Anhang, Seite 178).

➜ Sammeln Sie nach dem Singen des Liedes die Liedtexte wieder ein.

Das Märchen (ca. 10 Minuten)

Leiten Sie die Erzählung ein:

„Sie haben alle schon erkannt, dass ich Ihnen heute das Märchen von ‚Hänsel und Gretel' erzählen möchte. Ein Märchen beginnt mit den Worten ‚Es war einmal'. Und so beginnt auch mein heutiges Märchen mit den Worten ‚Es war einmal'." Beenden Sie die Erzählung mit dem Schluss *„Und wenn sie nicht gestorben sind …"*.

➜ Am Ende der Erzählung kommen Verbeugung und Schlussapplaus, leiten Sie den Applaus ggf. selbst ein.

Die Aktivierung (ca. 20–30 Minuten)*

Beginnen Sie die Aktivierungseinheit dadurch, dass Sie sich wieder auf Ihren Stuhl setzen. Leiten Sie die Aktivierungseinheit ein:
„Und das war das Märchen von ‚Hänsel und Gretel', die den Weg nach Hause aus dem Wald fanden."

Kurzzeitgedächtnis (Impulse zum Auswählen)

Stellen Sie Fragen zum Kurzzeitgedächtnis und warten Sie nach jeder Frage die Antworten ab. Geben Sie eventuell Unterstützungen durch die entsprechenden Hauptrequisiten.

- *„Wie hießen die beiden Kinder, die in den Wald gingen?"* (Hänsel und Gretel)
- *„Was fanden die Kinder im Wald?"* (Lebkuchenhaus) → Zeigen Sie bei dieser Frage auf das Lebkuchenhaus, um die Gäste zu unterstützen.

Langzeitgedächtnis (Impulse zum Auswählen)

Nutzen Sie einige der Impulse zum Langzeitgedächtnis und probieren Sie aus, was Ihre Gruppe zum Erzählen anregt.

- Thema „Backen": *„Was braucht man, um Lebkuchen, Plätzchen, Kuchen, Brot zu backen?"*
- Thema „Wald": *„Welche Tiere leben im Wald?" „Was kann man im Wald machen?"* (Wandern, Beeren sammeln, sich verstecken, Holz sammeln, Weihnachtsbaum schlagen o. Ä.)

Fragen zu den Materialien (Impulse zum Auswählen)

Zeigen Sie die Materialien, geben Sie sie herum und lassen Sie sie ansehen und anfassen! **Achtung:** Immer nur ein Material nach dem anderen zeigen. Erst wenn das Material von allen gesehen und bearbeitet wurde, sollte etwas Neues eingebracht werden. Eine Mischung aus kognitiven, motorischen und sinnlichen Aktivierungsimpulsen regt die Gäste zum Interagieren an.

Tastsinn:

- Thema „Wald": → Geben Sie Fundstücke aus dem Wald in die Runde, Tannenzapfen, Kastanien, Äste, Moos etc. *„Wie fühlen sich die Waldmaterialien an?" „Was ist das?"*

Hörsinn:

- Thema „Tiere": *„Welche Vögel können Sie anhand der Stimmen erkennen?"* → Legen Sie eine CD mit Vogelstimmen in einen CD-Player und spielen Sie verschiedene Vogelstimmen vor. Dieser Impulse lässt sich auch auf andere Tiergeräusche erweitern.
- Thema „Wald": *„Welche Geräusche sind im Wald zu hören?"* → Sie können dazu eine Geräusche-CD mit Waldgeräuschen nutzen oder Geräusche aus den Erinnerungen benennen.

* *In der Regel reichen für eine Märchenstunde drei bis fünf verschiedene Impulse aus. Sehen Sie die vorgestellten Impulse als Ideengeber an und variieren bzw. ergänzen Sie nach Bedarf.*

Ausgearbeitete Märchenstunde „Hänsel und Gretel"

<u>Geschmackssinn/Geruchssinn:</u>

- Thema „Backen": ➜ Lassen Sie die Gäste an Lebkuchen riechen und davon probieren. Das können Sie auch mit Gewürzen machen und ebenso mit Salz und Zucker.

<u>Sehsinn:</u>

- Thema „Verkleidung": ➜ Geben Sie das Häubchen und die Mütze in die Runde. *„Wem könnte das Häubchen gehören und wem die Mütze?"*
- Thema „Tiere": ➜ Die Gäste betrachten die Tierfiguren und bestimmen die Tiere.

<u>Motorik:</u>

- Thema „Backen": ➜ Utensilien, die zum Backen verwendet werden (Backformen, Löffel, Schüssel etc.) werden von den Gästen ausprobiert und benannt.
- Thema „Schatztruhe": ➜ Geben Sie die kleine Kiste mit Halbedelsteinen, Perlen, Gold- und Silbertalern herum. Zeigen Sie den Inhalt, lassen Sie Materialien auswählen, herausheben, sortieren etc.
- Thema „Wald": ➜ Lassen Sie die Gäste verschiedene Waldmaterialien aus dem Körbchen anfassen, sortieren und benennen.

<u>Kognitive Ressourcen:</u>

- Thema „Backen": *„Welche Kuchenrezepte kennen Sie?"*
- Thema „Wald": *„Welche Tiere leben im Wald?"*
- Thema „Wandern": *„Sind Sie gewandert?" „Wohin?" „Mit wem?" „Was haben Sie mitgenommen?"* **Achtung:** Hier können auch negative Erinnerungen von Flucht geweckt werden.

<u>Biografiearbeit</u> (Hier können auch Fragen aus dem Bereich „Langzeitgedächtnis" eingebracht werden.):

- Thema „Backen": *„Was haben Sie gerne gebacken?" „Wann haben Sie gebacken?" „Ist Ihnen schon mal der Kuchen im Backofen angebrannt? Was haben Sie da gemacht?"*
- Thema „Familie": *„Haben Sie Geschwister?" „Was haben Sie als Kind am liebsten mit Ihren Geschwistern unternommen?"* **Achtung:** Das kann negative Erinnerungen auslösen.
- Thema „Spielen": *„Was haben Sie gerne als Kind gespielt?"*
- Thema „Wald": *„Was haben Sie gerne im Wald gemacht?"*

Das Abschlusslied (ca. 5 Minuten)

Leiten Sie zum Schlussteil über:

„Wie schnell doch die Zeit vergangen ist. Wir sind schon fast am Ende unserer Märchenstunde mit ‚Hänsel und Gretel' angelangt. Vieles haben wir heute entdeckt: vom Backen, vom Wald und von zwei Geschwistern. (➜ Fügen Sie an dieser Stelle Dinge ein, die während der Märchenstunde ausprobiert oder

besprochen wurden.) *Nun möchte ich gerne mit Ihnen zum Abschluss noch ein Lied singen. Dafür habe ich das Lied ‚Backe, backe Kuchen' ausgewählt. Das kennen Sie sicherlich alle.“*

- ➜ Verteilen Sie Liedtexte, wenn benötigt.
- ➜ Singen des Liedes „Backe, backe Kuchen“ (Liedtext im Anhang, Seite 179).
- ➜ Sammeln Sie nach dem Singen des Liedes die Liedtexte wieder ein.

Das Erinnerungsstück (ca. 3 Minuten)

Leiten Sie zu den Erinnerungsstücken über:
„Vielen Dank, dass Sie heute bei mir waren. Ich hoffe, es hat Ihnen Freude gemacht, und als kleines Dankeschön habe ich für Sie ...“. Benennen Sie das ausgewählte Erinnerungsstück und verteilen Sie die Erinnerungsstücke an jeden Gast.

Die Verabschiedung (ca. 5 Minuten)

Leiten Sie zu der Verabschiedung über und verabschieden Sie jeden Gast mit Namen und Handschlag: *„Auf Wiedersehen, Frau/Herr ..., danke, dass Sie dabei waren. Ich wünsche Ihnen noch einen schönen Tag.“*

Praxiserfahrung

Ich habe einmal in einer Einrichtung vor Gästen mit mittlerer und schwerer Demenz das Märchen von „Hänsel und Gretel“ erzählt. Im Verlauf der Stunde lenkte ich das Gespräch auf das Thema „Backen“. Eine Frage von mir war, was die Gäste getan haben, wenn ihnen mal etwas im Backofen angebrannt ist. Eine Dame rief: „Ich habe es dem Schwein im Schuppen hinter dem Haus gegeben.“ Eine andere Dame lächelte verschmitzt. Ich habe sie dann direkt angesprochen. Daraufhin sagte sie: „Ich habe Puderzucker über den Kuchen gestreut. Da hat das keiner gesehen.“

© Olaf Pieper

Wie fühlt sich weiches, feuchtes Moos an?

Märchenstunde „Hans im Glück“

Vorbemerkung

Im Anhang finden Sie den Märchentext „Hans im Glück“ (Seite 140) sowie die Kurzfassung als Kopiervorlage für Karteikarten (Seite 162). Die allgemeinen Vorbereitungen können Sie der Checkliste „Vorbereitungen“ im Anhang auf Seite 188 entnehmen. Kopieren Sie sich diese und haken Sie Erledigtes ab.

Die Gruppe

Diese Märchenstunde ist für Menschen mit mittlerer Demenz erarbeitet. Die Gruppe kann 10–15 Gäste umfassen.

Das Märchen

Hinweise zum Text und zur Bearbeitung des Märchens finden Sie im Kapitel „Das Märchen: Text und Bearbeitung“, Seite 36. Das Märchen ist gut für Männer geeignet.

Die Erinnerungen

Erinnerungen, die unterstützt werden sollen:	**Erinnerungen, die nicht unterstützt werden sollen:**
Glück (z. B. zum neuen Jahr)	betrogen werden
Handwerk	Heimkehr nach dem Krieg
Lehrjahre, Lohn, Bezahlung	Verlust von Heimat, materiellem Gut
Tiere, Bauernhof	Verlust von Menschen
Wandern, Reisen	

Das Material

Märchenmitte

- ca. 1,50 x 1,50 m Stoff für die Märchenmitte in Weiß oder Creme (Bettlaken, Meterstoff oder schlichte Tischdecke)
- ca. 0,5 x 1 m grüner Stoff für den Aspekt „Natur“ (Meterstoff oder Tischdecke)

Beispiel für die Märchenmitte zu „Hans im Glück“

Ausgearbeitete Märchenstunde „Hans im Glück“

- **ein Goldklumpen = Hauptrequisit**
  Nehmen Sie dafür einen größeren Stein und lackieren Sie diesen mit Goldsprühfarbe aus dem Baumarkt.
- **Schwein als Stofftier oder Figur** oder ein **Hufeisen = Hauptrequisiten**
  Bastel- und Dekorationsbedarf, Flohmarkt, Onlinehandel, Spielwarenhandel
- Wanderrequisiten: Wanderstock, Rucksack, Wanderschuhe *Flohmarkt, Onlinehandel, Secondhandshop*
- eine oder zwei Tierfiguren aus dem Märchen: Pferd, Kuh, Schwein oder Gans
  Flohmarkt, Onlinehandel, Spielwarenhandel

Ideen für weitere Materialien (zum Auswählen)

- die restlichen Tierfiguren aus dem Märchen: Pferd, Kuh, Schwein oder Gans
  Flohmarkt, Onlinehandel, Spielwarenhandel
- Tierstimmdosen: Pferd, Kuh, Schwein, Gans und auch andere Tiere *Onlinehandel, Spielwaren*
- Gänsefedern, Gänsedaunen *Bastel- und Dekorationsbedarf*
- Gänseschmalz zum Verkosten *einrichtungseigene Küche, Lebensmittelhandel*
- Hüte und Kopfbedeckungen in einer großen Kiste oder im Koffer: verschiedenartige, große und kleine Hüte, Damenhüte, Männerhüte, Kappen, Kronen, Kostüm hüte. Sie sollten mindestens für jeden Gast eine Kopfbedeckung dabeihaben.
  Kostümverleih, Onlinehandel, Secondhandshop
- ein Handspiegel mit Griff (der Durchmesser des Spiegels sollte mind. 15 cm sein)
- Glückssymbole: Schwein, Glücksklee, Schornsteinfeger, Hufeisen *Flohmarkt, Haushaltswarenhandel, Onlinehandel*
- Haushaltswaage (digital) *einrichtungseigene Küche* oder eine alte Waage mit Gewichten *Flohmarkt, Onlinehandel*

Ideen für Erinnerungsstücke (zum Auswählen)

- kleine Kieselsteine (mit Goldfarbe aus dem Baumarkt besprüht)
- Glückssymbole, wie Glücksklee oder Hufeisen *Bastel- und Dekorationsbedarf*
- Goldschokotaler *Lebensmittelhandel*

Der Ablauf der Märchenstunde

Die Begrüßung (ca. 5 Minuten)

- Begrüßen Sie die Gäste mit Handschlag und Namen vor dem Raum.
- Führen Sie die Gäste zum Platz, stellen Sie die Rollatoren zur Seite.
- Warten Sie gemeinsam auf alle Gäste. Überbrücken Sie die Wartezeit eventuell mit der Märchenmitte und nutzen Sie dafür einige der Fragen, die Sie unter dem nachfolgenden Punkt „Die Märchenmitte“ finden.
- Wenn alle Gäste eingetroffen sind, erfolgt die offizielle Begrüßung: *„Herzlich willkommen zur Märchenstunde …“*

Ausgearbeitete Märchenstunde „Hans im Glück“

Die Märchenmitte (ca. 5 Minuten)

Nach der Begrüßung nehmen Sie die Erzählerposition ein und beginnen die Märchenstunde mit den Fragen zur Märchenmitte. Die nachfolgenden Fragen sprechen wiederholt auf den Märchentitel an. Diese Wiederholung dient dazu, dass möglichst viele Gäste während dieses Teiles das Märchen erkennen. Wenn Sie merken, dass der größte Teil der Gruppe das Märchen erkannt hat, können Sie die weiteren Fragen überspringen. Dann schließen Sie mit der Bestätigung des Märchentitels.

- *„Welches Märchen möchte ich Ihnen heute erzählen?“*
- *„Was sehen Sie in der Mitte?“* ➜ Zeigen Sie auf die Mitte.
- *„Was ist das für ein Gegenstand?“* ➜ Zeigen Sie auf den Goldklumpen. Nehmen Sie den Goldklumpen aus der Mitte und bringen Sie ihn näher an die Gäste.
- *„Welche Farbe hat der Gegenstand?“*
- *„In welchem Märchen bekommt jemand einen großen Klumpen Gold?“* ➜ Es kann sein, dass der Goldklumpen mit dem Märchen „Sterntaler“ oder „Frau Holle“ in Verbindung gesetzt wird. Bestätigen Sie auf jeden Fall die Antworten. Verweisen Sie auf die anderen Requisiten in der Mitte, z. B. auf das Schwein oder auf das Hufeisen, denn auch die gehören zu dem Märchen dazu. Fragen Sie erneut nach dem Märchen, das heute erzählt wird.
- *„In welchem Märchen geht jemand auf eine Wanderschaft?“* ➜ Halten Sie die Wanderrequisiten hoch. Bringen Sie diese Requisiten näher zu den Gästen.
- *„In welchem Märchen kommt auch das Tier vor, das ich mitgebracht habe? Welches Tier ist das?“* ➜ Zeigen Sie auf das Schwein und halten Sie es hoch. Bringen Sie es näher zu den Gästen.
- *„In welchem Märchen hat jemand ganz viel Glück? Und ein Zeichen für Glück ist dieses hier.“* ➜ Zeigen Sie das Hufeisen. Gehen Sie näher damit an die Gäste heran. Fragen Sie nach dem Namen des Gegenstandes.
- *„Welches Märchen möchte ich Ihnen heute erzählen?“*

Das Anfangslied (ca. 5 Minuten)

Leiten Sie zum Anfangslied über:

„Heute möchte ich Ihnen das Märchen von ‚Hans im Glück‘ erzählen. Und weil es ein Kinderlied gibt, das ähnlich heißt, möchte ich mit Ihnen zu Beginn das Lied ‚Hänschen klein‘ singen. Und zwar mit allen drei Strophen. Dieses Lied kennen Sie sicherlich alle.“

➜ Nach der Überleitung verteilen Sie die vorbereiteten Liedtexte, wenn benötigt.

➜ Singen des Liedes „Hänschen klein“ (Liedtext im Anhang, Seite 180).

➜ Sammeln Sie nach dem Singen des Liedes die Liedtexte wieder ein.

Ausgearbeitete Märchenstunde „Hans im Glück“

Das Märchen (ca. 15 Minuten)

Leiten Sie die Erzählung ein:

„Sie haben alle schon erkannt, dass ich Ihnen heute das Märchen von ‚Hans im Glück‘ erzählen möchte. Ein Märchen beginnt mit den Worten ‚Es war einmal‘. Und so beginnt auch mein heutiges Märchen mit den Worten ‚Es war einmal‘.“

Beenden Sie die Erzählung mit dem Schluss *„Und wenn er nicht gestorben ist …“.*

➜ Am Ende der Erzählung kommen Verbeugung und Schlussapplaus, leiten Sie den Applaus ggf. selbst ein.

Die Aktivierung (ca. 20–30 Minuten)*

Beginnen Sie die Aktivierungseinheit dadurch, dass Sie sich wieder auf Ihren Stuhl setzen. Leiten Sie die Aktivierungseinheit ein:

„Und das war das Märchen von Hans, der ein Glückskind war.“

Kurzzeitgedächtnis (Impulse zum Auswählen)

Stellen Sie Fragen zum Kurzzeitgedächtnis und warten Sie nach jeder Frage die Antworten ab. Geben Sie eventuell Unterstützungen durch die entsprechenden Hauptrequisiten.

- *„Was bekam Hans von seinem Lehrherrn für die Arbeit?“* (einen Goldklumpen)
- *„Was tauschte Hans ein?“* (Pferd, Kuh, Schwein, Gans, Schleifstein)
  ➜ Zeigen Sie auf die Tiere in die Mitte. Nehmen Sie diese Tiere hoch und bringen Sie diese näher zu den Gästen.

Langzeitgedächtnis (Impulse zum Auswählen)

Nutzen Sie einige der Impulse zum Langzeitgedächtnis und probieren Sie aus, was Ihre Gruppe zum Erzählen anregt.

- Thema „Glück“: *„Welche Glückssymbole kennen Sie?“*
- Thema „Lehre“: *„Haben Sie eine Lehre gemacht?“ „In welchem Beruf?“*
- Thema „Tiere“: *„Welche Tiere leben auf einem Bauernhof?“*
- Thema „Wandern“: *„Sind Sie auf der Wanderschaft, auf der Walz gewesen?“*

Fragen zu den Materialien (Impulse zum Auswählen)

Zeigen Sie die Materialien, geben Sie sie herum und lassen Sie sie ansehen und anfassen! **Achtung:** Immer nur ein Material nach dem anderen zeigen. Erst wenn das Material von allen gesehen und bearbeitet wurde, sollte etwas Neues eingebracht werden. Eine Mischung aus kognitiven, motorischen und sinnlichen Aktivierungsimpulsen regt die Gäste zum Interagieren an.

Tastsinn:

- Thema „Federn“: *„Wie fühlen sich die Federn an?“ „Von welchem Tier stammen sie?“ „Gibt es Unterschiede?“ „Welche Feder ist weich, welche härter?“*

---

* *In der Regel reichen für eine Märchenstunde drei bis fünf verschiedene Impulse aus. Sehen Sie die vorgestellten Impulse als Ideengeber an und variieren bzw. ergänzen Sie nach Bedarf.*

- Thema „Goldklumpen“: *„Wie fühlt sich der Goldklumpen an?“ „Wie schwer ist wohl der Goldklumpen?“* ➜ Gehen Sie zu jedem Gast und lassen Sie das Gewicht des Goldklumpens schätzen. In der Regel nähert sich das von den Gästen angegebene Gewicht zum Ende der Runde dem realen Gewicht an. Holen Sie dann eine Waage und wiegen Sie den Goldklumpen. Geben Sie das Gewicht bekannt. **Achtung:** Bleiben Sie bei schweren und großen Materialien immer bei den Gästen, um zu helfen und zu sichern.
- Thema „Tiere“: ➜ Geben Sie die Tierfiguren zum Fühlen und Bestimmen an die Gäste.

Hörsinn:

- Thema „Tiere“: *„Welches Tier macht welche Laute?“*

Tipp

Setzen Sie die Tierstimmdosen als Rätsel ein oder erfinden Sie mit den Gästen gemeinsam Laute zu den einzelnen Tieren.

Geschmackssinn/Geruchssinn:

- Thema „Gänseschmalz“: ➜ Lassen Sie Gänseschmalz verkosten. Kennen die Gäste Rezepte für Gänseschmalz? Regen Sie zu einem Rezeptaustausch an.

Sehsinn:

- Thema „Tiere“: *„Welche Tiere sind hier zu sehen?“* ➜ Mogeln Sie auch einmal ein „falsches“ Tier unter die anderen Tiere, z. B. einen Esel, und lassen Sie erraten, wer hier falsch ist.

Motorik:

- Thema „Kopfbedeckungen“: ➜ Die Gäste können sich aus der Hutkiste eine Kopfbedeckung aussuchen und anprobieren. Lassen Sie die Gäste sich im Spiegel anschauen.

Tipp

Kombinieren Sie am Ende das Lied „Mein Vater war ein Wandersmann“ mit der Aufgabe, bei der Zeile „Und schwenke meinen Hut“ den ausgewählten Hut zu schwenken.

- Thema „Wandern“: ➜ Lassen Sie die Gäste Wanderrequisiten ausprobieren, Wanderschuhe anziehen, Wanderstock halten, Wanderrucksack auspacken und/oder einpacken.

Ausgearbeitete Märchenstunde „Hans im Glück“

<u>Kognitive Ressourcen:</u>

- Thema „Glück“: *„Welche Glückssymbole kennen Sie?“ „Zu welchen Gelegenheiten werden Glückssymbole verschenkt?“* (Hochzeit, Geburtstag, Neujahr o. Ä.)
- Thema „Handwerk“: *„Welche Handwerksberufe kennen Sie?“*
- Thema „Tiere“: *„Welche Tiere leben auf dem Bauernhof?“ „Wofür braucht man die Tiere?“*
- Thema „Wandern“: *„Sind Sie gewandert?“ „Wohin?“ „Mit wem?“ „Was haben Sie mitgenommen?“* **Achtung:** Hier können auch negative Erinnerungen an Flucht geweckt werden.

<u>Biografiearbeit</u> (Hier können auch Fragen aus dem Bereich „Langzeitgedächtnis“ eingebracht werden.):

- Thema „Glück“: *„Was bedeutet Glück?“ „Wer oder was bringt Glück?“ „Wann hatten Sie Glück?“* **Achtung:** Hier könnte auch Erinnerung an Unglück geweckt werden. Diese Frage eignet sich eher für Gäste mit leichter Demenz.
- Thema „Gold“: *„Was würden Sie mit einem Klumpen Gold tun?“*
- Thema „Lehre und Beruf“: *„Welchen Beruf haben Sie erlernt?“ „Wo haben Sie gelernt?“ „Was haben Sie mit Ihrem ersten Lohn gemacht?“ „Wie haben Sie den Lohn bekommen?“*
- Thema „Tiere“: *„Hatten Sie selbst Tiere?“ „Wenn ja, welche?“ „Wo waren diese Tiere?“*

Das Abschlusslied (ca. 5 Minuten)

Leiten Sie zum Schlussteil über:

„Wie schnell doch die Zeit vergangen ist. Wir sind schon fast am Ende unserer Märchenstunde mit ‚Hans im Glück‘ angelangt. Vieles haben wir heute entdeckt: vom Wandern und vom Glück. (➜ Fügen Sie an dieser Stelle Dinge ein, die während der Märchenstunde ausprobiert oder besprochen wurden.) *Nun möchte ich gerne mit Ihnen zum Abschluss noch ein Lied singen. Dafür habe ich das Lied ‚Mein Vater war ein Wandersmann‘ ausgewählt. Das kennen Sie sicherlich alle.“*

- ➜ Verteilen Sie Liedtexte, wenn benötigt. Wenn Sie zu diesem Lied die motorische Aktivierung mit den Hüten (siehe oben) einbringen, verteilen Sie keine Liedtexte.
- ➜ Singen des Liedes „Mein Vater war ein Wandersmann“ (Liedtext im Anhang, Seite 181).
- ➜ Sammeln Sie nach dem Singen des Liedes die Liedtexte wieder ein.

Das Erinnerungsstück (ca. 3 Minuten)

Leiten Sie zu den Erinnerungsstücken über:

„Vielen Dank, dass Sie heute bei mir waren. Ich hoffe, es hat Ihnen Freude gemacht, und als kleines Dankeschön habe ich für Sie …“. Benennen Sie das

ausgewählte Erinnerungsstück und verteilen Sie die Erinnerungsstücke an jeden Gast.

Die Verabschiedung (ca. 5 Minuten)

Leiten Sie zu der Verabschiedung über und verabschieden Sie jeden Gast mit Namen und Handschlag: *„Auf Wiedersehen, Frau/Herr …, danke, dass Sie dabei waren. Ich wünsche Ihnen noch einen schönen Tag."*

Praxiserfahrung

Ich erlebe immer wieder, dass besonders das Märchen „Hans im Glück" für Männer einen guten Zugang zu ihrem früheren Berufsleben bietet. Sie erzählen von ihrer Lehrzeit, von Lehrherren und dass Lehrjahre keine Herrenjahre wären. Aber auch Frauen nehmen das Thema von Gold und vom Glück auf. Ich habe in einer Einrichtung auf dem Wohnbereich vor einer Gruppe mit mittlerer und schwerer Demenz das Märchen „Hans im Glück" erzählt. Meine Frage, wie schwer der Klumpen Gold wohl sei, wurde dort besonders gut aufgenommen. Ich trug den Goldklumpen zu jedem Gast. Jeder nahm ihn in die Hand, wog ihn in der Hand und schätzte. „10 kg", lautete die erste Antwort einer Dame. „Nein", korrigierte die zweite. „Das sind nur 2 kg." Ich begann nun jeden der folgenden Gäste zu fragen, ob das Gold leichter oder schwerer sei. „Etwas mehr als ein Paket Mehl", hieß die nächste Aussage. Nun stellte ich meine Frage wieder um: „Wiegt das Gold mehr oder weniger als ein Paket Mehl?"

Wie schwer ist ein Goldklumpen?

Bei dem letzten Gast in der Runde kam die Antwort: „250 Gramm." Danach habe ich eine Digitalwaage hervorgeholt und den Goldklumpen gewogen. „253 Gramm", sagte ich. Da lachte der letzte Gast herzlich, schlug sich vor Freude auf das Knie und sagte: „Ha. Da lag ich ja fast richtig." Und er erzählte uns, dass er einen kleinen Tante-Emma-Laden gehabt und jeden Tag Obst und Gemüse abgewogen habe. Der Gast strahlte. Er hatte eine schwere Demenz und litt unter starken Wortfindungsstörungen.

Märchenstunde „Rapunzel“

Vorbemerkung

Im Anhang finden Sie den Märchentext „Rapunzel“ (Seite 144) sowie die Kurzfassung als Kopiervorlage für Karteikarten (Seite 163). Die allgemeinen Vorbereitungen können Sie der Checkliste „Vorbereitungen“ im Anhang auf Seite 188 entnehmen. Kopieren Sie sich diese und haken Sie Erledigtes ab.

Die Gruppe

Diese Märchenstunde ist für Menschen mit mittlerer bis schwerer Demenz erarbeitet. Die Gruppe kann ca. 10 Gäste umfassen.

Das Märchen

Hinweise zum Text und zur Bearbeitung des Märchens finden Sie im Kapitel „Das Märchen: Text und Bearbeitung“, Seite 36.

Die Erinnerungen

Erinnerungen, die unterstützt werden sollen:	Erinnerungen, die nicht unterstützt werden sollen:
Garten, Kräuter	eingesperrt sein
Gesang	Tod
Haare, Schönheit	unerfüllter Kinderwunsch
Liebe finden und Hochzeit	Verlust des Ehepartners

Das Material

Märchenmitte

- ca. 1,50 x 1,50 m Stoff für die Märchenmitte in Weiß oder Creme (Bettlaken, Meterstoff oder schlichte Tischdecke)
- ca. 0,5 x 1 m grüner Stoff für die Aspekte „Garten, Kräuter“ (Meterstoff oder Tischdecke)
- ein geflochtener, langer **Zopf = Hauptrequisit**, mindestens 5 m, höchstens 7 m lang.

Beispiel für die Märchenmitte zu „Rapunzel“

Schneiden Sie dafür ca. 10 m gelben Organzastoff in drei gleich breite Streifen und flechten Sie diese zu einem Zopf. *Bastel- und Dekorationsbedarf, Onlinehandel*

- abgewaschene Biokräuter im Topf oder im Bund, z. B. Petersilie, Schnittlauch, Lavendel *Gartenbedarf, Lebensmittelhandel, Naturkosthandel*

Ideen für weitere Materialien (zum Auswählen)

Wählen Sie aus der nachfolgenden Liste zusätzliche Materialien aus. Diese legen Sie bitte bis zu ihrem Gebrauch außerhalb des Blickfeldes der Gäste.

- Duftdosen mit verschiedenen ätherischen Ölen, z. B. Lavendel, Fichtennadel, Zitronen, Eukalyptus, Pfefferminze *Drogerien, Naturkosthandel*

> **Tipp**
> Sie können leichter mit Duftölen arbeiten, wenn Sie vorher 3–4 Duftöltropfen auf Schminkschwämmchen geben. Diese Schwämmchen in kleinen, gut verschließbaren Dosen (z. B. Film- oder Bonbondosen) aufbewahren. Gehen Sie mit dem Duft nicht zu nahe an die Gäste heran. Nähern Sie sich vorsichtig!

- Korb mit Haarbürsten, Kämmen, Haarspangen *Drogeriemarkt*
- Materialien zum Flechten, z. B. Stoffstreifen, dicke Wolle *Handarbeitsbedarf*
- Kräuter zum Probieren: Cracker mit Kräutercreme, Kräuterquark *Lebensmittelhandel, einrichtungseigene Küche*
- Blumensamen, Blumenkästen und Blumenerde *Gartenbedarf*
- ein Handspiegel mit Griff (der Durchmesser des Spiegels sollte mind. 15 cm sein)

Ideen für Erinnerungsstücke (zum Auswählen)

- Lavendelsäckchen oder Kräutersträußchen *am besten selbst machen*
- Schokoherzen *Lebensmittelhandel*

Der Ablauf der Märchenstunde

Die Begrüßung (ca. 5 Minuten)

→ Begrüßen Sie die Gäste mit Handschlag und Namen vor dem Raum.
→ Führen Sie die Gäste zum Platz, stellen Sie die Rollatoren zur Seite.
→ Warten Sie gemeinsam auf alle Gäste. Überbrücken Sie die Wartezeit eventuell mit der Märchenmitte und nutzen Sie dafür einige der Fragen, die Sie unter dem nachfolgenden Punkt „Die Märchenmitte" finden.
→ Wenn alle Gäste eingetroffen sind, erfolgt die offizielle Begrüßung: *„Herzlich willkommen zur Märchenstunde ..."*

Ausgearbeitete Märchenstunde „Rapunzel“

Die Märchenmitte (ca. 5 Minuten)

Nach der Begrüßung nehmen Sie die Erzählerposition ein und beginnen die Märchenstunde mit den Fragen zur Märchenmitte. Die nachfolgenden Fragen sprechen wiederholt auf den Märchentitel an. Diese Wiederholung dient dazu, dass möglichst viele Gäste während dieses Teiles das Märchen erkennen. Wenn Sie merken, dass der größte Teil der Gruppe das Märchen erkannt hat, können Sie die weiteren Fragen überspringen. Dann schließen Sie mit der Bestätigung des Märchentitels.

- *„Welches Märchen möchte ich Ihnen heute erzählen?“*
- *„Was sehen Sie in der Mitte?“* ➜ Zeigen Sie auf die Mitte.
- *„Was liegt in der Mitte?“* ➜ Halten Sie den Zopf hoch. Bringen Sie den Zopf näher zu den Gästen.
- *„In welchem Märchen kommt ein langer Zopf vor?“*
- *„In welchem Märchen kommt ein Kräutergarten vor?“ „Einige Kräuter habe ich mitgebracht. Welche sind das?“* ➜ Zeigen Sie die Kräuter. Bringen Sie diese näher zu den Gästen.
- *„Welches Märchen möchte ich Ihnen heute erzählen?“*

Das Anfangslied (ca. 5 Minuten)

Leiten Sie zum Anfangslied über:

„Heute möchte ich Ihnen das Märchen von ‚Rapunzel‘ erzählen. Und weil es in diesem Märchen um einen schönen Garten geht, möchte ich mit Ihnen zu Beginn das bekannte Lied ‚Geh aus, mein Herz, und suche Freud‘ singen. Dieses Lied kennen Sie sicherlich alle.“

➜ Nach der Überleitung verteilen Sie die vorbereiteten Liedtexte, wenn benötigt.

➜ Singen des Liedes „Geh aus, mein Herz, und suche Freud“ (Liedtext im Anhang, Seite 182).

➜ Sammeln Sie nach dem Singen des Liedes die Liedtexte wieder ein.

Das Märchen (ca. 10 Minuten)

Leiten Sie die Erzählung ein:

„Sie haben alle schon erkannt, dass ich Ihnen heute das Märchen von ‚Rapunzel‘ erzählen möchte. Ein Märchen beginnt mit den Worten ‚Es war einmal‘. Und so beginnt auch mein heutiges Märchen mit den Worten ‚Es war einmal‘.“

Beenden Sie die Erzählung mit dem Schluss *„Und wenn sie nicht gestorben sind …“.*

➜ Am Ende der Erzählung kommen Verbeugung und Schlussapplaus, leiten Sie den Applaus ggf. selbst ein.

Ausgearbeitete Märchenstunde „Rapunzel"

Die Aktivierung (ca. 20–30 Minuten)*

Beginnen Sie die Aktivierungseinheit dadurch, dass Sie sich wieder auf Ihren Stuhl setzen. Leiten Sie die Aktivierungseinheit ein:
„Und das war das Märchen von ‚Rapunzel'. In dem Märchen wird erzählt, dass Rapunzel einen langen Zopf hatte."

Kurzzeitgedächtnis (Impulse zum Auswählen)

Stellen Sie Fragen zum Kurzzeitgedächtnis und warten Sie nach jeder Frage die Antworten ab. Geben Sie eventuell Unterstützungen durch die entsprechenden Hauptrequisiten.

- *„Wie lang ist der Zopf von Rapunzel?"* (20 Ellen)
- *„Wer klettert am Zopf zu Rapunzel hinauf?"* (Zauberin, Königssohn)
- *„Wo wuchs in dem Märchen das Rapunzelkraut?"* (im Garten der Zauberin)

Langzeitgedächtnis (Impulse zum Auswählen)

Nutzen Sie einige der Impulse zum Langzeitgedächtnis und probieren Sie aus, was Ihre Gruppe zum Erzählen anregt.

- Thema „Haare": *„Wie haben Sie Ihre Haare als Mädchen oder junge Frau getragen?"* – diese Frage ist vor allem für weibliche Gäste geeignet. *„Mögen Sie lieber lange Haare oder kurze Haare bei Frauen?"* – diese Frage ist vor allem für männliche Gäste geeignet. *„Welche Haarfarben kennen Sie?" „Welche Haarfarben haben Sie früher gehabt?"*
- Thema „Kräuter": *„Hatten Sie einen Kräutergarten, ein Kräuterbeet oder Kräuter im Blumentopf auf dem Balkon?" „Welche Kräuter kennen Sie?"*

Fragen zu den Materialien (Impulse zum Auswählen)

Zeigen Sie die Materialien, geben Sie sie herum und lassen Sie sie ansehen und anfassen! **Achtung:** Immer nur ein Material nach dem anderen zeigen. Erst wenn das Material von allen gesehen und bearbeitet wurde, sollte etwas Neues eingebracht werden. Eine Mischung aus kognitiven, motorischen und sinnlichen Aktivierungsimpulsen regt die Gäste zum Interagieren an.

Tastsinn:

- Thema „Garten": *„Wie fühlt sich die Blumenerde an?"*
- Thema „Haare": ➜ Nehmen Sie den langen, geflochtenen Zopf. *„Wie fühlt sich der Zopf an?" „Wie lang ist der Zopf? In dem Märchen wird genannt, dass der Zopf 20 Ellen lang ist. Ist der Zopf 20 Ellen lang?"* Diese Frage kann auch im Rahmen der kognitiven Ressourcen gestellt werden.
- Thema „Kräuter": *„Wie fühlen sich die Kräuter an?" „Welche Kräuter haben kleine, welche große Blätter, welche sind hart, welche sind weich?"*

---

* *In der Regel reichen für eine Märchenstunde drei bis fünf verschiedene Impulse aus. Sehen Sie die vorgestellten Impulse als Ideengeber an und variieren bzw. ergänzen Sie nach Bedarf.*

Hörsinn:

- Thema „Gesang“: *„Im Märchen wird erzählt, dass Rapunzel gerne gesungen hat. Haben Sie auch gesungen, vielleicht in einem Chor?“ „Welche Lieder singen Sie gerne?“ „Zu welchen Gelegenheiten singen Sie?“ „Woher kennen Sie das erste Lied, das wir gesungen haben?“* (Das Lied steht im Gesangsbuch der evangelischen Kirche und ist von Paul Gerhardt, o. Ä.)

Sehsinn:

- Thema „Kräuter“: *„Welche Kräuter sehen Sie hier?“*

Geschmackssinn/Geruchssinn:

- Thema „ätherische Öle“: ➜ Verbinden Sie das Riechen mit einem Rätsel, lassen Sie die Gäste den Duft erraten. Dazu sollten Sie die Düfte in neutralen Behältern (z. B. Film- oder Bonbondosen) anbieten. Vermerken Sie sich am besten auf dem Boden der Dose den Namen des Duftes.
- Thema „Kräuter“: ➜ Bieten Sie Kräuter zum Probieren, Riechen und Schmecken an und/oder reichen Sie Kräutergerichte zum Probieren. Nutzen Sie das Probieren, um über Rezepte und Verwendung der Kräuter zu sprechen.

Motorik:

- Thema „Blumen“: Pflanzen Sie mit den Gästen Blumensamen oder kleine Blumen in einen Blumenkasten.
- Thema „Haare“: Flechten, kämmen, bürsten – hier können die Gäste selbst die Haare flechten oder ihnen werden die Haare geflochten. Es gibt aber auch Puppenköpfe zum Frisieren.

Kognitive Ressourcen:

- Thema „Kräuter“: *„Welche Kräuter kennen Sie?“ „Wozu braucht man welches Kraut, z. B. was macht man mit Lavendel oder mit Rosmarin?“* – fügen Sie in den Satz Ihre jeweils mitgebrachten Kräuter ein.

Biografiearbeit (Hier können auch Fragen aus dem Bereich „Langzeitgedächtnis“ eingebracht werden.):

- Thema „Garten“: *„Wer hatte einen Garten?“ „Was wurde im Garten angebaut?“*
- Thema „Haare“: *„Welche Haarfrisur hatten Sie als Mädchen am liebsten?“ „Welche Haarfrisur war eine ganz besondere für Sie?“* – diese Fragen eignen sich besonders für weibliche Gäste.

Das Abschlusslied (ca. 5 Minuten)

Leiten Sie zum Schlussteil über:

„Wie schnell doch die Zeit vergangen ist. Wir sind schon fast am Ende unserer Märchenstunde mit ‚Rapunzel‘ angelangt. Vieles haben wir heute entdeckt: Zöpfe, Garten und Kräuter. (➜ Fügen Sie an dieser Stelle Dinge ein, die während der Märchenstunde ausprobiert oder besprochen wurden.) *Nun möchte ich gerne mit Ihnen zum Abschluss noch ein Lied singen. Dafür habe ich das*

bekannte Lied ‚Ich weiß nicht, was soll es bedeuten' ausgewählt. Das kennen Sie sicherlich alle."

- ➜ Verteilen Sie Liedtexte, wenn benötigt.
- ➜ Singen des Liedes „Ich weiß nicht, was soll es bedeuten" (Liedtext im Anhang, Seite 183).
- ➜ Sammeln Sie nach dem Singen des Liedes die Liedtexte wieder ein.

Das Erinnerungsstück (ca. 3 Minuten)

Leiten Sie zu den Erinnerungsstücken über:
„Vielen Dank, dass Sie heute bei mir waren. Ich hoffe, es hat Ihnen Freude gemacht, und als kleines Dankeschön habe ich für Sie ...". Benennen Sie das ausgewählte Erinnerungsstück und verteilen Sie die Erinnerungsstücke an jeden Gast.

Die Verabschiedung (ca. 5 Minuten)

Leiten Sie zu der Verabschiedung über und verabschieden Sie jeden Gast mit Namen und Handschlag: *„Auf Wiedersehen, Frau/Herr ..., danke, dass Sie dabei waren. Ich wünsche Ihnen noch einen schönen Tag."*

Praxiserfahrung

Ich erzählte das Märchen „Rapunzel" einmal vor Gästen mit schwerer Demenz. In der Aktivierungseinheit berichtete ich über die 20 Ellen, die der Zopf lang sein musste. Von meinen zehn Gästen, die vor mir saßen, zeigten gleich fünf Gäste spontan die Länge einer Elle an ihren eigenen Ellen. Und eine Dame begann, zu erzählen, dass sie früher in den Stoffladen um die Ecke gegangen sei, um zwei Ellen Haarband zu kaufen: ein hellblaues Schleifenband für sich und ihre Schwester.

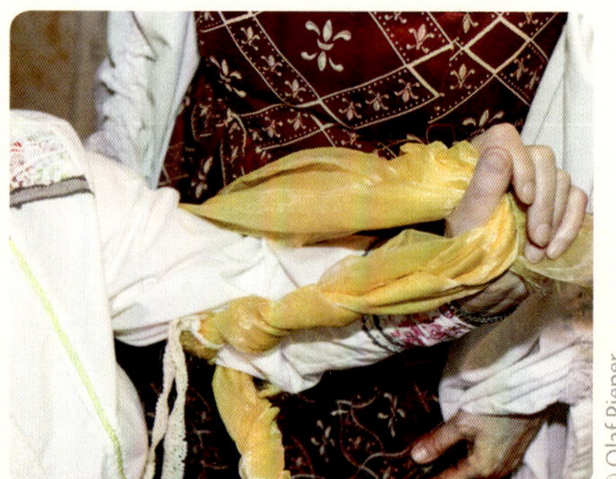

Ist der Zopf 20 Ellen lang?

Märchenstunde „Rotkäppchen und der Wolf“

Vorbemerkung

Im Anhang finden Sie den Märchentext „Rotkäppchen und der Wolf“ (Seite 148) sowie die Kurzfassung als Kopiervorlage für Karteikarten (Seite 164). Die allgemeinen Vorbereitungen können Sie der Checkliste „Vorbereitungen“ im Anhang auf Seite 188 entnehmen. Kopieren Sie sich diese und haken Sie Erledigtes ab.

Die Gruppe

Diese Märchenstunde ist für Menschen mit mittlerer bis schwerer Demenz erarbeitet. Die Gruppe kann ca. 10 Gäste umfassen.

Das Märchen

Hinweise zum Text und zur Bearbeitung des Märchens finden Sie im Kapitel „Das Märchen: Text und Bearbeitung“, Seite 36.

Die Erinnerungen

Erinnerungen, die unterstützt werden sollen:	Erinnerungen, die nicht unterstützt werden sollen:
Großeltern, Großmutter	Angst vor dem Wolf und bösen Menschen
Kuchen, Backen	Tod der Großeltern
Wald, Jagd	Angst vor dem Wald

Das Material

Märchenmitte

- ca. 1,50 x 1,50 m Stoff für die Märchenmitte in Weiß oder Creme (Bettlaken, Meterstoff oder schlichte Tischdecke)
- ca. 0,5 x 1 m grüner Stoff für den Aspekt „Wald“ (Meterstoff oder Tischdecke)
- **Rotes Käppchen = Hauptrequisit**

Karnevalsbedarf, Kostümverleih

Beispiel für die Märchenmitte zu „Rotkäppchen und der Wolf“

Ausgearbeitete Märchenstunde „Rotkäppchen und der Wolf“

- Korb mit Kuchen (am besten frisch gebacken und noch in der Backform) und (alkoholfreien) Wein oder Traubensaft *einrichtungseigene Küche, Lebensmittelhandel*
- Wolf als Stofftier *Flohmarkt, Onlinehandel, Spielwaren* **Achtung:** Hier geht es nicht um einen möglichst lebensechten Wolf, sondern um einen sehr niedlichen Wolf, der keine Furcht einflößt.

Ideen für weitere Materialien (zum Auswählen)

Wählen Sie aus der nachfolgenden Liste zusätzliche Materialien aus. Diese legen Sie bitte bis zu ihrem Gebrauch außerhalb des Blickfeldes der Gäste.

- rote Kappen oder andere rote Kopfbedeckungen. (Bringen Sie eine Auswahl mit – es sollten für alle Gäste genügend vorhanden sein: Hüte, Kappen, Mützen etc.) *Flohmarkt, Onlinehandel, Spielwaren*
- ein Handspiegel mit Griff (der Durchmesser des Spiegels sollte mind. 15 cm sein)
- Waldmaterialien: Moos, Rinde, Blätter, Kastanien, Bucheckern etc. *am besten selbst suchen*
- Messer, Brettchen zum Kuchen zerschneiden, Gläser für (alkoholfreien) Wein oder Traubensaft *einrichtungseigene Küche*
- Korb mit unterschiedlichen bunten Materialien, die nach Farben sortiert werden können
- Dispersionsfarben oder Wasserfarben zum Mischen, Pappteller, Pinsel *Bastel- und Dekorationsbedarf*
- weiche Felle und Pelze, kleine oder große Stücke, z. B. Kaninchenfell, Schaffell *Bastel- und Dekorationsbedarf, Flohmarkt, Mittelaltermärkte, Onlinehandel, Kurzwaren, Stoffwaren*

Ideen für Erinnerungsstücke (zum Auswählen)

- kleine Küchlein zum Essen *einrichtungseigene Küche, Lebensmittelhandel*
- Tannenzapfen oder Kastanien *am besten selbst suchen*

Der Ablauf der Märchenstunde

Die Begrüßung (ca. 5 Minuten)

→ Begrüßen Sie die Gäste mit Handschlag und Namen vor dem Raum.
→ Führen Sie die Gäste zum Platz, stellen Sie die Rollatoren zur Seite.
→ Warten Sie gemeinsam auf alle Gäste. Überbrücken Sie die Wartezeit eventuell mit der Märchenmitte und nutzen Sie dafür einige der Fragen, die Sie unter dem nachfolgenden Punkt „Die Märchenmitte“ finden.
→ Wenn alle Gäste eingetroffen sind, erfolgt die offizielle Begrüßung: *„Herzlich willkommen zur Märchenstunde …“*

Ausgearbeitete Märchenstunde „Rotkäppchen und der Wolf"

Die Märchenmitte (ca. 5 Minuten)

Nach der Begrüßung nehmen Sie die Erzählerposition ein und beginnen die Märchenstunde mit den Fragen zur Märchenmitte. Die nachfolgenden Fragen sprechen wiederholt auf den Märchentitel an. Diese Wiederholung dient dazu, dass möglichst viele Gäste während dieses Teiles das Märchen erkennen. Wenn Sie merken, dass der größte Teil der Gruppe das Märchen erkannt hat, können Sie die weiteren Fragen überspringen. Dann schließen Sie mit der Bestätigung des Märchentitels.

- *„Welches Märchen möchte ich Ihnen heute erzählen?"*
- *„Was sehen Sie in der Mitte?"* ➜ Zeigen Sie auf die Mitte.
- *„Was sind das für Gegenstände?"* ➜ Zeigen Sie auf die rote Kappe. Nehmen Sie diese aus der Mitte und bringen Sie sie näher an die Gäste.
- *„In welchem Märchen kommt ein Mädchen mit einer roten Kappe vor?"*
- *„Welches Märchen möchte ich Ihnen heute erzählen?"*

Das Anfangslied (ca. 5 Minuten)

Leiten Sie zum Anfangslied über:

„Heute möchte ich Ihnen das Märchen von ‚Rotkäppchen und dem Wolf' erzählen. Und weil es in diesem Märchen, um ein rotes Käppchen geht, möchte ich mit Ihnen zu Beginn das bekannte Lied ‚Grün, grün, grün sind alle meine Kleider' singen. Dieses Lied kennen Sie sicherlich alle."

- ➜ Nach der Überleitung verteilen Sie die vorbereiteten Liedtexte, wenn benötigt.
- ➜ Singen des Liedes „Grün, grün, grün sind alle meine Kleider" (Liedtext im Anhang, Seite 184).
- ➜ Sammeln Sie nach dem Singen des Liedes die Liedtexte wieder ein.

Das Märchen (ca. 7 Minuten)

Leiten Sie die Erzählung ein:

„Sie haben alle schon erkannt, dass ich Ihnen heute das Märchen ‚Rotkäppchen und der Wolf' erzählen möchte. Ein Märchen beginnt mit den Worten ‚Es war einmal'. Und so beginnt auch mein heutiges Märchen mit den Worten ‚Es war einmal'." Beenden Sie die Erzählung mit dem Schluss *„Und wenn sie nicht gestorben sind ..."*.

- ➜ Am Ende der Erzählung kommen Verbeugung und Schlussapplaus, leiten Sie den Applaus ggf. selbst ein.

Die Aktivierung (ca. 20–30 Minuten)*

Beginnen Sie die Aktivierungseinheit dadurch, dass Sie sich wieder auf Ihren Stuhl setzen. Leiten Sie die Aktivierungseinheit ein:

„Und das war das Märchen von ‚Rotkäppchen'. In dem Märchen bringt Rotkäppchen der kranken Großmutter einen leckeren Kuchen."

---

* *In der Regel reichen für eine Märchenstunde drei bis fünf verschiedene Impulse aus. Sehen Sie die vorgestellten Impulse als Ideengeber an und variieren bzw. ergänzen Sie nach Bedarf.*

Ausgearbeitete Märchenstunde „Rotkäppchen und der Wolf"

Kurzzeitgedächtnis (Impulse zum Auswählen)

Stellen Sie Fragen zum Kurzzeitgedächtnis und warten Sie nach jeder Frage die Antworten ab. Geben Sie eventuell Unterstützungen durch die entsprechenden Hauptrequisiten.

- *„Wen trifft Rotkäppchen im Wald?"* (den Wolf)
- *„Was sagt Rotkäppchen zur Großmutter im Bett?"* ➜ Lassen Sie die jeweiligen Sätze vervollständigen:
  „Ei, Großmutter, was hast du für große Ohren!" („Damit ich dich besser hören kann.")
  „Ei, Großmutter, was hast du für große Augen!" („Damit ich dich besser sehen kann.")
  „Ei, Großmutter, was hast du für große Hände!" („Damit ich dich besser packen kann.")
  „Aber, Großmutter, was hast du für ein entsetzlich großes Maul!" („Damit ich dich besser fressen kann.")

Langzeitgedächtnis (Impulse zum Auswählen)

Nutzen Sie einige der Impulse zum Langzeitgedächtnis und probieren Sie aus, was Ihre Gruppe zum Erzählen anregt.

- Thema „Familie": *„Wo wohnten Ihre Großeltern?" „Welchen Kuchen konnte Ihre Großmutter am besten backen?"*
- Thema „Wald": *„Was haben Sie früher im Wald gemacht?"*
- Thema „Farben": *„Welche Lieblingsfarben haben Sie?"*

Fragen zu den Materialien (Impulse zum Auswählen)

Zeigen Sie die Materialien, geben Sie sie herum und lassen Sie sie ansehen und anfassen! **Achtung:** Immer nur ein Material nach dem anderen zeigen. Erst wenn das Material von allen gesehen und bearbeitet wurde, sollte etwas Neues eingebracht werden. Eine Mischung aus kognitiven, motorischen und sinnlichen Aktivierungsimpulsen regt die Gäste zum Interagieren an.

Tastsinn:

- Thema „Felle und Pelze": *„Wie fühlen sich die Felle und Pelze an?" „Von welchen Tieren stammen sie?"*
- Thema „Kopfbedeckungen": ➜ Lassen Sie die Gäste Kopfbedeckungen anschauen, anfassen und auf den Kopf setzen. Halten Sie dazu einen Spiegel bereit.
- Thema „Stoffier": ➜ Gehen Sie mit dem Wolf zu jedem Gast. Dabei kann der Wolf die Gäste begrüßen. Lassen Sie die Gäste den Wolf anfassen.
- Thema „Wald": *„Wie fühlt sich das Moos an?" „Welche Baumfrüchte sind glatt, welche rau?"*

Ausgearbeitete Märchenstunde „Rotkäppchen und der Wolf"

Geschmackssinn/Geruchssinn:

- Thema „Essen und Trinken": ➜ Lassen Sie den Kuchen verkosten, ebenso den (alkoholfreien) Wein oder den Traubensaft. **Achtung:** Sicherlich können nicht alle Gäste Alkohol zu sich nehmen. Denken Sie im Vorfeld an mögliche Alternativen, die Sie anbieten können.

Sehsinn:

- Thema „Farben": *„Welche Farben gibt es?"* ➜ Zeigen Sie Gegenstände in verschiedenen Farben, lassen Sie diese nach Farben sortieren.
- Thema „Wald": ➜ Lassen Sie die Gäste Blätter und Baumfrüchte ansehen und bestimmen.

Motorik:

- Thema „Farben": ➜ Verteilen Sie farbige Materialien. Leiten Sie damit ein Farbenspiel ein: *„Alle, die etwas Rotes in den Händen halten, halten das einmal hoch. Alle, die etwas Grünes in den Händen halten, halten das einmal hoch …"* usw.
- Thema „Stofftiere": ➜ Geben Sie Stofftiere in die Runde, die Gäste können diese anfassen und fühlen.
- Thema „Wald": ➜ Lassen Sie die Gäste verschiedene Waldmaterialien im Körbchen anfassen, sortierten und benennen. Die Gäste können das größte Element und das kleinste Element heraussuchen.
- Thema „Verkleidung": ➜ Die Gäste können sich aus mitgebrachten Kopfbedeckungen eine aussuchen und anprobieren. Lassen Sie die Gäste sich im Spiegel anschauen. Eventuell ist hier Ihre Unterstützung nötig.

Kognitive Ressourcen:

- Thema „Farben": Rote und andersfarbige Materialien präsentieren, die Gäste sollen aus diesen Materialien die roten Materialien heraussortieren.
  ➜ Dispersionsfarben werden auf Papptellern entweder von Ihnen oder von den Gästen gemischt, die Gäste bestimmen und benennen die Mischfarben.
- Thema „Wald": *„Welche Tiere leben im Wald?" „Was wächst im Wald?" „Welche Bäume gibt es?" „Was gibt es noch im Wald?"*

Biografiearbeit (Hier können auch Fragen aus dem Bereich „Langzeitgedächtnis" eingebracht werden.):

- Thema „Backen": *„Welchen Kuchen essen Sie am liebsten?" „Welcher Kuchen gelingt Ihnen am besten?" „Welcher Kuchen ist Ihnen einmal nicht gelungen?"*
- Thema „Familie": *„Wo wohnten Ihre Großeltern?" „Wie sind Sie zu Ihren Großeltern gekommen?" „Was konnte Ihre Großmutter besonders gut backen oder kochen?" „Was hat Ihnen bei Ihren Großeltern besonders gut gefallen?"*
- Thema „Farben": *„Welche Lieblingsfarbe haben Sie?"*
- Thema „Wald": *„Was haben Sie gerne im Wald gemacht?"*

Das Abschlusslied (ca. 5 Minuten)

Leiten Sie zum Schlussteil über:
„Wie schnell doch die Zeit vergangen ist. Wir sind schon fast am Ende unserer Märchenstunde von ‚Rotkäppchen und dem Wolf‘. Vieles haben wir heute entdeckt: welche Tiere im Wald leben, welche Farben es gibt und wie wunderbar Kuchen schmeckt. (➜ Fügen Sie an dieser Stelle Dinge ein, die während der Märchenstunde ausprobiert oder besprochen wurden.) *Nun möchte ich gerne mit Ihnen zum Abschluss noch ein Lied singen. Dafür habe ich das bekannte Lied ‚Ein Männlein steht im Walde‘ ausgewählt. Das kennen Sie sicherlich alle.“*

➜ Verteilen Sie Liedtexte, wenn benötigt.
➜ Singen des Liedes „Ein Männlein steht im Walde“ (Liedtext im Anhang, Seite 185).
➜ Sammeln Sie nach dem Singen des Liedes die Liedtexte wieder ein.

Das Erinnerungsstück (ca. 3 Minuten)

Leiten Sie zu den Erinnerungsstücken über:
„Vielen Dank, dass Sie heute bei mir waren. Ich hoffe, es hat Ihnen Freude gemacht, und als kleines Dankeschön habe ich für Sie …“. Benennen Sie das ausgewählte Erinnerungsstück und verteilen Sie die Erinnerungsstücke an jeden Gast.

Die Verabschiedung (ca. 5 Minuten)

Leiten Sie zu der Verabschiedung über und verabschieden Sie jeden Gast mit Namen und Handschlag: *„Auf Wiedersehen, Frau/Herr …, danke, dass Sie dabei waren. Ich wünsche Ihnen noch einen schönen Tag.“*

Praxiserfahrung

Zum Märchen „Rotkäppchen“ bringe ich einen kleinen, grauen Stoffhund mit. Anfangs verstecke ich den grauen Hund unter der roten Rotkäppchen-Kappe. Im Verlauf nehme ich die Kappe vom Hundekopf und sage, das sei der Wolf. Daraufhin lachen meistens alle Gäste, weil der Hund einfach niedlich ist. „Der ist aber noch klein“, sagte eine Dame, Frau A., mittlere Demenz. „Der muss noch wachsen.“ Und dann erzählt sie von ihrem Dackel Lumpi, den sie als Welpen bekommen hatte und groß gezogen hat.

Im Wald lebt nicht nur der Wolf. Welches Tier hat ein solches Fell?

Märchenstunde „Die Sterntaler“

Vorbemerkung

Im Anhang finden Sie den Märchentext „Die Sterntaler“ (Seite 151) sowie die Kurzfassung als Kopiervorlage für Karteikarten (Seite 165). Die allgemeinen Vorbereitungen können Sie der Checkliste „Vorbereitungen“ im Anhang auf Seite 188 entnehmen. Kopieren Sie sich diese und haken Sie Erledigtes ab.

Die Gruppe

Diese Märchenstunde ist in einer Variante für Menschen mit leichter bis mittlerer Demenz sowie in einer Variante für Menschen mit mittlerer und schwerer Demenz erarbeitet. Die Gruppe kann ca. 10 Gäste bei schwerer Demenz und bis zu 15 Gäste bei mittlerer und leichter Demenz umfassen.

Das Märchen

Hinweise zum Text und zur Bearbeitung des Märchens finden Sie im Kapitel „Das Märchen: Text und Bearbeitung", Seite 36.

Die Erinnerungen

Erinnerungen, die unterstützt werden sollen:	Erinnerungen, die nicht unterstützt werden sollen:
Glaube, Gott, Religion	Armut, Not, Hunger
Gold, Silber	Einsamkeit
Hoffnung	Heimatverlust, Flucht
Sterne, Himmel	Tod, sterben
teilen, helfen, tauschen	Verlust von Menschen, Eltern, Ehepartner

Das Material

Märchenmitte

- ca. 1,50 x 1,50 m Stoff für die Märchenmitte in Weiß oder Creme (Bettlaken, Meterstoff oder schlichte Tischdecke)
- ca. 0,5 x 1 m schwarzer oder blauer Stoff mit Sternen oder unifarbener Stoff in Schwarz und Silber für den Aspekt „Sterne“ (Meterstoff oder Tischdecke)

Beispiel für die Märchenmitte zu „Die Sterntaler“

Ausgearbeitete Märchenstunde „Die Sterntaler"

- unterschiedlich große **Sterne in Silber und Gold = Hauptrequisit** *Bastel- und Dekorationsbedarf oder selbst aus Pappe oder Folie herstellen*
- **Schoko- oder Plastikgoldtaler = Hauptrequisit** *Bastel- und Dekorationsbedarf, Lebensmittelhandel*

Ideen für weitere Materialien (zum Auswählen)

Wählen Sie aus der nachfolgenden Liste zusätzliche Materialien aus. Diese legen Sie bitte bis zu ihrem Gebrauch außerhalb des Blickfeldes der Gäste.

- Schatztruhe mit Gold- und Silbersternen oder Goldtalern *Flohmarkt, Onlinehandel*
- Metallklanginstrumente: Glöckchen, Glockenspiel, Triangel, Klangstäbe *Musikalienhandel*
- Sterne aus Tonpapier und Stifte *Schreibwarenhandel* sowie einen alten Regenschirm ohne Stoff *Dachboden, Flohmarkt*
- weißes Leinennachthemd oder Unterhemd mit Spitze *Flohmarkt*

Ideen für Erinnerungsstücke (zum Auswählen)

- Schokogoldtaler *Lebensmittelhandel*
- Goldsterne aus Folienpapier *selbst hergestellt oder als Weihnachtsschmuck*

Der Ablauf der Märchenstunde

Die Begrüßung (ca. 5 Minuten)

→ Begrüßen Sie die Gäste mit Handschlag und Namen vor dem Raum.
→ Führen Sie die Gäste zum Platz, stellen Sie die Rollatoren zur Seite.
→ Warten Sie gemeinsam auf alle Gäste. Überbrücken Sie die Wartezeit eventuell mit der Märchenmitte und nutzen Sie dafür einige der Fragen, die Sie unter dem nachfolgenden Punkt „Die Märchenmitte" finden.
→ Wenn alle Gäste eingetroffen sind, erfolgt die offizielle Begrüßung: *„Herzlich willkommen zur Märchenstunde …"*

Die Märchenmitte (ca. 5 Minuten)

Nach der Begrüßung nehmen Sie die Erzählerposition ein und beginnen die Märchenstunde mit den Fragen zur Märchenmitte. Die nachfolgenden Fragen sprechen wiederholt auf den Märchentitel an. Diese Wiederholung dient dazu, dass möglichst viele Gäste während dieses Teiles das Märchen erkennen. Wenn Sie merken, dass der größte Teil der Gruppe das Märchen erkannt hat, können Sie die weiteren Fragen überspringen. Dann schließen Sie mit der Bestätigung des Märchentitels.

- *„Welches Märchen möchte ich Ihnen heute erzählen?"*
- *„Was sehen Sie in der Mitte?"* → Zeigen Sie auf die Mitte.

- *„Was sind das für Gegenstände?“* ➜ Zeigen Sie auf die Sterne und Goldtaler. Nehmen Sie diese aus der Mitte und bringen Sie diese näher zu den Gästen.
- *„In welchem Märchen werden Sterne zu Goldtalern?“*
- *„Welches Märchen möchte ich Ihnen heute erzählen?“*

Das Anfangslied (ca. 5 Minuten)

Leiten Sie zum Anfangslied über:
„Heute möchte ich Ihnen das Märchen ‚Die Sterntaler‘ erzählen. Und weil es in diesem Märchen um Sterne geht, möchte ich mit Ihnen zu Beginn das bekannte Lied ‚Weißt du, wie viel Sterne stehen‘ singen. Dieses Lied kennen Sie sicherlich alle.“

- ➜ Nach der Überleitung verteilen Sie die vorbereiteten Liedtexte, wenn benötigt.
- ➜ Singen des Liedes „Weißt du, wie viel Sterne stehen“ (Liedtext im Anhang, Seite 186).
- ➜ Sammeln Sie nach dem Singen des Liedes die Liedtexte wieder ein.

Das Märchen (ca. 7 Minuten)

Leiten Sie die Erzählung ein:
„Sie haben alle schon erkannt, dass ich Ihnen heute das Märchen ‚Die Sterntaler‘ erzählen möchte. Ein Märchen beginnt mit den Worten ‚Es war einmal‘. Und so beginnt auch mein heutiges Märchen mit den Worten ‚Es war einmal‘.“
Beendén Sie die Erzählung mit dem Schluss *„Und wenn es nicht gestorben ist …“*.

- ➜ Am Ende der Erzählung kommen Verbeugung und Schlussapplaus, leiten Sie den Applaus ggf. selbst ein.

Die Aktivierung (ca. 20–30 Minuten)*

Beginnen Sie die Aktivierungseinheit dadurch, dass Sie sich wieder auf Ihren Stuhl setzen. Leiten Sie die Aktivierungseinheit ein:
„Und das war das Märchen ‚Die Sterntaler‘. In dem Märchen fallen die Sterne als Taler vom Himmel.“

Kurzzeitgedächtnis (Impulse zum Auswählen)

Stellen Sie Fragen zum Kurzzeitgedächtnis und warten Sie nach jeder Frage die Antworten ab. Geben Sie eventuell Unterstützungen durch die entsprechenden Hauptrequisiten.

- *„Was werden die Sterne, die vom Himmel fallen?“* (goldene Taler)
- *„Wo fand das Mädchen die goldenen Taler?“* (im Wald)

* *In der Regel reichen für eine Märchenstunde drei bis fünf verschiedene Impulse aus. Sehen Sie die vorgestellten Impulse als Ideengeber an und variieren bzw. ergänzen Sie nach Bedarf.*

Ausgearbeitete Märchenstunde „Die Sterntaler“

Langzeitgedächtnis (Impulse zum Auswählen)

- Thema „Lieder“: *„Es gibt viele Lieder mit Sternen. Eines haben wir gesungen. Ein anderes kennen Sie sicherlich auch: ‚Laterne, Laterne, Sonne, Mond und Sterne.‘“* Wenn Sie möchten, können Sie das Lied mit Ihren Gästen auch summen oder singen.
- Thema „Sprichwörter“: *„Was bedeutet es, wenn jemand sagt: ‚Du bist mein Augenstern‘?“*

Fragen zu den Materialien (Impulse zum Auswählen)

Zeigen Sie die Materialien, geben Sie sie herum und lassen Sie sie ansehen und anfassen! **Achtung:** Immer nur ein Material nach dem anderen zeigen. Erst wenn das Material von allen gesehen und bearbeitet wurde, sollte etwas Neues eingebracht werden. Eine Mischung aus kognitiven, motorischen und sinnlichen Aktivierungsimpulsen regt die Gäste zum Interagieren an.

<u>Tastsinn:</u>

- Thema „Leinenhemd“ und „Hemd mit Spitze“: *„Wie fühlt sich das Hemd an?“ „Welches Material ist das?“*

<u>Hörsinn:</u>

- Thema „Klangspiel“: *„Welchen Ton würde wohl ein Stern machen, der vom Himmel fällt und zu einem Goldtaler wird?“* → Halten Sie verschiedene Metallinstrumente zum Ausprobieren bereit. Weitere Impulse siehe unter „Kognitive Ressourcen“.

<u>Motorik:</u>

- Thema „Schatztruhe“: → Geben Sie Ihren Gästen die Sterne oder/und Goldtaler, die in der Märchenmitte liegen, und lassen Sie diese in der Schatztruhe sammeln.

<u>Kognitive Ressourcen:</u>

- Thema „Mitmachen“ für Gäste mit mittlerer und schwerer Demenz: → Jeder Gast sucht sich ein Klanginstrument aus und probiert es aus. Dann wird die Märchenszene, in der die Sterne vom Himmel fallen, ein zweites Mal erzählt. Die Gäste spielen auf das Stichwort „Und die Sterne fielen vom Himmel“ ihre Instrumente, sodass ein Klangteppich entsteht.
- Thema „Sterne“: *„Welche Sternbilder kennen Sie?“ „Welche Planeten kennen Sie?“*
- Thema „Zahlen“: Lassen Sie die Gäste die Sterne oder Goldtaler zählen.

Biografiearbeit (Hier können auch Fragen aus dem Bereich „Langzeitgedächtnis" eingebracht werden.):

- Thema „Mitmachen" für Gäste mit leichter und mittlerer Demenz
  Variante 1: *„Wenn man eine Sternschnuppe sieht, heißt es, man darf sich etwas wünschen. Was würden Sie sich wünschen, wenn Sie eine Sternschnuppe sehen?"* **Achtung:** Hier können auch traurige Erinnerungen geweckt werden.
  Variante 2: ➜ Sammeln Sie gute Wünsche. Lassen Sie die Gäste Wünsche auf kleine, bunte Zettel schreiben oder schreiben Sie die genannten Wünsche selbst auf die Zettel. Heften Sie die Zettel an das Gerüst eines alten Regenschirms ohne Stoff. Jeder Gast darf sich einmal unter den Wunschschirm stellen. Und nachher kann der Wunschschirm in der Einrichtung ausgestellt werden. Das ist eine schöne Aktion zu Neujahr.

Das Abschlusslied (ca. 5 Minuten)

Leiten Sie zum Schlussteil über:
„Wie schnell doch die Zeit vergangen ist. Wir sind schon fast am Ende unserer Märchenstunde zu ‚Sterntaler'. Vieles haben wir heute entdeckt: wie Sterne von Himmel fallen und was wir uns wünschen würden, wenn wir eine Sternschnuppe sehen. (➜ Fügen Sie an dieser Stelle Dinge ein, die während der Märchenstunde ausprobiert oder besprochen wurden.) *Nun möchte ich gerne mit Ihnen zum Abschluss noch ein Lied singen. Dafür habe ich das bekannte Lied ‚Guten Abend, gute Nacht' ausgewählt. Das kennen Sie sicherlich alle."*

➜ Verteilen Sie Liedtexte, wenn benötigt.
➜ Singen des Liedes „Guten Abend, gute Nacht" (Liedtext im Anhang, Seite 187).
➜ Sammeln Sie nach dem Singen des Liedes die Liedtexte wieder ein.

Das Erinnerungsstück (ca. 3 Minuten)

Leiten Sie zu den Erinnerungsstücken über:
„Vielen Dank, dass Sie heute bei mir waren. Ich hoffe, es hat Ihnen Freude gemacht, und als kleines Dankeschön habe ich für Sie …". Benennen Sie das ausgewählte Erinnerungsstück und verteilen Sie die Erinnerungsstücke an jeden Gast.

Die Verabschiedung (ca. 5 Minuten)

Leiten Sie zu der Verabschiedung über und verabschieden Sie jeden Gast mit Namen und Handschlag: *„Auf Wiedersehen, Frau/Herr …, danke, dass Sie dabei waren. Ich wünsche Ihnen noch einen schönen Tag."*

Ausgearbeitete Märchenstunde „Die Sterntaler“

Praxiserfahrung

© Olaf Pieper

Wenn Sterne zu Goldtalern werden ist die Schatztruhe gefüllt.

In einer Einrichtung habe ich vor Gästen mit mittlerer bis schwerer Demenz das Märchen „Die Sterntaler“ erzählt. Ich habe verschiedene Klanginstrumente angeboten, um die Geräusche zu spielen, die Sterne machen würden, wenn sie vom Himmel fallen. Eine Dame, Frau L., war stark motorisch eingeschränkt und hatte wenig Kraft in beiden Händen. Frau L. wollte gerne den Klangstab spielen. Ich legte ihr den Stab in die eine Hand und den Klöppel in die andere. Ihr gelang es nicht, den Klöppel auf die kleine Metallfläche zu schlagen und gleichzeitig den Klangstab mit der anderen Hand festzuhalten. Also habe ich den Klangstab festgehalten und ihre Hand mit meiner anderen Hand geführt, sodass der Klöppel auf die Metallfläche traf. Das haben wir einige Zeit gemeinsam gemacht. Nach und nach spürte ich, wie Frau L. die Führung übernahm und meine Hand so führte, dass der Klöppel auf die Metallfläche schlug. Dann begann Frau L., in einem klaren Takt das Instrument zu spielen. Sie konzentrierte sich sehr. Aber auf ihren Lippen lag ein Lächeln.

Anhang

Anhang – Langfassungen

Märchentexte in Langfassung

Zu den Märchenstunden finden Sie hier die Märchentexte. Die Grundlage bilden die Märchen der Brüder Grimm. Bei jedem Märchen ist angegeben, unter welcher Nummer (die sogenannte KHM-Nummer, **KHM** steht dabei für **„Kinder- und Hausmärchen“**) und in welcher Ausgabe der Brüder Grimm der zugrunde liegende Text erschienen ist. Die Texte wurden von mir nach folgenden Merkmalen bearbeitet:

- **Erzähldauer** von maximal 15 Minuten
- leicht verständliche Sprache und Satzbau
- Strukturierung nach den Elementen des **roten Fadens**
  Die Elemente (Einleitung, Ausgangssituation, Beginn des Konfliktes, Steigerung des Konfliktes und Lösung) wurden ergänzt durch die Begriffe für Wiederholung (hier wiederholen sich Sätze oder Geschehnisse) und Schluss.
- beispielhafte **Regieanweisungen für Gestik und Mimik**
  Nutzen Sie die Beispiele, um eigene Ideen zu entwickeln. Bedenken Sie, wenn Beispiele für Gestik aufgeführt sind, handelt es sich in der Regel um eine **Geste ohne Requisit**. Wenn angegeben wird: „Frosch auf den Stuhl setzen“, bedeutet das, die Geste dafür zu nutzen, um einen imaginären Frosch auf einen imaginären Stuhl neben sich zu setzen. Es bedeutet aber nicht, den Stofffrosch, den Sie als Requisit haben, auf den Stuhl neben sich zu setzen. Wenn angegeben ist: „Tür öffnen“, bedeutet das, die Geste dafür zu nutzen, eine **imaginäre** Tür zu öffnen, und nicht, aufzustehen, um eine Tür real zu öffnen.
- Hervorhebung der **bildreichen Worte** durch Fettdruck
  Bildreiche Worte regen uns an, Bilder im Kopf entstehen zu lassen, z. B. König.
- Hervorhebung der **Märchensprüche** durch Unterstreichung
  Die Märchensprüche, wie z. B. „Rucke di guck …“, und feststehende Redewendungen, wie „Was man versprochen hat, das muss man halten“, sollten wörtlich erzählt werden.
- Hervorhebung der einzelnen **Rollen** durch Farben
  Wenn eine Hauptfigur in dem Text spricht, so ist sie mit einer Farbe gekennzeichnet. Am Anfang jedes Märchens steht die jeweilige Rolle mit der entsprechenden Farbe. So können Sie von Anfang an für Rollen bestimmte Stimmen verwenden. Passen Sie Ihre Stimme der Emotion der Rolle an. Sprechen Sie traurig, wütend oder glücklich, je nachdem, wie die Figur gerade empfindet. Die wörtliche Rede der ersten Hauptfigur erscheint jeweils in Blau, die wörtliche Rede des Gegenspielers jeweils in Rot. Anderen Figuren folgen keinem Farbschema.
- Kennzeichnung der **Pausen**
  Pausen sind wichtig, um den Gästen Zeit zum Reagieren, Mitmachen und Mitsprechen zu lassen. Nutzen Sie die Satzzeichen (, | ; | . | ? | !) und Absätze für Pausen. Das Zeichen „[…]“ steht für eine Pause, in der erwartet werden kann, dass die Gäste den Rest des Satzes mitsprechen. Nutzen Sie diese Pausen als Aktivierungsimpuls. Das Zeichen „|“ steht für eine Spannungspause, die dazu dient, den Spannungsbogen zu halten. Eine Pause ist stets so lang wie nötig und so kurz wie möglich.

Langfassung „Aschenputtel“

Originalfassung:
Brüder Grimm, KHM 21, Ausgabe 1857,
Bearbeitung: Sabine Meyer

Erzähldauer:
ca. 15 Minuten

Rollen:
Aschenputtel (Blau)
Stiefmutter (Rot)
Prinz (Grün)
Stiefschwestern (Rosa)
Täubchen (Lila)
Mutter (Braun)
Vater (Braun)

Roter Faden	Erzähltext	Regieanweisungen
Einleitung	Es war einmal | ein **reicher Mann**. Der hatte eine Frau, die wurde sehr krank. Als die Frau fühlte, dass sie sterben sollte, rief sie ihre einzige Tochter an das Bett.	Mimik: traurig
Ausgangs-situation	Da sprach die **Mutter** zu ihrer Tochter: „Liebes Kind, bleibe fromm und gut, so wird dir der liebe Gott immer beistehen. Und ich will vom Himmel auf dich sehen.“ Darauf tat sie die Augen zu und starb.	
	Im Frühjahr aber nahm der Vater eine neue Frau. Die **Stiefmutter** hatte zwei Töchter, die **schön** von Angesicht waren, aber **garstig** im Herzen. Da begann eine schlimme Zeit für das arme Stiefkind.	Gestik: bei „schön“ zum Gesicht, bei „garstig“ zum Herzen weisen
	„Wer Brot essen will, muss es verdienen. Hinaus mit dir, du **Küchenmagd**!“, sagten sie und nahmen dem Mädchen die schönen Kleider fort. Sie gaben dem Mädchen einen grauen, alten Kittel und hölzerne Schuhe. Da musste es von morgens bis abends **schwere Arbeit** tun, früh aufstehen, Wasser tragen, Feuer anmachen, kochen und waschen. Und das Mädchen hatte kein Bett mehr, sondern musste sich neben dem Herd **in die Asche** legen. Und weil es darum immer schmutzig war, nannten sie es | **Aschenputtel**.	Gestik: aus dem Raum weisen Gestik: nach unten zeigen
Beginn des Konfliktes	Als der Vater einmal zum **Markt** gehen wollte, fragte er seine beiden Stieftöchter, was er ihnen mitbringen solle. „Schöne Kleider“, sagte die eine. „Perlen und Edelsteine“, sagte die Zweite. „Und du, Aschenputtel?“, fragte der Vater. „Was willst du haben?“ „Vater, das erste **Zweiglein**, das Euch auf Eurem Heimweg an den Hut stößt, das brecht für mich ab.“	

Anhang – Langfassung „Aschenputtel“

Roter Faden	Erzähltext	Regieanweisungen
	Der Vater kaufte für die Stiefschwestern schöne Kleider, Perlen und Edelsteine. Und auf dem Rückweg streifte ihn ein Haselzweig | und stieß ihm den Hut vom Kopf. Den brach der Vater und brachte ihn Aschenputtel mit.	Gestik: Zweig stößt Hut vom Kopf
	Aschenputtel dankte ihm, ging zum Grab der Mutter und pflanzte den Zweig ein. Und das Mädchen begoss das Zweiglein mit seinen Tränen. Da wuchs es und ward ein **schöner Baum**.	Gestik: Wuchsrichtung nach oben
Steigerung des Konfliktes	Nun lud der König zum **Fest**. Und alle Jungfrauen des Landes wurden eingeladen, damit sich der Königssohn eine Braut aussuchen konnte. Auch die Stiefschwestern waren eingeladen. Und sie waren guter Dinge: „Aschenputtel, kämm uns die Haare, binde uns die Kleider, wir gehen zum Fest auf des Königs Schloss!“ Aschenputtel gehorchte, weinte aber, weil es auch gern zum Fest mitgehen wollte.	
	Doch die Stiefmutter sprach: „Du, Aschenputtel, bist voll Staub und Schmutz | und willst zum Fest? Da habe ich dir eine Schüssel **Linsen** in die Asche geschüttet. Wenn du die Linsen in zwei Stunden ausgelesen hast, so sollst du mitgehen.“	Gestik: Linsen in die Asche werfen
	Das Mädchen ging zum Fenster und rief in den Himmel: „Ihr zahmen **Täubchen**, ihr Turteltäubchen und all ihr Vöglein unter dem Himmel, kommt und helft mir lesen! Die Guten ins Töpfchen, […] die Schlechten ins Kröpfchen!“ Da kamen zum Küchenfenster Vöglein hereingeflogen. Und | pick, pick, pick, pick. Sie lasen alle guten Körnlein in die Schüssel. Kaum war eine Stunde herum, so waren sie schon fertig und flogen alle wieder hinaus. Da brachte Aschenputtel die Schüssel der Stiefmutter. Und es **freute** sich, denn nun durfte es mit zum Fest. Die Stiefmutter sagte aber: „**Nein**, Aschenputtel, du kannst nicht mitgehen.“ Als Aschenputtel nun weinte, sprach die Stiefmutter: „Wenn du mir zwei Schüsseln voll **Linsen** in einer Stunde aus der Asche auslesen kannst, so sollst du mitgehen.“	Gestik: Fenster öffnen und Blick nach oben Gestik: mit den Fingern Linsen aufpicken Mimik: freudig Gestik: Linsen in die Asche werfen
Wiederholung	Da ging Aschenputtel abermals zum Fenster | und rief in den Himmel: „Ihr zahmen **Täubchen**, ihr Turteltäubchen und all ihr Vöglein unter dem Himmel, kommt und helft mir lesen! Die Guten ins Töpfchen, […] die Schlechten ins Kröpfchen!“	Gestik: Fenster öffnen und Blick nach oben

Anhang – Langfassung „Aschenputtel"

Roter Faden	Erzähltext	Regieanweisungen
	Da kamen zum Küchenfenster Vöglein hereingeflogen. Und | pick, pick, pick, pick. Sie lasen alle guten Körnlein in die Schüssel. Und ehe eine halbe Stunde herum war, waren sie schon fertig und flogen fort.	Gestik: mit den Fingern Linsen aufpicken
	Da trug Aschenputtel die Schüsseln zu der Stiefmutter. Es glaubte, nun dürfe es mit auf das Fest gehen. Doch die Stiefmutter sprach: „**Nein**, Aschenputtel, du hast keine Kleider. Du kannst nicht tanzen. Wir müssen uns ja deiner schämen." Dann ging sie mit den Stiefschwestern hinauf zum Fest. Und Aschenputtel war sehr traurig.	Mimik: traurig
	Aschenputtel aber ging zum **Grab** der Mutter, zum Haselnussbaum, und rief: „**Bäumchen**, rüttel dich, […] Bäumchen, schüttel dich, wirf **Gold und Silber** über mich!"	Blick nach oben
	Da warf ihm der Vogel ein **Kleid** herunter, das war aus Gold und Silber gewebt, und ein Paar Schuhe aus Seide dazu. Aschenputtel zog das Kleid an und ging zum Fest.	Gestik: mit den Händen von oben nach unten den Körper entlang zeigen, als würde ein Kleid über den Kopf gezogen
	Seine Schwestern und die Stiefmutter erkannten Aschenputtel nicht. Sie meinten, es müsse eine fremde Königstochter sein, so schön sah Aschenputtel aus.	
	Der Königssohn kam dem Mädchen entgegen, nahm es bei der Hand und tanzte mit ihm. Und wollte jemand anderes mit dem Mädchen tanzen, so sprach der Königssohn: „Das ist meine **Tänzerin**."	Mimik: glücklich
	Am Abend aber wollte Aschenputtel heimgehen. Der Königssohn wollte sehen, wo das schöne Mädchen lebte. Doch Aschenputtel **entwischte** ihm.	
Wiederholung	Am anderen Tag hob das Fest von Neuem an. Und abermals gingen die Eltern und Stiefschwestern fort. Da ging Aschenputtel zu dem Haselbaum und sprach: „**Bäumchen**, rüttel dich, […] Bäumchen, schüttel dich, wirf **Gold und Silber** über mich!"	Blick nach oben Gestik: mit den Händen von oben nach unten den Körper entlang zeigen, als würde ein Kleid über den Kopf gezogen
	Da warf der Vogel ein noch schöneres **Kleid** herab. Und so lief Aschenputtel zum Fest. Der Königssohn hatte gewartet, bis es kam. Er nahm das Mädchen bei der Hand und tanzte allein nur mit ihm. Wenn die andern kamen | und es aufforderten, sprach der Königssohn: „Das ist meine **Tänzerin**."	Mimik: glücklich
	Als es nun Abend war, wollte Aschenputtel fort. Der Königssohn ging dem Mädchen nach. Er wollte sehen,	

Anhang – Langfassung „Aschenputtel“

Roter Faden	Erzähltext	Regieanweisungen
	in welches Haus das Mädchen ging. Doch Aschenputtel **entwischte** ihm.	
Wieder-holung	Am **dritten** Tag, als die Eltern und Schwestern fort waren, ging Aschenputtel wieder zu seiner Mutter **Grab** | und sprach zu dem Bäumchen: „**Bäumchen**, rüttel dich, […] Bäumchen, schüttel dich, wirf **Gold und Silber** über mich!“ Nun warf ihm der Vogel ein Kleid herab, das war so prächtig und glänzend, wie es noch nie jemand gesehen hatte. Und die Schuhe waren ganz **golden**. So ging Aschenputtel zum Fest. Der Königssohn tanzte mit Aschenputtel. Und wenn einer das Mädchen aufforderte, sprach der Königssohn: „Das ist meine **Tänzerin**.“ Als es nun Abend war, wollte Aschenputtel fort. Der Königssohn wollte es begleiten. Doch Aschenputtel war so geschwind, dass der Königssohn nicht folgen konnte. Doch hatte der Königssohn eine List gebraucht. Er hatte die **Treppe mit Pech** bestreichen lassen. Und als Aschenputtel hinunterlief, da […] blieb ein Schuh auf dem Pech kleben. Der Königssohn hob den **goldenen Schuh** auf.	Blick: nach oben Gestik: mit den Händen von oben nach unten den Körper entlang zeigen, als würde ein Kleid über den Kopf gezogen Mimik: glücklich
Höhepunkt	Am nächsten Morgen ging der Königssohn von Haus zu Haus | und sagte: „Keine andere soll meine Frau werden, als die, an deren Fuß dieser goldene Schuh passt.“ Und so kam er auch zu dem Vater und der Stiefmutter. Da freuten sich die beiden Schwestern, denn sie hatten schöne Füße. Die Älteste ging mit dem Schuh in die Kammer und wollte ihn anprobieren. Aber sie konnte mit der großen **Zehe** nicht hineinkommen. Der Schuh war zu klein. Da reichte ihr die Mutter ein **Messer** | und sprach: „Schneid dir die Zehe ab! Wenn du Königin bist, brauchst du nicht mehr zu Fuß zu gehen.“ Das Mädchen hieb sich die Zehe ab. Es zwängte den Fuß in den Schuh | und ging hinaus zum Königssohn. Da nahm er das Mädchen als seine Braut aufs Pferd | und ritt mit ihm fort. Doch der Königssohn musste am Grabe der Mutter vorüber. Und die zwei **Täubchen** auf dem Haselbäumchen riefen: „Rucke di guck, rucke di guck, […] **Blut** ist im Schuh. Der Schuh ist zu klein, die rechte Braut sitzt noch daheim.“	Gestik: Schuh auf der Hand präsentieren Blick: nach oben, wo die Täubchen im Baum sitzen

Anhang – Langfassung „Aschenputtel“

Roter Faden	Erzähltext	Regieanweisungen
	Der Königssohn ritt zurück. Er brachte die falsche Braut wieder nach Hause. Und er sagte, das sei nicht die rechte, die andere Schwester solle den Schuh anziehen.	
Wiederholung	Da ging die andere Stiefschwester in die Kammer. Mit den Zehen kam sie in den Schuh, aber die **Ferse** war zu groß. Da reichte ihr die Mutter ein **Messer** | und sprach: „Schneid dir ein Stück der Ferse ab! Wenn du Königin bist, brauchst du nicht mehr zu Fuß zu gehen.“ Das Mädchen hieb ein Stück von der Ferse ab. Es zwängte den Fuß in den Schuh und ging hinaus zum Königssohn. Da nahm er das Mädchen als seine Braut aufs Pferd | und ritt mit ihm fort.	
	Doch der Königssohn musste am Grabe der Mutter vorüber. Und die zwei **Täubchen** auf dem Haselbäumchen riefen: „Rucke di guck, rucke di guck, […] **Blut** ist im Schuh. Der Schuh ist zu klein, die rechte Braut sitzt noch daheim.“	Blick: nach oben, wo die Täubchen im Baum sitzen
Höhepunkt	Da wendete der Königssohn sein Pferd und brachte abermals die falsche Braut wieder nach Hause. „Das ist auch nicht die rechte“, sprach er. „Habt Ihr **keine andere Tochter**?“ „Nein“, sagte der Vater, „nur die von meiner verstorbenen Frau, das **Aschenputtel**. Aber die kann es nicht sein.“ Doch der Königssohn schickte nach ihr.	
Lösung	Da wusch sich Aschenputtel die Hände und Gesicht rein. Es neigte sich vor dem Königssohn, der ihm den goldenen Schuh reichte. Und der goldene Schuh | **passte wie angegossen.**	
	Als Aschenputtel aufblickte, erkannte der Königssohn seine schöne Tänzerin und rief: „Das ist die rechte Braut!“ Der Königssohn nahm Aschenputtel mit sich fort, hinauf zum Schloss. Und als sie am Grabe der Mutter vorüberritten, da riefen die zwei **Täubchen** auf dem Haselbäumchen: „Rucke di guck, rucke di guck, […] kein Blut ist im Schuh. Der Schuh ist nicht klein, die **rechte Braut** führt er nun heim.“ Und schon bald gab es ein großes Hochzeitsfest. Drei Tage und drei Nächte haben sie gefeiert.	Mimik: glücklich Blick: nach oben, wo die Täubchen im Baum sitzen
Schluss	Und wenn sie nicht gestorben sind, […] dann leben sie noch heute.	
Ende		**Verbeugung und Applaus**

Langfassung „Die Bremer Stadtmusikanten“

Originalfassung:
Brüder Grimm, KHM 27, Ausgabe 1857,
Bearbeitung: Sabine Meyer

Erzähldauer:
ca. 10 Minuten

Rollen:
Esel (Blau)
Hund (Grün)
Katze (Lila)
Hahn (Orange)
Räuberhauptmann (Rot)
Räuber (Rosa)

Roter Faden	Erzähltext	Regieanweisungen
Einleitung	Es war einmal ein Mann, der hatte einen **Esel**. Der hatte schon lange Jahre die Säcke unverdrossen zur **Mühle** getragen.	Gestik: den Weg hinauf zur Mühle zeigen
Ausgangs-situation	Doch der Esel wurde **älter** | und älter. Und es fiel ihm immer schwerer, die Säcke zu tragen. Da dachte der Herr daran, ihn aus dem Futter zu schaffen.	Gestik: den Rücken krumm machen, wie von einer schweren Last
Beginn des Konfliktes	Der Esel aber merkte, dass hier kein guter Wind weht und lief fort. Er machte sich auf den Weg nach **Bremen**, um **Stadtmusikant** zu werden.	Gestik: in die Ferne zeigen
	Als der Esel eine Weile gegangen war, da lag am Wegesrand ein alter **Hund**. Der japste wie einer, der sich müde gelaufen hat.	Blick: nach unten Gestik: nach unten weisen
	„Nun, was japst du so, Packan?“, fragte der Esel.	
	„Ach“, sagte der Hund, „ich bin **alt**. Da kann ich den Hasen nicht so hinterherjagen. Da wollte mein Herr mich totschlagen. Darum habe ich Reißaus genommen. Aber jetzt ist guter Rat teuer, denn wie soll ich nun mein **Brot** verdienen?“	
	„Dann komm mit mir“, sprach der Esel, „ich will nach Bremen | und **Stadtmusikant** werden. Ich spiele die Laute. Du schlägst die Pauke.“	
	Der Hund war es zufrieden und so gingen sie zu zweit weiter.	
Wieder-holung	Es dauerte nicht lange, da saß eine **Katze** am Weg und machte ein Gesicht wie drei Tage Regenwetter.	Blick: nach unten Gestik: nach unten weisen
	„Nun, was ist dir in die Quere gekommen, alter Bartputzer?“, fragte der Esel.	

Anhang – Langfassung „Die Bremer Stadtmusikanten"

Roter Faden	Erzähltext	Regieanweisungen
	„Wer kann da lustig sein, wenn es einem an den Kragen geht?", antwortete die Katze. „Da komme ich in die Jahre und werde **alt**. Und ich kann nicht mehr den Mäusen nachjagen. Da liege ich lieber hinter dem Ofen. Da will die Frau mich ersäufen. Da habe ich mich fortgemacht. Aber nun ist guter Rat teuer. Wie soll ich mein **Brot** verdienen?"	
	„Geh mit uns nach Bremen. Da kannst du Stadtmusikant werden. Du verstehst dich doch auf Nachtmusik", sagte der Esel. Und die Katze hielt das für einen guten Gedanken | und ging mit. Da waren sie zu dritt.	
Wiederholung	Bald darauf kamen die Tiere an einem Hofe vorbei. Da saß ein **Hahn** auf dem Zaun | und krähte aus Leibeskräften.	Blick: zum Hahn heben, fast auf Deckenhöhe
	„Was schreist du denn, Rotkopf, dass es einem durch Mark und Bein geht?", fragte der Esel.	
	„Da sagt man gutes Wetter vorher", sprach der Hahn, „weil die Frau große Wäsche hat. Da sagt sie, weil morgen Sonntag ist, solle die Köchin mir den Hals umdrehen und mich in den **Suppentopf** werfen. Da schreie ich halt, solange ich noch kann."	
	„Ei, Rotkopf", sagte der Esel, „komm doch mit uns nach Bremen. Wir wollen Stadtmusikanten werden. Du hast eine gute Stimme. Und etwas Besseres als den Tod findest du überall." Der Hahn dachte, das sei ein guter Gedanke. Und die vier Tiere gingen weiter.	
Steigerung des Konfliktes	Die vier Tiere aber konnten die Stadt Bremen in einem Tag nicht erreichen. Und so mussten sie in einem **Wald** Rast machen | und ein Nachtlager aufschlagen. Der Esel und der Hund legten sich unter einen großen Baum. Die Katze kletterte auf einen Ast. Der Hahn aber flog bis in die Spitze, wo es am sichersten für ihn war. Ehe er einschlief, sah er sich noch einmal nach allen vier Himmelsrichtungen um. Und da sah er in der Ferne ein **Licht**. Und der Hahn rief seinen Gesellen zu, es müsse dort ein Haus sein.	Gestik: Hand suchend über die Augen halten
	Der Esel aber sprach: „Dann lasst uns noch einmal aufbrechen. Denn hier ist die Herberge schlecht."	
	So machten sich die vier auf den Weg dem Licht zu. Und es wurde größer und heller. Da standen sie vor einem hell erleuchteten **Räuberhaus**. Der Esel, der der Größte der vier war, schaute durch das Fenster hinein.	Gestik: Fenster andeuten

Anhang – Langfassung „Die Bremer Stadtmusikanten"

Roter Faden	Erzähltext	Regieanweisungen
	„Grauschimmel, was siehst du?", fragte der Hahn.	
	„Was ich sehe?", antwortete der Esel. „Einen gedeckten **Tisch** sehe ich | mit schönem Essen und Trinken. Und **Räuber** sitzen daran. Die lassen sich es wohl sein."	Gestik: Tisch andeuten
	„Das wäre was für uns", sprach der Hahn. „Ja, ja, ach, wenn wir nur da wären!", sagte der Esel. Da berieten sich die Tiere, wie sie es anfangen müssten, um die Räuber zu verjagen. Und endlich fanden sie ein Mittel.	
	Der Esel musste sich mit den Vorderhufen auf das Fensterbrett stellen. Der Hund sprang auf den Rücken des Esels. Die Katze sprang auf den Rücken des Hundes. Und der Hahn flog auf den Kopf der Katze. Und sie fingen auf ein Zeichen an, ihre **Musik** zu machen.	Gestik: Tiere aufeinander steigen lassen
	Der Esel schrie. Der Hund bellte. Die Katze miaute. Und der Hahn krähte. Dann stürzten sie **durch das Fenster** in die Stube hinein, dass die Scheiben klirrten. Die Räuber fuhren bei dem entsetzlichen Geschrei in die Höhe. Sie meinten, nichts anderes als ein furchtbares Ungeheuer käme herein. Und sie **flohen** in den Wald hinaus. Da setzten sich nun die vier Tiere an den Tisch. Sie aßen, als hätten sie vier Wochen nichts gegessen.	Gestik: in das Fenster zeigen Gestik: hinaus zeigen
	Als die vier Tiere fertig waren, löschten sie das Licht aus. Und ein jeder legte sich zur **Ruhe**, ein jeder seiner Natur nach. Der Esel legte sich auf den Mist. Der Hund legte sich hinter die Tür. Die Katze sprang auf den noch warmen Herd. Und der Hahn setzte sich auf den Hahnenbalken. Und weil sie müde waren von ihrem langen Weg, schliefen sie auch bald ein.	
Höhepunkt	Doch im Wald, | da waren die **Räuber**. Und sie sahen, dass kein Licht mehr im Haus brannte. Da sprach der Hauptmann: „Wir hätten uns nicht ins Bockshorn jagen lassen sollen." Und er schickte einen hin, der nachsehen sollte.	
	Der Abgesandte fand alles still. Er ging in die Küche, ein Licht anzuzünden. Und weil er die glühenden Augen der Katze für glühende Kohlen ansah, wollte er daran seine Lampe entzünden. Doch die Katze verstand keinen Spaß. Sie sprang ihm ins Gesicht, biss und kratzte.	Gestik: jemand schleicht um das Haus Gestik: Finger zu Krallen krümmen
	Da **erschrak** der Räuber gewaltig, **schrie** und wollte zur Hintertür hinaus. Aber da lag der Hund. Der sprang auf	

Roter Faden	Erzähltext	Regieanweisungen
	und biss dem Räuber ins **Bein**. Der Räuber lief über den Hof an dem Mist vorbei, da gab ihm der Esel noch einen tüchtigen Schlag mit dem **Hinterfuß**. Der Hahn aber, der vom Lärmen geweckt wurde, **krähte** vom Hahnenbalken herab: „Kikeriki. Kikeriki."	Gestik: mit der Hand ins Bein beißen Gestik: mit dem Fuß einen Tritt geben
Lösung	Da lief der Räuber, was er konnte, zu seinem Hauptmann zurück. Und er sprach: „Ach, | in dem Haus sitzt eine gräuliche **Hexe**. Die hat mir mit ihren langen Fingern das Gesicht zerkratzt. Und an der Türe steht ein Mann mit einem Messer, der hat mich ins Bein gestochen. Und auf dem Hofe liegt ein schwarzes Ungetüm, das hat mich geschlagen. Und oben auf dem Dach sitzt der Richter und ruft: „Bringt mir den Schelm her!" Da lief ich so schnell ich konnte. Da gehe ich nie wieder hin."	Gestik: Kopf schütteln
	Die Räuber liefen fort. Und kamen nie wieder. Die vier Tiere aber blieben in dem Haus, da es ihnen dort gefiel. Und sie gingen nie nach Bremen.	
Schluss	Und wenn sie nicht gestorben sind, [...] dann leben sie noch heute.	
Ende		**Verbeugung und Applaus**

 | ISBN 978-3-8346-3627-0 | www.verlagruhr.de

Langfassung „Dornröschen“

Originalfassung:
Brüder Grimm, KHM 50, Ausgabe 1857,
Bearbeitung: Sabine Meyer

Erzähldauer:
ca. 15 Minuten

Rollen:
Frosch (Lila)
Dornröschen (Blau)
13. Fee/Alte Frau (Rot)
12. Fee (Grün)
Prinz (Orange)

Roter Faden	Erzähltext	Regieanweisungen
Einleitung	Es war einmal | ein **König** und eine **Königin**, die wünschten sich ein Kind. Doch sie bekamen keines.	Gestik: zu der einen Seite für den König zeigen, zu der anderen Seite für die Königin zeigen
Ausgangssituation	Eines Tages, als die Königin im Bade saß, hüpfte herein | ein nasser, grüner **Frosch**. Der sprach zu ihr: „Frau Königin, in einem Jahr werdet Ihr ein Kind zur Welt bringen.“ Und wie der Frosch es sagte, so geschah es. Die Königin brachte ein Kind zur Welt. Es war eine wunderschöne kleine **Prinzessin**. Und der König, der Vater, war stolz, so stolz, dass er ein großes **Fest** feiern wollte. Und dazu lud er alle Würdenträger des Landes, benachbarte Könige und die Feen des Landes ein.	Gestik: einladende Handgeste an alle
Beginn des Konfliktes	Es gab in diesem Land 13 **Feen**. Aber der König hatte nur zwölf goldene **Teller**, von denen die weisen Frauen essen sollten. Da konnte er nur zwölf einladen, die 13. musste zu Hause bleiben.	Gestik: Teller andeuten
	Und das Fest begann ohne sie. Es wurde gegessen und getrunken, gelacht und getanzt, ja sogar Geschichten erzählt. Aber nach dem Fest | trat jede weise Frau vor zu der **Wiege** mit der kleinen Prinzessin darin, um ihr das zu schenken, was das Leben so schön und einfach macht.	Gestik: die Wiege an einem festen Platz im Raum verorten und andeuten, bei jedem Feenspruch auf die Wiege weisen
	Die erste weise Fee schenkte der Prinzessin | **Schönheit**. Die zweite | **Klugheit**. Die dritte | das **Lachen**. Die vierte | den **Gesang**. Und so trat eine jede vor | und tat ihren Spruch. Als aber die elfte weise Frau ihren Spruch gesagt hatte und zurück in die Reihe trat, flog das große Schlosstor auf | und die 13., die **nicht geladene weise Fee** kam herein.	Gestik: Schlosstor öffnen, den Weg bis zur Wiege andeuten

Anhang – Langfassung „Dornröschen“

Roter Faden	Erzähltext	Regieanweisungen
	Voller **Wut und Zorn** schritt sie durch den Thronsaal zur Wiege | und schrie mit zorniger Stimme: „An ihrem 15. Geburtstag wird die Prinzessin sich mit einer **Spindel** in den Finger stechen und | **tot** umfallen!“	Mimik: zornig Gestik: auf die Wiege zeigen
	Niemand sprach vor Schreck auch nur ein Wort. Die böse Fee ging hinaus, | ohne ein weiteres Wort zu sprechen. Da trat die zwölfte Fee vor, die, die noch nichts gesagt hatte. Den Spruch der 13. konnte sie nicht aufheben, das vermochte sie nicht, aber | sie konnte ihn mildern. Und so sprach sie: „An ihrem 15. Geburtstag wird die Prinzessin sich mit einer Spindel in den Finger stechen | und sie wird in einen tiefen, **100-jährigen Schlaf** fallen.“	
	Noch am selben Abend verbot der König jede Spindel im ganzen Land, denn er liebte seine Tochter sehr.	
	So verging die Zeit und die kleine Prinzessin wuchs heran. Die Gaben der weisen Feen erfüllten sich. Die Prinzessin wurde schön und klug. Sie lachte den lieben langen Tag und konnte singen wie ein Vögelchen. Und jeder im Schloss liebte sie.	Gestik: Prinzessin wächst
	An ihrem **15. Geburtstag** aber geschah es, dass der König und die König **allein** zur Jagd ritten. Und die Prinzessin alleine zurückblieb.	
	Und die Prinzessin war sehr neugierig. Sie öffnete jede Tür zu jeder Kammer, um hineinzusehen, ob da etwas wäre, was sie noch nie gesehen hätte.	Gestik: Türen öffnen
	Da fand sie den **Turm**. Die Prinzessin öffnete die Tür zum Turm | und stieg eine enge Wendeltreppe hinauf. Und stand nun vor einer schweren Holztür mit einem rostigen Schloss. Sie berührte das Schloss. Es sprang auf.	Gestik: Turmhöhe zeigen, Tür öffnen und Wendeltreppe mit Schlangenbewegung nach oben andeuten, Tür öffnen
	Dahinter in der Kammer | saß am Feuer | eine sehr **alte Frau**, die zog mit einer **Spindel** einen Faden. „Ei, Mütterchen, was tust du da?“, fragte die Prinzessin. „Nun, mein Kind, ich spinne einen Faden. | Willst du es auch einmal versuchen?“	Gestik: Spindel anbieten

Anhang – Langfassung „Dornröschen“

Roter Faden	Erzähltext	Regieanweisungen
Steigerung des Konfliktes	Da nahm die Prinzessin die Spindel in die Hand | und **stach** sich dabei in den Finger. Da glitt sie zu Boden und fiel in einen tiefen **Schlaf**.	Gestik: Stich, zu Boden zeigen
	Mit ihr aber begann das ganze Schloss, zu schlafen. Der König und die Königin, von der Jagd heimgekehrt, schliefen im Sitzen auf den Thronsesseln. Die Würdenträger schliefen im Stehen. Im Hof legten sich die Pferde hin | und schliefen. Die Hunde krochen in die Hundehütten | und schliefen dort. Die Tauben auf dem Dach steckten das Köpfchen unter das Gefieder | und schliefen. Ja, sogar die Fliegen an der Wand schliefen.	
	In der Küche brannte das Feuer nicht. Der Braten briet nicht. Die Magd rupfte das Huhn nicht | und der Koch, der dem Küchenjungen eine Ohrfeige geben wollte, weil er die Suppe versalzen hatte, schlief dabei ein.	
	Und um das Schloss wuchs eine **Dornenhecke**. So hoch, bis sie das ganze Schloss bedeckte. Und durch das Land ging die Sage vom schönen Dornröschen, denn so wurde die Prinzessin nun genannt. Die dort im Turm liegt | und auf den Prinzen wartet.	Gestik: Dornenhecke wächst
	Es kamen viele Prinzen. Doch die Dornenhecke | hatte so scharfe, spitze Dornen, dass sie die Prinzen festhielten, und sie starben einen schlimmen Tod in der Hecke.	
	So verging die **Zeit**. Viel Zeit. Ach | so viel Zeit. Da kam von ferne ein junger Königssohn. Der machte Rast in einem Gasthof, wo ihm ein sehr alter Mann die Geschichte von der Schönen im Turm erzählte | und dass sie schlafe | und auf den Prinzen warte.	Gestik: Lauf der Zeit in einem Kreis mit der Hand zeigen
	„Ich werde sie befreien!“, rief der **Prinz** aus und sprang auf sein **Pferd**. Der alte Mann konnte ihm nachrufen von der Dornenhecke, was er nur wollte, der Prinz hörte nicht darauf und ritt davon.	Gestik: aufspringen (Dann aber wieder zum weiteren Erzählen hinsetzen.)
	Dabei war doch noch tiefe, dunkle Nacht. Er ritt durch den dunklen Wald über Wiesen und Felder. Da erst ging die Sonne auf. Rot und rund hing sie am Horizont und ein neuer **Tag** brach an. Der letzte Tag der 100 Jahre brach an.	Gestik: Sonnenaufgang

Anhang – Langfassung „Dornröschen“

Roter Faden	Erzähltext	Regieanweisungen
	Der Königssohn fand das **Dornenschloss**. Er ritt nahe herzu, sprang vom Pferd. Er lief auf die Dornen zu | und berührte die Dornen.	
	Da verwandelten sie sich in **rote Rosen** und gaben ihm den Weg frei.	Gestik: Öffnung der Dornenhecke mit zwei Händen andeuten
	So trat er in den **Schlosshof**. Er sah die Pferde liegen und schlafen. Die Hunde in den Hundehütten schliefen, die Tauben auf dem Dach schliefen, ja selbst die Fliegen an der Wand schliefen.	
Höhepunkt	Da fand der Prinz den **Turm**. Er öffnete die Tür zum Turme, stieg die enge **Wendeltreppe** hinauf | und stand nun vor der schweren Holztür mit dem rostigen Schloss. Er berührte das Schloss. | Es sprang auf. Die Tür glitt auf.	Gestik: eingeführte Gesten wiederholen
Lösung	Dahinter in der Kammer lag auf dem Boden | das schöne **Dornröschen**. Und es war so schön, dass der Königssohn gar nicht anders konnte. Er beugte sich über die Schöne und | **küsste** sie. Da schlug sie die Augen auf und sie erkannten sich **als Mann** | **und Frau**.	Gestik und Blick: zum Boden
	Gemeinsam stiegen sie die Wendeltreppe hinab. Mit Dornröschen aber **erwachte** das ganze Schloss. Die Pferde standen auf und wieherten. Die Hunde bellten. Die Tauben flogen fort. Die Fliegen liefen auf und ab, als sei nie etwas geschehen.	Gestik: Wendeltreppe mit Schlangenbewegung nach unten andeuten
	In der Küche briet der Braten und der Küchenjunge bekam seine Ohrfeige, weil er die Suppe versalzen hatte.	Gestik: Ohrfeige geben
	Dornröschen und ihr Prinz traten in den Thronsaal | da erwachten auch König und Königin. Sie sahen ihre Tochter mit dem Prinzen und freuten sich sehr. Und schon bald wurde **Hochzeit** gefeiert. Drei Tage | und drei Nächte haben sie gefeiert.	Gestik: zu der einen Seite für den König zeigen, zu der anderen Seite für die Königin zeigen
Schluss	Und wenn sie nicht gestorben sind, [...] dann leben sie noch heute.	
Ende		**Verbeugung und Applaus**

Langfassung „Frau Holle“

Originalfassung:
Brüder Grimm, KHM 24, Ausgabe 1857,
Bearbeitung: Sabine Meyer

Erzähldauer:
ca. 10 Minuten

Rollen:
Schönes Mädchen (Blau)
Hässliches Mädchen (Rot)
Frau Holle (Grün)
Brot, Apfelbaum, Hahn (Lila)
Witwe (Orange)
Hahn (Braun)

Roter Faden	Erzähltext	Regieanweisungen
Einleitung	Es war einmal | eine **Witwe**. Die hatte zwei Töchter. Eine Tochter war **schön** und fleißig. Die andere Tochter aber **hässlich** und faul.	Gestik: zu der einen Seite für die schöne Tochter zeigen, für die hässliche Tochter zu der anderen Seite zeigen
Ausgangs-situation	Doch die Witwe hatte die hässliche und faule Tochter lieber. Diese war ihre rechte Tochter. Die andere war nur ihre **Stieftochter**. Und so musste das schöne und fleißige Mädchen alle **Arbeit** im Hause tun. Jeden Tag musste das schöne und fleißige Mädchen am Brunnen sitzen | und spinnen.	Gestik: Spinn-bewegung
Beginn des Konfliktes	Nun geschah es aber, dass dabei die Spule vom vielen Spinnen ganz blutig war. Da beugte sich das schöne und **fleißige Mädchen** in den Brunnen, um die **Spule** wieder rein zu waschen. Und da geschah es. Die Spule fiel dem Mädchen aus der Hand in den **Brunnen** hinein. Und das Mädchen konnte die Spule nicht mehr heraufholen. Da lief das Mädchen zur Stiefmutter und erzählte ihr das Unglück. Die Stiefmutter aber war so garstig zu ihr, dass sie sagte: „Ist dir die Spule in den Brunnen gefallen, dann hole sie auch wieder heraus.“	Gestik: Spule fällt in den Brunnen
Steigerung des Konfliktes	Da ging das Mädchen zu dem Brunnen zurück. Und es beugte sich in den Brunnen, um die Spule herauszuholen. Und da geschah es. Das Mädchen **fiel** hinein in den Brunnen. Es verlor alle Sinne. Als es wieder aufwachte, lag es auf einer schönen Blumenwiese. Die Sonne schien. Da fand das Mädchen einen Weg. Den ging es entlang.	Gestik: vom Platz aus in den Brunnen beugen

Anhang – Langfassung „Frau Holle“

Roter Faden	Erzähltext	Regieanweisungen
	Da kam das Mädchen zu einem **Backofen**, der war voller Brot. Das **Brot** darin aber rief: „Ach, zieh mich raus, […] zieh mich raus, sonst verbrenne ich. Ich bin schon längst ausgebacken.“ Da öffnete das Mädchen den Backofen.	Gestik: Backofen andeuten
	Das Mädchen nahm einen Brotschieber | und holte das Brot heraus. Dann ging das Mädchen weiter.	Gestik: Backofen öffnen, Brot herausziehen
	Da kam das Mädchen zu einem **Apfelbaum**. Der hing voller Äpfel und rief: „Ach schüttel mich, […] schüttel mich. Wir Äpfel sind alle miteinander reif.“ Da trat das Mädchen zum Apfelbaum. Und es rüttelte. Und es schüttelte, dass die Äpfel nur so herunterfielen. Das Mädchen sammelte alle Äpfel in einen großen Korb. Und es ging weiter.	Gestik: Baum schütteln, mit den Fingern zeigen, wie die Äpfel herunterfallen, Äpfel in einen Korb einsammeln
	Da kam das Mädchen zu einem kleinen **Haus**. Aus dem Fenster schaute eine **alte Frau** heraus. Doch weil die alte Frau so große Zähne hatte, erschrak das Mädchen. Und es wollte fortlaufen. Die alte Frau aber rief dem Mädchen nach: „Habe keine Angst, mein Kind. Bleibe bei mir. Wenn du alle Arbeit im Hause ordentlich tun willst | und meine Betten so schüttelst, dass die Federn fliegen, denn dann schneit es auf der Welt, soll dir hier kein Leid geschehen. Denn ich bin | die **Frau** […] **Holle**.“	Gestik: Fenster andeutend Gestik: Betten schütteln und mit den Fingen Schneeflocken hinunter schweben lassen
	Da verlor das Mädchen seine Angst. Es trat in Frau Holles Dienst. Das Mädchen tat seine Arbeit ordentlich. Das Mädchen schüttelte die **Betten**, dass die Federn nur so flogen. Da schneite es auf der Welt. Das Mädchen hatte ein gutes Leben bei Frau Holle. Nie hörte es ein böses Wort. Und jeden Tag gab es Gutes zu essen.	Gestik: wiederholen
	Doch nach einiger Zeit war das Mädchen traurig. Anfangs wusste das Mädchen nicht, warum es so traurig war. Aber dann merkte es, dass es **Heimweh** hatte. Und eines Tages ging das Mädchen zu Frau Holle. „Ich habe Heimweh. Ich will wieder zu den Meinen.“	Mimik: traurig
	Da sagte Frau Holle: „Es tut mir leid, dass du gehen willst, mein gutes Kind. Denn du hast deine Arbeit stets gut gemacht. Aber es gefällt mir, dass du wieder nach Hause verlangst. So will ich dich selbst wieder hinaufbringen.“	Gestik: einen Weg hinauf andeuten
	Frau Holle nahm das Mädchen bei der Hand und führte es hinauf. Dort war ein großes **Tor**. „Gehe nur hindurch, mein Kind. Auf der anderen Seite ist deine Welt.“ Und gerade als das Mädchen darunterstand, fiel ein **Goldregen**	Gestik: ein Tor andeuten und hindurchzeigen

Anhang – Langfassung „Frau Holle“

Roter Faden	Erzähltext	Regieanweisungen
	auf das Mädchen hinab. Da war das Mädchen über und über mit Gold bedeckt. Da sagte Frau Holle: „Das, mein Kind, ist der **Lohn** für deine Arbeit.“ Frau Holle gab dem Mädchen die Spule wieder, die ihm in den Brunnen gefallen war.	Gestik: einen Goldregen mit den Fingern von oben nach unten zeigen Gestik: Spule zurückgeben
	Und als das Mädchen aus dem Tor heraustrat, da war es nicht weit von seiner Mutter Haus. Als das Mädchen auf den Hof trat, da rief der Hahn: „Kikeriki, […] kikeriki, unsere goldene Jungfrau ist wieder hie.“ Das Mädchen ging hinein zu seiner Stiefmutter. Und es erzählte alles, was geschehen war. Da dachte die Stiefmutter bei sich: „Du willst, dass deine rechte Tochter auch so einen großen Reichtum bekommt.“	
Wiederholung	So musste sich das hässliche und **faule Mädchen** an den Brunnen setzen | und spinnen. Und damit die Spule blutig wurde, stach das Mädchen sich mit einem Dorn in die Finger. Dann nahm es die Spule und warf diese in den **Brunnen**. Dann sprang das Mädchen selbst hinein. Auch das hässliche und faule Mädchen kam, wie die Schwester gesagt, auf die schöne Wiese. Auch dieses Mädchen fand den Weg und ging ihn entlang. Als das Mädchen an den **Backofen** gelangte, rief das Brot abermals: „Ach, zieh mich raus, […] zieh mich raus, sonst verbrenne ich. Ich bin schon längst ausgebacken.“ Da antwortete das hässliche und faule Mädchen: „Da würde ich mich schmutzig machen.“ Und es ging weiter. Bald kam das Mädchen zum **Apfelbaum**. Und der Baum rief: „Ach schüttel mich, […] schüttel mich. Wir Äpfel sind alle miteinander reif.“ Da antwortete das Mädchen: „Da könnte mir einer auf den Kopf fallen.“ Und es ging weiter. Da kam das Mädchen zu dem **Haus**. Und aus dem Fenster schaute die alte Frau heraus. Aber das hässliche und faule Mädchen hatte keine Angst. Denn es wusste, das musste **Frau Holle** sein. Das Mädchen trat sogleich in Frau Holles Dienst. Am ersten Tag tat das Mädchen alles, was Frau Holle ihm sagte. Es war fleißig und tat seine Arbeit gut. Die Betten schüttelte es so, dass die Federn nur so flogen und es schneite auf der Welt. Denn das Mädchen dachte immer an das schöne Gold.	Gestik: Spule in den Brunnen werfen Gestik: Hände in die Hüften stemmen Gestik: ein Apfel fällt auf den Kopf Gestik: Fenster andeuten Gestik: Betten schütteln wiederholen

Anhang – Langfassung „Frau Holle“

Roter Faden	Erzähltext	Regieanweisungen
Höhepunkt	Am zweiten Tag aber nahm das Mädchen es nicht mehr so genau. Am dritten Tag wollte es gar nicht mehr aus dem Bett aufstehen. Dessen war Frau Holle bald müde. Und sie sagte zu dem Mädchen: „Nun, mein Kind, ist es Zeit, dass du heimgehst.“ Die Faule freute sich. Denn sie dachte an das schöne Gold, das sie nun bekommen würde. Frau Holle führte das hässliche und faule Mädchen hinauf zu dem **Tor**. Und als das Mädchen darunterstand, fiel herunter ein schwarzer **Pechregen**. „Das ist der **Lohn** für deine Arbeit", sagte Frau Holle. Und sie gab auch dem faulen Mädchen die Spule wieder zurück.	Gestik: Weg hinauf wiederholen Gestik: Tor wiederholen Gestik: Pechregen wie Goldregen wiederholen Gestik: Spule zurückgeben
Lösung	Da kam das hässliche und faule Mädchen heim. Und es war ganz mit Pech bedeckt. Der Hahn auf dem Hof aber rief: „Kikeriki, […] kikeriki, unsere schmutzige Jungfrau ist wieder hie.“ Das Pech aber blieb fest an ihr hängen | und wollte, solange sie lebte, nicht abgehen. Das fleißige und schöne Mädchen aber lebte glücklich und zufrieden.	
Schluss	Und wenn es nicht gestorben ist, […] dann lebt es noch heute.	
Ende		**Applaus und Verbeugung**

Langfassung „Der Froschkönig (oder der eiserne Heinrich)“

Originalfassung:
Brüder Grimm, KHM 1, Ausgabe 1857,
Bearbeitung: Sabine Meyer

Erzähldauer:
ca. 10 Minuten ohne Zusatz „Der eiserne Heinrich“, mit Zusatz ca. 13 Minuten

Rollen:
Königstochter (Blau)
Frosch (Rot)
König (Grün)
Königssohn (Lila)
Heinrich (Orange)

Roter Faden	Erzähltext	Regieanweisungen
Einleitung	Es war einmal | ein **König**. Der hatte Töchter. Alle Töchter waren wunderschön. Doch die **jüngste Tochter** war so schön, dass selbst die Sonne sich wunderte.	Gestik: Sonne zeigen, Hand nach oben strecken
Ausgangs-situation	Nahe beim **Schloss**, da war ein großer, dunkler Wald. Und im Wald, da lag ein **Brunnen**. An den heißen Sommertagen ging die jüngste Königstochter hinaus zum Brunnen. Sie setzte sich an den Brunnenrand. Die Königstochter brachte stets ihr Lieblingsspielzeug mit, eine **goldene Kugel**. Diese warf die Königstochter hoch in den blauen Himmel | und fing sie wieder auf. Das war ihr Lieblingsspiel.	Gestik: eine Kugel hinauf werfen, mit den Augen verfolgen
Beginn des Konfliktes	Doch einmal, da warf die Königstochter die Kugel | so hoch hinauf in den Himmel, dass sie die Kugel nicht mehr auffangen konnte. Die Kugel glitt aus ihrer Hand | und **fiel** in den Brunnen. Die Königstochter versuchte, die Kugel aus dem Brunnen zu holen. Aber der Brunnen war tief. Das Wasser war trübe. Und so gelang es ihr nicht, die Kugel heraufzuholen. Da begann die Königstochter, zu **weinen**, gar bitterlich.	Gestik: eine Kugel nach oben werfen, mit den Händen den Flug der Kugel zeigen, bis sie in den Brunnen fällt Mimik: traurig (*Vorsicht:* kein heftiges Weinen spielen)
Steigerung des Konfliktes	Da hörte die Königstochter eine Stimme. „Königstochter, […] jüngste, | was weinst du denn? Du weinst ja so, als wolltest du die Steine erweichen?“ Und als die Königstochter sich umwandte, da saß am Brunnenrand | ein grüner, nasser, hässlicher […] **Frosch**. „Ach, du bist es, Frosch! Meine goldene Kugel ist mir in den Brunnen gefallen. Und ich kann sie nicht mehr heraufholen“, klagte die Königstochter.	Gestik: mit der Hand zu der Stelle zeigen, wo der Frosch auf dem Boden sitzt

Anhang – Langfassung „Der Froschkönig (oder der eiserne Heinrich)“

<table>
<tr><th>Roter Faden</th><th>Erzähltext</th><th>Regieanweisungen</th></tr>
<tr><td></td><td>„Nun, was gibst du mir dafür, Königstochter, wenn ich in den Brunnen steige | und dir deine goldene Kugel heraufhole?“</td><td></td></tr>
<tr><td></td><td>„Ach, lieber Frosch, alles, | alles, was du willst. Du sollst meine schönen Kleider haben. Ich schenke dir meine Juwelen. Und ich gebe dir meine goldene Krone.“</td><td></td></tr>
<tr><td></td><td>„Nein, deine Kleider will ich nicht. Deine Juwelen will ich nicht. Und deine Krone passt mir nicht. Aber wenn du mir versprichst, dass ich von nun an dein Gefährte sein darf, wenn du mir versprichst, dass ich von nun an | neben dir sitzen, von deinem goldenen Teller essen | und in deinem weichen Bett schlafen darf, dann will ich deine goldene Kugel wieder heraufholen.“</td><td></td></tr>
<tr><td></td><td>„Ach, lieber Frosch, alles, was du willst. Nur hole mir meine Kugel“, sagte die Königstochter. Sie dachte aber: „Was redet dieser Frosch für ein dummes Zeug? Er ist ein Frosch. Wie soll der der Gefährte einer Königstochter sein?“ Der Frosch hörte nichts davon und sprang in den Brunnen. Es dauerte nur einen Augenblick, da war der Frosch wieder da. Er trug die Kugel im Maul. Und er warf die Kugel in hohem Bogen aus dem Brunnen. Die Königstochter griff nach ihrer Kugel | und lief fort aus dem Wald. Sie wollte nur heim ins Schloss.</td><td>Gestik: den Flug der Kugel mit der Hand nachvollziehen und die Kugel aufheben</td></tr>
<tr><td></td><td>„Warte, warte!“, rief der Frosch ihr nach. „Ich kann nicht so schnell hüpfen!“ Doch was nützte es dem Frosch, zu rufen, die Königstochter hatte ihn schon längst vergessen. Am nächsten Morgen | saß die Königstochter mit ihrem Vater, dem König, beim Frühstück. Da hüpfte etwas die große Schlosstreppe hinauf. Plitsch. Platsch. Plitsch. Platsch. Es klopfte an die Schlosstür.</td><td>Gestik: an die Tür klopfen, eventuell auf eine Tischplatte oder an eine Stuhllehne klopfen</td></tr>
<tr><td></td><td>„Königstochter, […] jüngste, | öffne mir die Türe!“, rief eine Stimme von draußen. Da stand die Königstochter auf | und ging zur Schlosstür. Doch als die Königstochter die Schlosstür öffnete, saß davor der garstige, grüne, hässliche […] Frosch. Da erschrak die Königstochter sehr. Sie warf die Schlosstür zu | und ging zu ihrem Stuhl zurück.</td><td>Gestik: Tür öffnen

Gestik: Tür zuschlagen</td></tr>
</table>

Anhang – Langfassung „Der Froschkönig (oder der eiserne Heinrich)"

Roter Faden	Erzähltext	Regieanweisungen
	Doch der König, der Vater, sah, dass seiner Tochter das Herz vor lauter **Schreck** klopfte. „Meine Tochter, was ist mit dir? Du tust ja so, als stände vor der Tür ein Riese, der dich holen wollte."	
	„Ach, Vater, nein, ein Riese ist es nicht. Es ist nur der grüne, hässliche **Frosch** aus dem Brunnen hinter dem Schloss."	Mimik: ängstlich
	„Aber was will der Frosch von dir, mein Kind?"	
	„Ach, Vater, gestern war ich am Brunnen. Und ich spielte mit meiner goldenen Kugel. Doch ich warf sie zu hoch | und sie fiel in den Brunnen. Ich konnte die Kugel nicht herausholen. Da kam der Frosch | und sagte, er wolle sie mir holen. Doch dafür musste ich dem Frosch versprechen, dass er von nun an mein Gefährte sein darf."	Gestik: Spiel mit einer Kugel, s. o.
Wiederholung	Da klopfte es ein zweites Mal. „Königstochter, […] jüngste, | öffne mir dir Türe! Erinnere dich an das, was du mir versprochen hast!"	Gestik: an die Tür klopfen, s. S. 131
	„Was du **versprochen** hast, […] musst du halten", sagte der König. „Gehe | und öffne die Tür."	
	Da stand die Königstochter auf. Sie ging zur Schlosstür und öffnete. Und hereingehüpft kam der grüne, garstige, hässliche […] Frosch.	Gestik: Tür öffnen
Wiederholung	Die Königstochter eilte zurück zu ihrem Stuhl | und setzte sich. Doch der Frosch hüpfte hinter ihr her. „Königstochter, […] jüngste, | setze mich auf den Stuhl neben dir. Ich will genauso gut sitzen wie du."	Gestik: den Frosch bis zum Stuhl mit der Hand verfolgen
	Da nahm die Königstochter den Frosch mit spitzen Fingern | und hob ihn auf den **Stuhl**.	Mimik: Ekel Gestik: mit Fingerspitzen den Frosch greifen und auf den Stuhl setzen
Wiederholung	„Königstochter, […] jüngste, | setze mich auf den Tisch. Ich will genauso hoch sitzen wie du."	Gestik: Frosch auf den Tisch setzen
	Da nahm die Königstochter den Frosch mit spitzen Fingern | und setzte ihn auf das weiße **Tischtuch**.	
Wiederholung	„Königstochter, […] jüngste, | schiebe mir deinen goldenen Teller hin. Ich will genauso gut essen wie du."	

Anhang – Langfassung „Der Froschkönig (oder der eiserne Heinrich)“

Roter Faden	Erzähltext	Regieanweisungen
	Da schob die Königstochter dem Frosch ihren goldenen **Teller** hin. Und der Frosch aß in großen Bissen. Dann war der Frosch satt und müde.	Gestik: den Teller zum Frosch schieben
Wiederholung	„Königstochter, […] jüngste, | ich bin satt und müde. Nun trage mich hinauf in deine Kammer. Ich will in deinem Bett schlafen.“	
	Aber die Königstochter vermochte nicht, diesen nassen, hässlichen Frosch anzufassen. Da sagte der Vater, der König: „Gestern hat der Frosch dir geholfen. Nun verachte du ihn mir heute nicht.“ Da nahm die Königstochter den Frosch mit spitzen Fingern | und trug ihn in ihre **Kammer**.	Mimik: Ekel Gestik: Frosch hochheben und fort tragen, dann auf dem Boden absetzen
Höhepunkt	Die Königstochter ging zu **Bett**. Doch der Frosch hüpfte hinter ihr her. „Königstochter, […] jüngste, | hebe mich in dein Bett. Ich will genauso gut schlafen wie du.“	Gestik: mit der Hand Frosch verfolgen
Lösung	Da wurde die Königstochter **zornig**. Und sie nahm | mit bösem Herzen den Frosch in ihre Hand. „Willst du wohl | endlich Ruhe geben!“, rief sie. Die Königstochter **warf den Frosch** an die Wand über ihrem Bett.	Mimik: wütend Gestik: Frosch hochheben und an eine Wand werfen
	Da rutschte dieser die Wand hinunter | und war nun kein Frosch mehr, sondern ein schöner **Königssohn**. „Nur du hast mich befreien können. Denn eine böse Zauberin hat mich verzaubert | und ich musste im Brunnen liegen und quaken. Aber morgen ziehen wir in mein Reich.“	Gestik: zeigen, wie der Frosch an der Wand herunterrutscht
	Und wie der Königssohn es sagte, so geschah es.	
	Am nächsten Morgen fuhr eine goldene **Kutsche** vor das Schloss. Sie wurde gezogen von sechs weißen Pferden. Und dort hinein stiegen die Königstochter und der Königssohn. So fuhren sie heim in das Reich, aus dem der Königssohn stammte. Und dort feierten beide ein großes **Hochzeitsfest**.	Gestik: die Fahrt der Kutsche zeigen
Schluss	Und wenn sie nicht gestorben sind, […] dann leben sie noch heute.	
Ende		**Verbeugung und Applaus**

Anhang – Langfassung „Der Froschkönig (oder der eiserne Heinrich)"

Anmerkung:
In der Originalfassung gibt es die Ergänzung mit der Geschichte des eisernen Heinrichs. Das Märchen umfasst mit diesem Teil ca. 13 Minuten Erzählzeit. Wenn Gruppen orientiert sind, kann dieser Teil miterzählt werden, ebenso wenn Gruppen ihn einfordern. Aus Zeitgründen kann er auch entfallen. Dann sollte der Titel entsprechend verkürzt genannt werden.

Roter Faden	Erzähltext	Regieanweisungen
Weiterführung der Lösung	Und wirklich, am anderen Morgen kam eine **Kutsche** den Schlossweg entlang. Sie wurde gezogen von sechs weißen Pferden, die hatten weiße Federn auf dem Kopf und gingen in goldenen Geschirren.	Gestik: Fahrt der Kutsche zeigen
	Hinten auf dem Wagen aber stand | der Diener des jungen Königs, das war der treue **Heinrich**.	
	Der treue Heinrich war sehr traurig darüber gewesen, dass sein Herr in einen Frosch verwandelt worden war. So hatte er | drei **Bänder aus Eisen** um seine Brust legen lassen, damit sein Herz nicht vor Traurigkeit zerspränge.	Gestik: drei Bänder um die Brust andeuten
	Nun aber hob der treue Heinrich den Königssohn und seine junge Gemahlin in die Kutsche. Dann stellte er sich wieder hinten hinauf. Und der treue Heinrich war voller **Freude** | über die Erlösung seines Herrn. Als sie ein Stück des Weges gefahren waren, hörte der Königssohn, dass es **krachte**, als ob etwas zerbrochen wäre. Da drehte er sich um und rief: „Heinrich, […] Heinrich, der Wagen bricht!"	Mimik: glücklich
	„Nein, Herr, der Wagen nicht, es ist ein Band von meinem Herzen, das da lag in großen Schmerzen, als Ihr als Wasserfrosch gequakt, im kühlen Brunnenwasser lagt."	Gestik: Hand auf das Herz legen
	Noch einmal | und noch einmal krachte es auf dem Weg. Jedes Mal meinte der Königssohn, dass die Kutsche bräche. Doch | es waren nur die Bänder, die vom Herzen des treuen Heinrich absprangen, das nun in **Glück** und Freude schlug und jedes Band zum Bersten brachte.	
	So fuhren sie heim in das Reich, aus dem der Königssohn stammte und dort feierten beide ein großes **Hochzeitsfest**.	
Schluss	Und wenn sie nicht gestorben sind, […] dann leben sie noch heute.	
Ende		**Verbeugung und Applaus**

© Verlag an der Ruhr | Autorin: Sabine Meyer | Abb. christine krahl – Fotolia.com | ISBN 978-3-8346-3627-0 | www.verlagruhr.de

Langfassung „Hänsel und Gretel"

Originalfassung:
Brüder Grimm, KHM 15, Ausgabe 1857,
Bearbeitung: Sabine Meyer

Erzähldauer:
ca. 10 Minuten

Rollen:
Hänsel (Blau)
Gretel (Lila)
Hexe (Rot)
Frau (Orange)
Vater (Grün)

Roter Faden	Erzähltext	Regieanweisungen
Einleitung	Es war einmal ein **armer Holzhacker** mit seiner Frau. Die wohnten vor einem großen Wald. Und sie hatten zwei Kinder. Das Bübchen hieß **Hänsel** [...] und das Mädchen **Gretel**.	Gestik: für Hänsel zur einen Seite zeigen, für Gretel zur anderen Seite zeigen
Ausgangs-situation	Als aber einmal eine große **Teuerung** ins Land kam, konnte der Vater das tägliche Brot nicht mehr schaffen. Da sprach er abends im Bett zu seiner Frau: „Was soll aus uns werden? Wie können wir unsere armen Kinder ernähren, da wir für uns selbst nichts mehr haben?"	
Beginn des Konfliktes	„Weißt du was, Mann", antwortete die Frau, „wir wollen morgen in aller Frühe die Kinder hinaus in den Wald führen. Dort machen wir ihnen ein Feuer an und geben jedem noch ein Stückchen Brot. Dann gehen wir an unsere Arbeit und **lassen die Kinder allein**. Sie finden den Weg nicht wieder nach Haus. Und wir sind sie los." „Nein, Frau", sagte der Mann, „das tue ich nicht. Die wilden Tiere würden bald kommen und sie zerreißen." „O du Narr", sagte sie, „dann müssen wir alle vier **verhungern**."	
	Die zwei Kinder hatten vor Hunger auch nicht einschlafen können. Sie hatten gehört, was die Frau zum Vater gesagt hatte. Gretel weinte bittere Tränen. „Still, Gretel", sprach Hänsel, „ich will uns schon helfen." Und Hänsel schlich sich hinaus. Vor der Türe aber sammelte Hänsel die weißen **Kieselsteine**, so viel er nur konnte. Dann legte er sich wieder in sein Bett.	Gestik: Tür öffnen und Steine sammeln
	Als der Tag anbrach, kam die Frau und weckte die beiden Kinder: „Steht auf, ihr Faulenzer, wir wollen in den **Wald** gehen und Holz holen." Dann gab sie jedem ein Stückchen Brot und sprach: „Da habt ihr etwas für den Mittag, weiter kriegt ihr nichts." Danach machten sie sich alle auf den Weg zum Wald. Hänsel aber warf dann und wann einen Kieselstein auf den Weg.	Gestik: Wald und ein kleines Stückchen Brot auf der Hand andeuten, auf den Weg Kieselsteine werfen

Anhang – Langfassung „Hänsel und Gretel“

Roter Faden	Erzähltext	Regieanweisungen
	Als sie mitten in den Wald gekommen waren, sprach der Vater: „Nun sammelt Holz, ihr Kinder, ich will ein **Feuer** anmachen, damit ihr nicht friert.“ Die Frau sagte: „Nun ruht euch aus, wir gehen in den Wald und hauen Holz. Wenn wir fertig sind, kommen wir wieder und holen euch ab.“	
	Hänsel und Gretel saßen am Feuer | und als sie so lange gesessen hatten, fielen ihnen die Augen vor Müdigkeit zu. Sie **schliefen** fest ein.	
	Als sie endlich erwachten, war es schon finstere **Nacht**. Gretel fing an, zu weinen | und sprach: „Wie sollen wir nur nach Hause kommen?“ Hänsel aber tröstete die Schwester: „Warte nur, bis der **Mond** aufgegangen ist, dann wollen wir den Weg schon finden.“ Und als der Mond aufgegangen war, nahm Hänsel sein Schwesterchen an die Hand. Und er ging den Kieselsteinen nach, die ihnen den Weg zeigten. Am Morgen waren sie bei ihres **Vaters Haus**. Sie klopften an die Tür. Und die Frau machte auf und sprach: „Ihr bösen Kinder, was habt ihr so lange im Walde geschlafen, wir haben geglaubt, ihr wolltet gar nicht wiederkommen.“ Der Vater aber freute sich, denn es war ihm zu Herzen gegangen, dass er die Kinder so allein zurückgelassen hatte.	Gestik: Mond geht auf, Weg und Haus des Vater andeuten, an die Tür klopfen und die Tür geht auf
Steigerung des Konfliktes	Nicht lange danach war **Not** in allen Ecken. Die Kinder hörten, wie die Frau nachts im Bette zu dem Vater sprach: „Alles ist wieder aufgezehrt, wir haben noch einen halben Laib Brot. Die Kinder müssen fort. Wir wollen sie tiefer in den **Wald** hineinbringen, damit sie den Weg nicht wieder herausfinden. Es ist sonst keine Rettung für uns.“ Dem Mann fiel es schwer. Aber er musste zum zweiten Mal nachgeben.	
	Die Kinder hatten gehört, was die Eltern sagten. Und Hänsel stand auf, um Kieselsteine aufzulesen. Doch die Tür war **verschlossen**. Da konnte Hänsel nicht hinaus. „Weine nicht, Gretel, und schlafe nur ruhig, der liebe Gott wird uns schon helfen“, sagte Hänsel zu seiner Schwester Gretel.	
	Am frühen Morgen kam die Frau | und holte die Kinder aus dem Bett. Sie gab ihnen ein kleines Stückchen Brot. Auf dem Weg in den Wald zerbröckelte es Hänsel in der Tasche und warf | dann und wann ein **Bröcklein** auf den Weg.	Gestik: kleines Stück Brot auf der Hand andeuten, Brocken davon auf den Weg werfen

Roter Faden	Erzähltext	Regieanweisungen
	So kamen sie tiefer in den Wald. Da machten die Eltern ein **Feuer**. Und die Frau sagte: „Bleibt nur da sitzen, ihr Kinder. Und wenn ihr müde seid, könnt ihr ein wenig schlafen. Wir gehen in den Wald und schlagen Holz. Wenn wir fertig sind, kommen wir und holen euch ab.“	
	Als es Mittag war, teilte Gretel ihr Brot mit Hänsel, der sein Stück auf den Weg gestreut hatte. Dann schliefen sie ein. Sie erwachten in der **Nacht**. „Warte nur, Gretel, bis der Mond aufgeht, dann werden wir die Brotbröcklein sehen, die ich ausgestreut habe. Und wir finden den Weg **nach Haus**.“	
	Doch als der Mond kam, fanden die Kinder kein Bröcklein mehr, denn die Tiere des Waldes hatten diese aufgefressen. Hänsel sagte zu Gretel: „Wir werden den Weg schon finden.“ Aber die Geschwister fanden den Weg nicht. Sie gingen die ganze Nacht | und noch einen Tag von Morgen bis Abend, aber sie kamen aus dem Wald **nicht heraus**.	Gestik: Mond geht auf
	Am dritten Tag kamen die Kinder zu einem **Häuschen**. Und sie sahen, dass das Häuschen aus **Brot** gebaut war. Das Dach war aus Kuchen. Und die Fenster waren von Zucker. „Da wollen wir Mahlzeit halten“, sagte Hänsel. Hänsel brach sich ein wenig vom Dach ab. Gretel stellte sich an die Scheiben und knusperte daran. Da rief eine feine Stimme aus der Stube heraus: „Knusper, knusper, knäuschen, […] wer knuspert an meinem Häuschen?“ „Der Wind, […] der Wind, das himmlische Kind“, riefen die Kinder und aßen weiter.	Gestik: Haus andeuten
	Da ging auf einmal die Tür auf und eine **steinalte Frau** kam heraus. Und die Alte sprach: „Ei, ihr lieben Kinder, kommt nur herein. Bleibt bei mir. Es geschieht euch **kein Leid**.“ Die Alte fasste beide an der Hand und führte sie in ihr Häuschen. Und sie trug ihnen ein gutes **Essen** auf. Milch und Pfannkuchen mit Zucker, Äpfeln und Nüssen. Dann schickte sie die Kinder in zwei schöne, weiche **Betten**. Die Kinder dachten, sie wären im Himmel.	Gestik: Tür geht auf, Kinder ins Haus winken
	Doch die Alte hatte sich nur verstellt. Sie war eine **böse Hexe**, die den Kindern auflauerte. Sie hatte das Brothaus gebaut, um sie herbeizulocken. Und sie wollte die Kinder fressen.	

Anhang – Langfassung „Hänsel und Gretel"

Roter Faden	Erzähltext	Regieanweisungen
	Frühmorgens packte die Hexe Hänsel mit ihrer dürren Hand und zog ihn in einen kleinen **Stall**. Da sperrte sie die Türe zu | und Hänsel konnte nicht mehr hinaus.	Gestik: Stalltür zuwerfen
	Dann ging die Hexe zu Gretel. „Steh auf, Faulenzerin, und koch deinem Bruder etwas Gutes, der sitzt draußen im Stall und soll **fett werden**. Wenn er fett ist, so will ich ihn essen."	
	Gretel fing an, bitterlich zu weinen, aber es war alles vergeblich. Sie musste tun, was die böse Hexe sagte.	
	Jeden Morgen ging die Hexe zum Stall und rief: „Hänsel, strecke deinen Finger heraus, damit ich fühle, ob du fett bist." Hänsel streckte ihr aber ein **Knöchelein** heraus. Und die Alte, die trübe Augen hatte, konnte es nicht sehen. Und sie wunderte sich, dass Hänsel so gar nicht fett werden wollte.	Gestik: Finger aus dem Stall herausstrecken
Höhepunkt	Als vier Wochen herum waren und Hänsel immer noch mager war, wurde die Hexe **ungeduldig**. „Hänsel mag fett oder mager sein, ich will ihn schlachten und kochen", rief die Hexe. Da weinte Gretel bitterlich. „Erst wollen wir backen", sagte die Hexe. „Ich habe den **Backofen** schon eingeheizt und den Teig geknetet. Krieche hinein, Gretel, und sieh zu, ob der Ofen heiß genug ist."	
Lösung	Denn die Hexe wollte **Gretel backen** und zuerst aufessen. Aber Gretel merkte, was die Hexe im Sinn hatte, und sprach: „Ich weiß nicht, wie ich das machen soll. Wie komme ich da hinein?" „Dumme Gans", sagte die Hexe, „die Öffnung ist groß genug, siehst du wohl, ich könnte selbst hinein." Und die Hexe steckte ihren **Kopf** in den Backofen. Da gab ihr Gretel einen **Stoß**, dass die Hexe in den Backofen hineinfuhr. Rasch warf Gretel die Türe zu und die böse Hexe musste verbrennen. So lief Gretel zu Hänsel. Sie öffnete die Tür und rief: „Hänsel, wir sind erlöst, die alte Hexe ist tot." Da sprang Hänsel heraus. Wie haben die Kinder sich **gefreut**.	Gestik: Backofen andeuten, Tür öffnen Gestik: Stoß nachahmen, Tür zuschlagen
	Und weil sie sich nicht mehr zu fürchten brauchten, so gingen sie in das Haus der Hexe hinein. Da standen in allen Ecken Kästen mit **Perlen und Edelsteinen**. Und die Kinder nahmen mit, soviel sie davon tragen konnten.	

Anhang – Langfassung „Hänsel und Gretel“

Roter Faden	Erzähltext	Regieanweisungen
	Dann gingen die Kinder heim. Und sie fanden den Weg zu ihres **Vaters Haus**. Die Kinder fingen an, zu laufen. Sie stürzten in die Stube hinein und fielen ihrem Vater um den Hals. Der Mann hatte keine frohe Stunde gehabt, seit er die Kinder im Walde gelassen hatte. Die Frau aber war gestorben. Da schüttelten die Kinder ihre Taschen aus. Und der Vater sah die Perlen und Edelsteine. Da hatten alle Sorgen ein Ende. Sie waren **reich** ihr Lebtag.	
Schluss	Und wenn sie nicht gestorben sind, [...] dann leben sie noch heute.	
Ende		**Verbeugung und Applaus**

Langfassung „Hans im Glück"

Originalfassung:
Brüder Grimm, KHM 83, Ausgabe 1857,
Bearbeitung: Sabine Meyer

Erzähldauer:
ca. 15 Minuten

Rollen:
Hans (Blau)
Lehrherr (Grün)
Reiter (Rosa)
Bauer (Orange)
Metzger (Lila)
Bursche (Braun)
Scherenschleifer (Rot)

Roter Faden	Erzähltext	Regieanweisungen
Einleitung	Es war einmal | ein Bursche, der hieß **Hans**.	
Ausgangs-situation	Hans hatte sieben Jahre bei seinem Herrn gedient. Da ging Hans zu seinem **Lehrherrn** und sprach: „Herr, meine Zeit ist herum. Nun will ich wieder heim zu meiner Mutter gehen. So bitte ich Euch, gebt mir meinen **Lohn**." Der Herr antwortete: „Du hast mir treu und ehrlich gedient, Hans. Und wie der Dienst war, so soll der Lohn sein."	
Beginn des Konfliktes	Und der Herr gab Hans einen Klumpen | **Gold**. Der Klumpen war so groß wie Hansens Kopf. Hans setzte den Klumpen auf die Schulter | und machte sich auf den Weg nach Hause.	Gestik: Größe des Goldklumpens mit den Händen zeigen
	Da kam ein **Reiter** heran, der frisch und fröhlich auf einem munteren Pferde vorbeitrabte. „Ach", sprach Hans ganz laut, „was ist das Reiten schön! Da sitzt einer wie auf einem Stuhl, stößt sich an keinem Stein, spart die Schuhe und kommt voran." Der Reiter, der das gehört hatte, hielt an und rief: „Ei, Hans, warum läufst du auch zu Fuß?" „Ich muss ja wohl", antwortete Hans, „da hab ich einen Klumpen Gold heimzutragen und habe kein **Pferd**." „Weißt du was", sagte der Reiter, „wir wollen tauschen: Ich gebe dir mein Pferd und du gibst mir dein Gold." „Von Herzen gern", sprach Hans. Der Reiter nahm das Gold und gab Hans die Zügel. „Wenn es nun recht geschwind gehen soll, so musst du rufen: ‚Hopp hopp'."	Gestik: Tauschen andeuten
	Hans war seelenfroh, als er so dahinritt. Doch er meinte, es sollte doch **schneller** gehen. Da rief er: „Hopp hopp." Und das Pferd zog an, fiel in Trab und ehe Hans sich versah, flog er in hohem Bogen vom Pferd hinab. Und da lag er im **Straßengraben**.	Gestik: auf und ab wie auf dem Pferderücken zeigen, dann in einem hohen Bogen das Hinunterfallen andeuten

Anhang – Langfassung „Hans im Glück“

Roter Faden	Erzähltext	Regieanweisungen
Steigerung des Konfliktes ***Wieder-holung***	Da kam ein **Bauer** des Weges. Der hatte eine **Kuh**. Der Bauer half Hans auf die Beine. „Es ist ein schlechter Spaß, das Reiten, wenn man an so eine Mähre gerät wie diese, die stößt und einen herabwirft, dass man sich den Hals brechen kann. Da lob ich mir Eure Kuh, Bauer, da kann man hinterhergehen und hat obendrein seine Milch, Butter und Käse jeden Tag.“ „Nun was haltet Ihr davon, Euer Pferd gegen meine Kuh zu tauschen?“, fragte der Bauer. „Von Herzen gern“, sagte Hans, gab das Pferd und nahm die Kuh.	Gestik: Tauschen zeigen
	Hans **trieb seine Kuh** vor sich her | und sagte sich: „So habe ich nun Milch, Käse und Butter. Ein Stückchen Brot findet sich sowieso. Herz, was verlangst du mehr?“ Zur Mittagszeit wurde es heißer. Und Hans bekam Durst. „Aber so habe ich doch meine Kuh. Ich will sie melken und mich an der **Milch** laben.“ Hans band die Kuh an einen Baum. Und da er keinen Eimer hatte, stellte er seine Ledermütze unter. Hans zog fest am Euter der Kuh. Doch wie er sich auch mühte, nicht einen Tropfen Milch bekam er heraus. Da zog er und zog. Doch war er so ungeschickt, dass die Kuh ihm endlich mit ihrem **Hinterfuß** einen Schlag vor den Kopf gab. Da fiel der Hans um.	Gestik: Melken Gestik: Fußtritt, Schlag vor die Stirn mit der flachen Hand
Wieder-holung	Glücklicherweise kam gerade ein **Metzger** des Weges, der hatte ein junges **Schwein** dabei. Der half dem Hans wieder auf. Und Hans erzählte, was vorgefallen war. Der Metzger sagte: „Die Kuh wird keine Milch mehr geben. Die ist alt. Die taugt nur noch zum Schlachten.“ „Ei, ei“, sprach Hans, „es ist freilich gut, wenn man so eine Kuh schlachten kann. Was gibt es da für Fleisch! Aber ich mache mir aus dem Kuhfleisch nicht viel. Ja, freilich, wenn es so ein Schwein wäre, wie Ihr es habt. Da denke ich nur an die **Würste**!“ „Dann nehmt doch mein Schwein, ich nehme die Kuh!“, sagte der Metzger. „Von Herzen gerne. Gott wird Euch Eure Freundschaft lohnen“, sprach Hans. Und er gab die Kuh und nahm das Schwein.	Gestik: Tauschen zeigen
Wieder-holung	Da zog Hans weiter. Er war glücklich, dass es ihm stets gut erging. Da traf Hans auf einen **Burschen**. Der hatte eine weiße **Gans** unter dem Arm. Die beiden gingen ein Stück des Weges und sprachen miteinander. Der Bursche erzählte, dass er die Gans zum Tauffest brächte.	Gestik: Arm anwinkeln, um eine Gans unter dem Arm zu tragen, auf die Gans zeigen

Anhang – Langfassung „Hans im Glück"

Roter Faden	Erzähltext	Regieanweisungen
	„Fühlt nur einmal, wie schwer die Gans ist. Acht Wochen lang haben wir sie genudelt." „Jaja", sprach Hans, „aber mein Schwein ist auch keine schlechte Sau." Indessen besah sich der fremde Bursche das Schwein. Der Bursche schaute sich bedenklich nach allen Seiten um. Mag sein, dass er auch den Kopf schüttelte. „Hört", fing der Bursche darauf an, „mit Eurem Schwein geht es nicht richtig zu. In dem Dorfe ist ein Schwein aus dem Stall **gestohlen** worden. Und es sah ganz so aus | wie das Eure. Mag sein, dass es das Eure ist." Dem guten Hans wurde bange. „Ach Gott, helft mir aus der Not. Nehmt mein Schwein da und lasst mir Eure Gans." „Ich will doch nicht schuld sein, dass Ihr ins Unglück geratet", sagte der Bursche und nahm das Schwein.	Gestik: Kopf schütteln Gestik: Tauschen zeigen
Wieder-holung		
	Hans aber ging mit der Gans unter dem Arm den Weg zur **Mutter**. „So eine Gans ist ein guter Braten, da hat man Gänseschmalz und obendrein die **Daunen**. Damit stopfe ich mir die Kissen. Was wird meine Mutter eine Freude haben!"	
	Und er kam durch das letzte Dorf. Da stand auf dem Marktplatz ein **Scherenschleifer** mit seinem Rad. Und er sang dazu:	
	„Ich schleife die Schere und drehe geschwind, und hänge mein Mäntelchen nach dem Wind."	Gestik: Hand im Kreis wie ein Rad bewegen
	Hans blieb stehen. „Euch geht es wohl, da Ihr so lustig beim Schleifen seid." „Ja", antwortete der Scherenschleifer, „das Handwerk hat einen goldenen Boden. Aber Euch ist es auch recht gut, mit der schönen Gans unter dem Arm. Wo habt ihr diese denn gekauft?" „Die hab ich nicht gekauft, sondern für ein Schwein eingetauscht." „Und das Schwein?" „Das hab ich für eine Kuh gekriegt." „Und die Kuh?" „Die hab ich für ein Pferd bekommen." „Und das Pferd?" „Dafür hab ich einen Klumpen Gold, so groß wie mein Kopf, gegeben." „Und das Gold?" „Ei, das war mein Lohn für sieben Jahre Dienst."	Gestik: Größe des Klumpens mit den Händen zeigen
Wieder-holung	„So habt Ihr Euch stets zu helfen gewusst. Ihr wärt ein rechter Scherenschleifer. Da könntet Ihr Euer **Glück** machen." „Wie soll ich das anfangen?", sprach Hans. „Dazu gehört nur ein **Wetzstein**. Ich habe da einen, der ist zwar ein wenig schadhaft, dafür sollt Ihr mir aber auch weiter nichts als Eure Gans geben. Wollt Ihr?" „Von Herzen gerne", antwortete Hans, gab die Gans und nahm den Stein.	

Roter Faden	Erzähltext	Regieanweisungen
	„Nun“, sprach der Schleifer und hob einen gewöhnlichen schweren Feldstein, der neben ihm lag, auf, „da habt Ihr noch einen tüchtigen Stein dazu. Damit könnt Ihr Eure alten Nägel gerade klopfen.“	Gestik: Tauschen zeigen
Höhepunkt	Hans ging mit vergnügtem Herzen weiter. „Ich bin ein **Sonntagskind**! So ein Glück habe ich allemal.“	
	Doch da er nun seit Tagesanbruch auf den Beinen gewesen war, begann Hans, müde zu werden. Und er hatte Durst. Die Steine drückten ihn ganz erbärmlich. Da dachte er, wie gut es wäre, wenn er sie gerade jetzt nicht zu tragen brauchte.	Gestik: Schultern hängen lassen, als würde auf ihnen ein schweres Gewicht liegen
	So fand er einen **Brunnen**. Und er wollte daraus trinken. Doch um die Steine nicht zu beschädigen, legte er sie auf den Brunnenrand. Und da geschah es. | Hans stieß ein klein wenig die Steine an und beide **Steine fielen hinab**.	Gestik: mit dem Ellbogen an die Steine stoßen
Lösung	Hans aber sprang vor Freude auf | und dankte Gott, dass er ihm auch diese Gnade noch erwiesen | und ihn auf eine so gute Art von den schweren Steinen **befreit** hatte. „So **glücklich** wie ich“, rief er aus, „gibt es keinen Menschen unter der Sonne!“ Mit leichtem Herzen und frei von aller Last lief er fröhlich fort, bis er daheim bei seiner Mutter war.	Mimik: glücklich
Schluss	Und wenn er nicht gestorben ist, […] dann lebt er noch heute.	
Ende		**Applaus und Verbeugung**

Langfassung „Rapunzel“

Originalfassung:
Brüder Grimm, KHM 12, Ausgabe 1857,
Bearbeitung: Sabine Meyer

Erzähldauer:
ca. 10 Minten

Rollen:
Rapunzel (Blau)
Prinz (Grün)
Zauberin (Rot)
Mann (Lila)
Frau (Braun)

Roter Faden	Erzähltext	Regieanweisungen
Einleitung	Es war einmal ein **Mann** und eine **Frau**, die wünschten sich sehnlichst ein **Kind**. Aber sie bekamen **keines**.	Gestik: für den Mann zur einen Seite, für die Frau zur anderen Seite zeigen
Ausgangs-situation	Endlich machte sich die Frau **Hoffnung**, der liebe Gott werde ihren Wunsch doch erfüllen. Die Leute lebten in einem kleinen Hinterhaus. Das hatte ein kleines Fenster zu einem wunderschönen **Garten** hinaus, in dem die schönsten Blumen, die grünsten Bäume und die frischesten Kräuter standen.	Gestik: Fenster, Garten mit ausladender Geste zeigen
	Doch der Garten war von einer hohen Mauer umgeben und niemand wagte, ihn zu betreten, denn er gehörte einer **Zauberin**, die von aller Welt gefürchtet ward.	Gestik: Mauerhöhe zeigen
Beginn des Konfliktes	Eines Tages stand die Frau am Fenster | und sah in den **Garten** hinab. Da erblickte sie die schönsten **Rapunzeln**, die sie je gesehen hatte. Und sie bekam Lust darauf. Doch da sie wusste, dass sie keine Rapunzeln bekommen konnte, so fiel sie ganz ab, sah blass und elend aus. Da **erschrak** der Mann und fragte: „Was fehlt dir, liebe Frau?“ „Ach“, antwortete die Frau, „wenn ich keine Rapunzeln aus dem Garten hinter unserm Hause bekomme, so werde ich sterben.“ Der Mann, der seine Frau sehr liebte, dachte: „Ehe du deine Frau sterben lässt, holst du ihr von den Rapunzeln. Koste es, was es wolle.“ In der Abenddämmerung stieg der Mann über die Mauer in den Garten der Zauberin. Er stach in aller Eile eine Handvoll Rapunzeln und brachte sie seiner Frau. Sie machte sich sogleich Salat daraus | und aß ihn mit großer Freude auf.	Gestik: Fenster andeuten Mimik: traurig Mimik: fröhlich

Anhang – Langfassung „Rapunzel“

Roter Faden	Erzähltext	Regieanweisungen
Steigerung des Konfliktes	Aber die Rapunzeln hatten ihr so gut, so gut geschmeckt, dass sie noch dreimal so viel Lust bekam. Sollte sie Ruhe haben, so musste der Mann noch einmal in den Garten steigen.	Gestik: über die Mauer in den Garten steigen
	Der Mann stieg in der Abenddämmerung wieder hinab. Doch als er die Mauer herabgeklettert war, erschrak er gewaltig, denn hinter ihm stand die böse **Zauberin**. „Wie kannst du es wagen“, sprach sie mit zornigem Blick, „in meinen Garten zu steigen und von meinen Rapunzeln zu stehlen | wie ein **Dieb?** Das soll dir teuer zu stehen kommen.“	Mimik: erschrocken Mimik: zornig
	„Ach“, antwortete er, „habt Erbarmen. Ich habe es nur für meine Frau getan. Sie wird sterben, wenn sie nicht von Euren Rapunzeln bekommt.“ „Verhält es sich so, wie du sagst, so will ich Gnade vor Recht ergehen lassen. Allein | ich mache eine **Bedingung**: Das Kind, das deine Frau zur Welt bringen wird, wird mir gehören. Ich werde für es sorgen | wie eine Mutter.“	Gestik: Kopf beugen für den Mann Gestik: gerade Haltung für die Zauberin
	Der Mann sagte in der Angst alles zu. Und als seine Frau in die Wochen kam, schenkte sie einem kleinen Mädchen das Leben. Da erschien die Zauberin, gab dem Kind den Namen | **Rapunzel** und nahm es mit sich fort.	
	Rapunzel war das schönste Kind unter der Sonne. Als es zwölf Jahre alt war, brachte die Zauberin Rapunzel in einen hohen **Turm**. Der Turm hatte weder Treppe noch Türe. Nur oben, | da war ein kleines Fensterchen mit einem Fensterkreuz.	Gestik: Turmhöhe anzeigen, Fenster, Fensterkreuz andeuten
	Wenn die Zauberin in den Turm hinaufwollte, so stellte sie sich unten hin und rief: „Rapunzel, Rapunzel, […] lass dein Haar herunter.“ Rapunzel hatte **Haare** wie fein gesponnenes Gold. Das lag ihr in langen **Flechten** um den Kopf. Wenn Rapunzel die Zauberin hörte, so band sie ihre Zöpfe los. Sie wickelte die Flechten oben um das Fensterkreuz und warf sie hinunter | wohl 20 Ellen tief. Und die Zauberin stieg daran hinauf.	Blick: nach oben Gestik: Flechten auf dem Kopf andeuten, lösen, hinunterwerfen, wieder daran hinaufzeigen
	Nun trug es sich zu, dass der **Sohn des Königs** durch den Wald ritt. Da hörte er einen **Gesang**, der war so lieblich, dass er sich ihm zuwandte. Da fand er den Turm. Denn es war Rapunzel, die sich die Zeit damit vertrieb, ihre süße Stimme erschallen zu lassen. Der Königssohn wollte zu ihr hinaufsteigen. Und er suchte eine Tür, eine Treppe. Doch er fand nichts. Der Königssohn ritt heim. Doch der Gesang hatte sein Herz berührt.	Blick: suchend umherschauen, dann nach oben schauen Gestik: Hand auf das Herz legen

Anhang – Langfassung „Rapunzel"

Roter Faden	Erzähltext	Regieanweisungen
	Und so kam er von nun an jeden Tag wieder, um Rapunzel zuzuhören.	
Wiederholung	Als der Königssohn einmal so hinter einem Baum stand, sah er, dass eine Zauberin herankam. Er hörte, wie die Zauberin hinaufrief: „Rapunzel, Rapunzel, […] lass dein Haar herunter." Da ließ Rapunzel die Haarflechten herab | wohl 20 Ellen tief. Und die Zauberin stieg daran hinauf. „Ist das die **Leiter** hinauf? So will ich auch einmal mein Glück versuchen", sagte der Königssohn.	Blick: nach oben Gestik: Flechten auf dem Kopf andeuten, lösen, hinunterwerfen, wieder hinaufzeigen
Wiederholung	Und an dem folgenden Tag, als es anfing, dunkel zu werden, ging der Königssohn zu dem Turm | und rief: „Rapunzel, Rapunzel, […] lass dein Haar herunter." Da fielen die Haare herab | wohl 20 Ellen tief. Und der Königssohn stieg daran hinauf.	Blick: nach oben Gestik: Flechten auf dem Kopf andeuten, lösen, hinunterwerfen, wieder hinaufzeigen
	Anfangs erschrak Rapunzel gewaltig, als sie einen Mann erblickte. Sie hatte ja noch nie einen gesehen. Aber der Königssohn sprach ganz freundlich mit ihr. Und er erzählte, dass ihr Gesang sein Herz berührt habe | und dass er sie habe sehen müssen. Da verlor Rapunzel ihre Angst. Und als der Königssohn sie fragte, ob sie ihn **zum Manne** haben wolle, und sie sah, wie jung und schön er war, da dachte sie: „Der wird mich **lieber haben** als die alte Zauberin." Und sie sagte: „Ja." Und legte ihre Hand in seine Hand. „Aber ich weiß nicht, wie ich herabkommen kann. Bringe jedes Mal, wenn du kommst, einen Strang Seide mit. Daraus will ich eine Leiter flechten. Und wenn diese vollendet ist, so kann ich daran hinuntersteigen | und du bringst mich fort von hier." Sie verabredeten, dass er von nun an jeden **Abend** kommen sollte, denn bei Tag kam die Zauberin.	Mimik: freundlich
Höhepunkt	Die Zauberin merkte auch nichts davon. Bis Rapunzel sie eines Tages fragte: „Sagen Sie mir doch, Frau Gothel, wie kommt es nur: Sie sind mir **viel schwerer** heraufzuziehen, als der Königssohn, der ist in einem Augenblick bei mir." „Oh, du gottloses Kind", rief die Zauberin, „habe ich dich nicht von aller Welt geschieden! Und du hast mich doch **betrogen**!" In ihrem **Zorn** packte sie die Haare Rapunzels, schlang sie ein paar Mal um ihre linke Hand, griff mit der rechten Hand eine Schere | und | ritsch, ratsch | **schnitt** sie die Flechten **ab**. Und die Haare glitten zu Boden.	Gestik: vor Schreck die Hand vor den Mund nehmen Gestik: Zöpfe um die Hand schlingen und mit Fingern abschneiden

Anhang – Langfassung „Rapunzel“

Roter Faden	Erzähltext	Regieanweisungen
	In ihrer Wut brachte die Zauberin Rapunzel in eine öde **Wüstenei**, wo sie in großem Kummer und Jammer leben musste.	Gestik: hinauszeigen
	Am selben Tag aber kehrte die Zauberin zurück in den Turm. Sie band die abgeschnittenen Flechten oben am Fensterkreuz fest | und wartete. Da kam der Königssohn. Und er rief: „Rapunzel, Rapunzel, […] lass dein Haar herunter.“ Die Zauberin warf die Haare hinunter | wohl 20 Ellen tief. Und der **Königssohn** stieg daran hinauf.	Gestik: Fensterkreuz andeuten Blick: nach oben Gestik: Flechten auf dem Kopf andeuten, lösen, hinunterwerfen, wieder hinaufzeigen Mimik: zornig
	Oben im Turm fand er aber nicht sein liebstes Rapunzel. Er erblickte nur die Zauberin, die ihn böse ansah. „Aha“, rief die Zauberin, „du willst die Frau Liebste holen. Aber der schöne Vogel sitzt nicht mehr im Nest. Die Katze hat ihn geholt. Und sie wird auch dir die Augen auskratzen. Für dich ist Rapunzel **verloren**. Du wirst sie nie wiedersehen.“	
	Der Königssohn sprang in seinem Schmerz **aus dem Turm**. Das Leben brachte er davon. Aber die Dornen, in die er fiel, zerstachen ihm die Augen. Er irrte **blind** im Wald umher, aß nichts als Wurzeln und Beeren. Und er tat nichts als klagen und jammern über den Verlust seiner liebsten Frau.	Gestik: hinunterfallen
Lösung	So vergingen die Jahre. Da kam der Königssohn in die **Wüstenei**, wo Rapunzel mit den Kindern, die sie geboren hatte, einem Jungen und einem Mädchen, Zwillingen, in Kummer und Armut lebte. Und der Königssohn **hörte** eine Stimme. Die war ihm so bekannt. Da ging er darauf zu. Und wie er herankam, **erkannte** ihn Rapunzel. Sie fiel ihm um den Hals und **weinte**. Zwei ihrer Tränen aber benetzten seine kranken Augen. Da wurden die Augen wieder gesund | und er konnte sehen wie früher. Der Königssohn führte Rapunzel und die beiden Kinder heim in sein Reich. Dort wurden sie mit Freude empfangen. Und sie lebten noch lange glücklich und vergnügt.	Gestik: Handbewegung im Kreis für die Zeit Gestik: Hand zum Ohr zum Hören Mimik: glücklich
Schluss	Und wenn sie nicht gestorben sind, […] dann leben sie noch heute.	
Ende		**Verbeugung und Applaus**

Langfassung „Rotkäppchen und der Wolf“

Originalfassung:
Brüder Grimm, KHM 26, Ausgabe 1857,
Bearbeitung: Sabine Meyer

Erzähldauer:
ca. 7 Minuten

Rollen:
Rotkäppchen (Blau)
Wolf (Rot)
Großmutter (Grün)
Mutter (Orange)
Jäger (Braun)

Roter Faden	Erzähltext	Regieanweisungen
Einleitung	Es war einmal ein kleines **Mädchen**. Das war so süß, dass jeder es liebte.	
Ausgangs-situation	Doch die **Großmutter** hatte das Mädchen am allerliebsten. Sie wusste gar nicht, was sie dem Kind vor lauter Liebe geben sollte. Einmal schenkte sie dem Mädchen ein **Käppchen** aus **rotem Samt**. Und weil dem Mädchen das Käppchen so gut stand | und es nichts anderes mehr tragen wollte, so hieß es von nun an […] **Rotkäppchen**.	Gestik: Käppchen aufsetzen
Beginn des Konfliktes	Eines Tages sprach seine Mutter zu ihm: „Rotkäppchen, da hast du ein Stück **Kuchen** und eine Flasche **Wein**. Bringe beides der Großmutter hinaus. Denn sie ist krank. Sei hübsch sittsam | und lauf nicht vom Weg ab. Und wenn du in ihre Stube kommst, so vergiss nicht, guten Morgen zu sagen.“ „Ich will schon alles gut machen“, sagte Rotkäppchen und gab der Mutter die Hand darauf.	Gestik: hinauszeigen
Steigerung des Konfliktes	Die Großmutter aber wohnte draußen im **Wald**, eine halbe Stunde vom Dorf. Wie nun Rotkäppchen in den Wald kam, begegnete ihm der **Wolf**. Rotkäppchen aber wusste nicht, was das für ein böses Tier war. Und es fürchtete sich nicht vor dem Wolf. „Guten Tag, Rotkäppchen“, sprach der Wolf. „Schönen Dank, Wolf.“ „Wo hinaus so früh, Rotkäppchen?“ „Zur Großmutter.“ „Was trägst du denn in deinem Korb?“ „Kuchen und Wein für die kranke Großmutter, damit sie sich stärken kann.“ „Rotkäppchen, wo wohnt deine Großmutter?“ „Noch eine gute Viertelstunde weiter im Wald, unter den drei großen Eichen, da steht ihr Haus“, sagte Rotkäppchen. Da dachte der Wolf bei sich: „Das junge zarte Ding, das ist ein fetter Bissen. Der wird noch besser schmecken als die Alte. Du musst es listig anfangen, damit du beide schnappst.“ Und der Wolf sagte: „Rotkäppchen, sieh einmal die schönen **Blumen**, die ringsumher stehen. Warum guckst du dich nicht um?“	Gestik: Weg zeigen Blickrichtung: Boden Blick: umherschauen

Anhang – Langfassung „Rotkäppchen und der Wolf"

Roter Faden	Erzähltext	Regieanweisungen
	Rotkäppchen schlug die Augen auf. Und als es sah, wie alles voller schöner Blumen stand, dachte es: „Wenn ich der Großmutter einen frischen Strauß mitbringe, wird er ihr Freude machen." Und Rotkäppchen pflückte eine Blume nach der anderen. Der Wolf aber ging geradewegs zum **Haus** der Großmutter. Und er klopfte an die Tür. „Wer ist draußen?", fragte die Großmutter von innen. „Rotkäppchen. Ich bringe Kuchen und Wein. Mach auf!", sagte der Wolf. „Drück nur auf die **Klinke**", rief die Großmutter, „ich bin zu schwach und kann nicht aufstehen." Der Wolf drückte auf die Klinke. Die Tür ging auf. Der Wolf sprang geradewegs zum Bett der Großmutter und | **fraß** sie auf. Dann tat er ihre Kleider an, setzte sich ihre Haube auf, legte sich in ihr Bett | und zog die Vorhänge vor.	Blickrichtung: Boden Gestik: Blumen pflücken Gestik: Türklinke herunterdrücken, Tür öffnen, Kleid und Haube anziehen, Vorhang zuziehen
	Rotkäppchen aber hatte einen schönen Blumenstrauß für die Großmutter gefunden. Und es machte sich auf den Weg zu ihr. Rotkäppchen wunderte sich, dass die Türe bei der Großmutter aufstand. Und es rief: „Guten Morgen, Großmutter." Aber es bekam keine Antwort.	
Höhepunkt	Darauf ging es zum **Bett** | und zog die Vorhänge zurück. Da lag die Großmutter. Sie hatte die Haube tief ins Gesicht gezogen. Und sie sah so wunderlich aus.	Mimik: erstaunt
	„Ei, Großmutter, was hast du für große [...] **Ohren**!" „Damit ich dich besser [...] hören kann." „Ei, Großmutter, was hast du für große [...] **Augen**!" „Damit ich dich besser [...] sehen kann." „Ei, Großmutter, was hast du für große [...] **Hände**!" „Damit ich dich besser [...] packen kann." „Aber, Großmutter, was hast du für ein entsetzlich großes [...] **Maul**!" „Damit ich dich besser [...] fressen kann."	**Wolf:** Stimme: verstellen, bedrohlich steigern **Rotkäppchen:** Stimme: ängstlich steigern
	Kaum hatte der Wolf das gesagt, **verschlang** er das arme Rotkäppchen.	
	Dann war der Wolf satt. Er legte sich ins Bett, schlief ein und schnarchte.	Schnarchen
Lösung	Der **Jäger** ging eben an dem Haus der Großmutter vorbei. Und er dachte: „Wie die alte Frau so laut schnarcht. Du musst doch einmal **nachsehen**, ob ihr etwas fehlt." Da trat der Jäger in die Stube. Und er sah, dass der Wolf im Bette lag. „Finde ich dich hier, du alter Sünder", sagte der Jäger, „ich habe dich lange gesucht."	Gestik: Tür öffnen

Anhang – Langfassung „Rotkäppchen und der Wolf“

Roter Faden	Erzähltext	Regieanweisungen
	Und der Jäger wollte seine Büchse anlegen, da fiel ihm ein, der Wolf könnte die Großmutter gefressen haben.	
	Und so nahm er eine **Schere** und fing an, dem schlafenden Wolf den Bauch aufzuschneiden. Wie er ein paar Schnitte getan hatte, da sah er das **rote Käppchen** leuchten.	<u>Gestik:</u> aufschneiden
	Und noch ein paar Schnitte, da sprang das Rotkäppchen heraus. Und dann kam die alte Großmutter auch noch lebendig heraus.	
	Rotkäppchen aber holte geschwind große **Steine**. Mit den Steinen füllten sie dem Wolf den Bauch. Und die Großmutter nähte den Bauch rasch wieder zu. Dann versteckten sich Rotkäppchen, Großmutter und der Jäger. Und als der Wolf aufwachte, hatte er großen Durst. Und er ging zum **Brunnen**, um zu trinken. Doch die Steine waren so schwer, dass sie ihn in den Brunnen zogen. Da musste der böse Wolf **ertrinken**.	<u>Gestik:</u> Steine hineinlegen, zunähen <u>Gestik:</u> in den Brunnen hineinfallen
	Rotkäppchen, die Großmutter und der Jäger aber waren vergnügt. Der Jäger zog dem Wolf den Pelz ab | und ging damit heim. Die Großmutter aß den Kuchen, trank den Wein | und wurde gesund. Und Rotkäppchen aber dachte: „Du willst dein Lebtag nicht wieder vom Weg abgehen, wenn es dir die Mutter verboten hat.“	
Schluss	<u>Und wenn sie nicht gestorben sind</u>, […] <u>dann leben sie noch heute.</u>	
Ende		**Verbeugung und Applaus**

Langfassung „Die Sterntaler"

Originalfassung:
Brüder Grimm, KHM 153, Ausgabe 1857,
Bearbeitung: Sabine Meyer

Erzähldauer:
ca. 7 Minuten

Rollen:
Sterntaler (Blau)
Mann (Rot)
Kind (Grün)

Roter Faden	Erzähltext	Regieanweisungen
Einleitung	Es war einmal | ein kleines Mädchen.	
Ausgangs-situation	Dem Mädchen waren Vater und Mutter gestorben. Es hatte **nichts mehr**. Es hatte kein Kämmerchen, um darin zu wohnen, und es hatte kein Bettchen, um darin zu schlafen. Nur noch die Kleider am Leib | und ein kleines Stückchen Brot, das ihm eine mitleidige Seele geschenkt hatte, nannte das Mädchen noch sein Eigen.	Gestik: für „Kämmerchen" ein Dach zeigen, für „Bettchen" ein Bett
	Aber das Mädchen vertraute auf den **lieben Gott** | und ging in die weite Welt hinaus.	Gestik: nach draußen zeigen
Beginn des Konfliktes	Da begegnete dem Mädchen ein **Mann**, der war sehr hungrig. „Ach, gib mir etwas zu essen", klagte er, „ich bin so **hungrig**." Das Mädchen reichte ihm das letzte Stückchen **Brot** und sagte: „Gott segne es dir." Und ging weiter.	Gestiken: ein Brot, Mütze, Jacke, Rock andeuten und auf beiden Händen als Geschenk hinhalten
Wieder-holung	Nach einiger Zeit traf das Mädchen ein **Kind**. Das hatte keine Mütze auf dem Kopf | und es war **bitterkalt** dort draußen. Es jammerte und sprach: „Bitte gib mir etwas, um meinen Kopf zu bedecken, mir ist so **kalt**." Da nahm das arme Mädchen seine **Mütze** | und verschenkte sie. Und das Mädchen ging weiter.	
Wieder-holung	Da traf das Mädchen auf ein **Kind**, das hatte kein Jäckchen mehr. Da gab es sein **Jäckchen** her.	
Wieder-holung	Und dann traf es ein **Kind**, das hatte kein **Röckchen** mehr. Da gab das Mädchen auch sein Röckchen her. Und es ging weiter.	
Steigerung des Konfliktes	Die Sonne ging unter. Es wurde dunkel und immer kälter. Da kam das Mädchen in einen **tiefen, dunklen Wald**. Dort traf es ein Kind, das hatte | noch nicht einmal ein **Hemdchen** an.	Gestik: Wald andeuten
Höhepunkt	Da dachte das fromme Mädchen bei sich: „Hier im dunklen Wald, in der dunklen Nacht, da sieht dich niemand.	

Anhang – Langfassung „Die Sterntaler“

Roter Faden	Erzähltext	Regieanweisungen
	Da kannst du wohl dein Hemd weggeben.“ Und es zog das Hemd aus und **verschenkte** es. Nun hatte es gar nichts mehr, was ihm gehörte. Und als es so dastand, in der eisigen Kälte, mutterseelenallein, da blickte das Mädchen zum **Himmel** hinauf. Die **Sterne** am Himmel leuchteten, | als wären es goldene Taler.	Gestik: Hemd auf der Hand hinhalten Blick: nach oben, zur Decke (Himmel) schauen
Lösung	Und da fielen sie vom Himmel hinab und | waren lauter blanke, **glänzende Taler**. Und als das Mädchen an sich hinuntersah, da war es nicht mehr nackt, sondern trug ein Hemd aus allerfeinstem Linnen. Und es bückte sich nieder und **sammelte** die glänzenden Taler auf. Und es war reich für sein Lebtag.	Gestik: den Fall der Sterne andeuten Blick: an sich hinunterschauen Gestik: die Taler aufsammeln und in die Schürze legen
Schluss	Und wenn es nicht gestorben ist, […] dann lebt es noch heute.	
Ende		**Verbeugung und Applaus**

Anhang – Kurzfassungen

Märchentexte in Kurzfassung

Die vorangestellten Langfassungen der Märchentexte sind im Folgenden gekürzt und so gestaltet, dass Sie die Kurzfassungen kopieren und ausschneiden können.
Kleben Sie die ausgeschnittenen Kopien auf festen Karton oder Karteikarten (am besten Postkartengröße DIN A6). Legen Sie nun die Karten in angegebener Nummerierung hintereinander.

Sie erhalten das komplette Märchen als Stichwortliste, in der Sie bildreiche Worte und feststehende Märchensprüche sowie die Elemente des roten Fadens wiederfinden.

Anhand der Karten können Sie leicht den Text erlernen. Es besteht aber auch die Möglichkeit, die Karten, um das erste Lampenfieber besser in den Griff zu bekommen, mit in die Märchenstunde zu nehmen und daran frei zu erzählen.

Irgendwann werden Sie selbst merken, dass Sie diese Karten nur noch brauchen, um Märchen, die Sie längere Zeit nicht mehr erzählt haben, wiederholen zu können.

Erklärung:
Fett: bildreiche Worte
<u>unterstrichen</u>: wörtliches Erzählen
Farbschema: siehe Seite 113.

Kurzfassung „Aschenputtel"

Karte 1

Einleitung	<u>Es war einmal</u> – **reicher Mann** – kranke Frau – einzige Tochter
Ausgangs-situation	Die **Mutter** starb – **Stiefmutter** – Stiefschwestern **garstig** – Küchenmagd – **schwere Arbeit** – Bett **in der Asche** neben dem Herd – **Aschenputtel**
Beginn des Konfliktes	Vater – **Markt** – Geschenke – Haselnuss**zweiglein** – Aschenputtel – Grab der Mutter – Haselnuss**baum**
Steigerung des Konfliktes	König – lud zum **Fest** – Stiefmutter: eine Schüssel **Linsen** in die Asche – Aschenputtel: <u>„Ihr zahmen **Täubchen**, ihr Turteltäubchen und all ihr Vöglein unter dem Himmel, kommt und helft mir lesen! Die Guten ins Töpfchen, […] die Schlechten ins Kröpfchen!"</u> – Pick – Pick – Pick – eine Stunde – **Freude** – Stiefmutter: **Nein**

Karte 2

Steigerung des Konfliktes	Stiefmutter: zwei Schüsseln voll **Linsen** – Aschenputtel: <u>„Ihr zahmen **Täubchen**, ihr Turteltäubchen und all ihr Vöglein unter dem Himmel, kommt und helft mir lesen! Die Guten ins Töpfchen, […] die Schlechten ins Kröpfchen!"</u> – Pick – Pick – Pick – eine halbe Stunde – Stiefmutter: **Nein** Erster Balltag: Aschenputtel ging zum **Grab** – <u>„**Bäumchen**, rüttel dich, […] Bäumchen, schüttel dich, wirf **Gold und Silber** über mich!"</u> – Vogel schenkte **Kleid** – Königssohn **tanzte** mit Aschenputtel – Aschenputtel **entwischte** Zweiter Balltag: Aschenputtel ging zum **Grab** – <u>„**Bäumchen**, rüttel dich, […] Bäumchen, schüttel dich, wirf **Gold und Silber** über mich!"</u> – Vogel schenkte **Kleid** – Königssohn **tanzte** mit Aschenputtel – Aschenputtel **entwischte** Dritter Balltag: Aschenputtel ging zum **Grab** – <u>„**Bäumchen**, rüttel dich, […] Bäumchen, schüttel dich, wirf **Gold und Silber** über mich!"</u> – Vogel – Kleid und Schuhe aus Gold – Königssohn **tanzte** mit Aschenputtel – Aschenputtel **entwischte** – **Pech** auf der Treppe – **goldener Schuh**

Anhang – Kurzfassung „Aschenputtel“

Erklärung:

Fett: bildreiche Worte

unterstrichen: wörtliches Erzählen

Farbschema: siehe Seite 113.

Karte 3

Höhepunkt	Königssohn: suchte Frau, der der goldene Schuh passte – erste Stiefschwester: **Zehe** zu groß – **Messer** – als Braut aufs Pferd – **Täubchen** auf dem Grab – „Rucke di guck, rucke di guck, [...] **Blut** ist im Schuh. Der Schuh ist zu klein, die rechte Braut sitzt noch daheim.“ Zweite Stiefschwester: **Ferse** zu groß – **Messer** – als Braut aufs Pferd – Täubchen auf dem Grab – „Rucke di guck, rucke di guck, [...] **Blut** ist im Schuh. Der Schuh ist zu klein, die rechte Braut sitzt noch daheim.“ – Königssohn: **keine andere Tochter?**
Lösung	Aschenputtel: **Schuh passte** wie angegossen – als Braut aufs Pferd – Täubchen auf dem Grab: „Rucke di guck, rucke di guck, [...] kein Blut ist im Schuh. Der Schuh ist nicht zu klein, die **rechte Braut** führt er heim.“ – Hochzeitsfest
Schluss	Und wenn sie nicht gestorben sind, [...] dann leben sie noch heute.

Anhang – Kurzfassung „Die Bremer Stadtmusikanten"

Erklärung:
Fett: bildreiche Worte
unterstrichen: wörtliches Erzählen
Farbschema: siehe Seite 118.

Kurzfassung „Die Bremer Stadtmusikanten"

Einleitung	Es war einmal – Mann mit einem **Esel** – trug die Säcke zur **Mühle**
Ausgangs-situation	Esel **älter** – konnte die Arbeit nicht mehr tun
Beginn des Konfliktes	Mann wollte Esel aus dem Futter schaffen – Esel lief fort nach **Bremen** – **Stadtmusikant** werden Esel traf **Hund**: bin **alt** und kann die Arbeit nicht mehr tun – Jetzt ist guter Rat teuer, wie soll ich mein **Brot** verdienen – Esel: komm mit nach Bremen – **Stadtmusikant** werden Esel traf **Katze**: bin **alt** und kann die Arbeit nicht mehr tun – Jetzt ist guter Rat teuer, wie soll ich mein **Brot** verdienen – Esel: komm mit nach Bremen – **Stadtmusikant** werden Esel traf **Hahn** – soll in den **Suppentopf** – Esel: komm mit nach Bremen – **Stadtmusikant** werden – etwas Besseres als den Tod findest du überall

Steigerung des Konfliktes	Tiere übernachteten im **Wald** – Hahn entdeckte ein **Licht** – **Räuberhaus** – Esel schaute hinein – am **Tisch** saßen **Räuber** – Tiere stellten sich aufeinander: Esel, Hund, Katze, Hahn – stimmten ihre **Musik** an – sprangen **durch das Fenster** – Räuber **flohen** – Tiere aßen – legten sich zur **Ruhe** – Esel auf den Mist – Hund hinter die Tür – Katze an den warmen Ofen – Hahn auf den Hahnenbalken
Höhepunkt	**Räuber** ärgerten sich – ein Räuber schaute im Räuberhaus nach – Räuber traf auf die Katze – sie biss und kratzte – **Schrecken** – **Geschrei** – Hund biss ins **Bein** – Geschrei – Räuber lief auf den Hof – Esel trat mit dem **Hinterfuß** zu – **Geschrei** – Hahn **krähte**
Lösung	Da lebt eine **Hexe** – Räuber hatten Angst – liefen fort – Tiere gingen nicht nach Bremen
Schluss	Und wenn sie nicht gestorben sind, […] dann leben sie noch heute.

© Verlag an der Ruhr | Autorin: Sabine Meyer | Abb. christine krahl – Fotolia.com | ISBN 978-3-8346-3627-0 | www.verlagruhr.de

Erklärung:
Fett: bildreiche Worte
<u>unterstrichen</u>: wörtliches Erzählen
Farbschema: siehe Seite 122.

Kurzfassung „Dornröschen"

Karte 1

Einleitung	<u>Es war einmal</u> – **König** – **Königin** – bekamen kein Kind
Ausgangs-situation	Königin allein – **Frosch** versprach Geburt – **Prinzessin** wurde geboren in einem Jahr – König: freute sich – lud zum **Fest**
Beginn des Konfliktes	13 **Feen** – nur 12 **Teller** – 13. Fee musste zu Hause bleiben – Tauffest – **Wiege** – jede Fee schenkte einen Wunsch: **Schönheit** – **Klugheit** – **Lachen** – **Gesang** – 11. Fee sprach ihren Wunsch – Tor ging auf – **nicht geladene weise Fee** trat ein – **Wut und Zorn** – wünschte durch eine **Spindel** den **Tod** – 12. Fee milderte den Fluch – wünschte **100 Jahre Schlaf** durch die Spindel **15. Geburtstag** – **allein** – Prinzessin fand den **Turm** – Kammer – **alte Frau** – Spindel

Karte 2

Steigerung des Konfliktes	Prinzessin **stach** sich mit der **Spindel** – fiel in **Schlaf** – das ganze Königsschloss schlief – **Dornenhecke** wuchs – Prinzen kamen nicht durch die Hecke ins Dornenschloss – Zeit verging – **Prinz** – **Pferd** – letzter **Tag** der 100 Jahre – Königssohn fand **Dornenschloss** – Dornenhecke teilte sich – verwandelte sich in **rote Rosen** – **Schlosshof**
Höhepunkt	Königssohn fand **Turm** – **Wendeltreppe** – Kammer
Lösung	sah **Dornröschen** – **küsste** es – Dornröschen wachte auf – **Mann und Frau** – Schloss **erwachte** – **Hochzeit**
Schluss	<u>Und wenn sie nicht gestorben sind</u>, [...] <u>dann leben sie noch heute.</u>

Erklärung:
Fett: bildreiche Worte
unterstrichen: wörtliches Erzählen
Farbschema: siehe Seite 126.

Kurzfassung „Frau Holle“

Karte 1

Einleitung	Es war einmal – **Witwe** – zwei Töchter – eine **schöne** und fleißige Tochter – eine **hässliche** und faule Tochter
Ausgangs-situation	Witwe liebte die Faule mehr – Fleißige war **Stieftochter** – musste alle **Arbeit** tun – musste am Brunnen sitzen und spinnen
Beginn des Konfliktes	**Fleißiges Mädchen** – **Spule** blutig vom Spinnen – fiel Spule in den **Brunnen** hinein
Steigerung des Konfliktes	Mädchen **fiel** in den Brunnen – wachte auf Blumenwiese auf – fand **Backofen** mit **Brot**: Ach, zieh mich raus, [...] zieh mich raus, sonst verbrenne ich. Ich bin schon längst ausgebacken. – fand **Apfelbaum**: Ach, schüttel mich, [...] schüttel mich. Wir Äpfel sind alle miteinander reif. – fand **Haus** – **alte Frau** – **Frau Holle** – Mädchen trat in Frau Holles Dienst – tat die Arbeit gut – schüttelte die **Betten**, dass die Federn nur so flogen und es schneite auf der Welt – bekam **Heimweh** –

Karte 2

Steigerung des Konfliktes	Frau Holle brachte das Mädchen zum **Tor** – Frau Holle: auf der anderen Seite ist deine Welt – **Goldregen** – Frau Holle: das ist der **Lohn** für deine Arbeit – gab die Spule zurück – Hahn auf dem Misthaufen: Kikeriki, [...] kikeriki, unsere goldene Jungfrau ist wieder hie. **Faules Mädchen** warf Spule blutig in den Brunnen – sprang in den **Brunnen** hinein – wachte auf Blumenwiese auf – fand **Backofen** mit Brot: Ach, zieh mich raus, [...] zieh mich raus, sonst verbrenne ich. Ich bin schon längst ausgebacken. – tat nichts – fand **Apfelbaum**: Ach, schüttel mich, [...] schüttel mich. Wir Äpfel sind alle miteinander reif. – tat nichts – fand **Haus** – **Frau Holle** – trat in Frau Holles Dienst – tat die Arbeit nur am ersten Tag gut
Höhepunkt	**Faule** wurde fauler am zweiten Tag – Frau Holle brachte das Mädchen zum **Tor** – Frau Holle: auf der anderen Seite ist deine Welt – **Pechregen** – Frau Holle: das ist der **Lohn** für deine Arbeit – gab die Spule zurück – Hahn auf dem Misthaufen: Kikeriki, [...] kikeriki, unsere schmutzige Jungfrau ist wieder hie.
Lösung	Die Faule konnte das Pech nicht von sich abwaschen – die Fleißige war glücklich
Schluss	Und wenn es nicht gestorben ist, [...] dann lebt es noch heute.

Anhang – Kurzfassung „Der Froschkönig (oder der eiserne Heinrich)“

Erklärung:
Fett: bildreiche Worte
<u>unterstrichen</u>: wörtliches Erzählen
Farbschema: siehe Seite 130.

Kurzfassung „Der Froschkönig (oder der eiserne Heinrich)“

Karte 1

Einleitung	<u>Es war einmal</u> – **König** – Töchter – **jüngste Tochter** war die Schönste
Ausgangs-situation	**Schloss** – jüngste Königstochter – **Brunnen** – Lieblingsspielzeug – **goldene Kugel**
Beginn des Konfliktes	Kugel – **fiel** in den Brunnen – **Weinen**
Steigerung des Konfliktes	**Frosch:** <u>Königstochter, [...] jüngste, was weinst du denn? Du weinst ja so, als wolltest du die Steine erweichen?</u> – **Frosch:** was gibst du mir dafür, wenn ich die Kugel heraufhole – Königstochter: alles was du willst – Kleider, Juwelen, Krone – Frosch: will ich nicht – Versprechen: **Gefährte** – Königstochter: versprach – Frosch holte Kugel – Königstochter: griff nach ihrer Kugel – **lief fort** **Nächster Morgen** – Frühstück – **Schlosstreppe** – Klopfen – **Schlosstür** – Frosch: <u>Königstochter, [...] jüngste, öffne mir die Türe!</u> – Königstochter öffnete – Frosch – **Schreck** – König: Aber was will der Frosch von dir, mein Kind? –

Karte 2

Steigerung des Konfliktes	Frosch: <u>Königstochter, [...] jüngste, öffne mir die Türe! Erinnere dich an das, was du mir versprochen hast!</u> – König: <u>Was du **versprochen** hast, [...] musst du halten.</u> – Königstochter öffnete Tür – Frosch: <u>Königstochter, [...] jüngste, setze mich auf den Stuhl neben dir. Ich will genauso gut sitzen wie du.</u> – **Stuhl** – Frosch: <u>Königstochter, [...] jüngste, setze mich auf den Tisch. Ich will genauso hoch sitzen wie du.</u> – **Tischtuch** – Frosch: <u>Königstochter, [...] jüngste, schiebe mir deinen goldenen Teller hin. Ich will genauso gut essen wie du!</u> – **Teller** – Frosch: <u>Königstochter, [...] jüngste, ich bin satt und müde. Nun trage mich hinauf in deine Kammer. Ich will in deinem Bett schlafen.</u> – **Kammer**
Höhepunkt	Frosch: <u>Königstochter, [...] jüngste, hebe mich in dein Bett. Ich will genauso gut schlafen wie du.</u>
Lösung	Königstochter **zornig**: Willst du wohl endlich Ruhe geben! – **warf den Frosch** – **Königssohn:** ich bin erlöst – **Kutsche** – **Hochzeitsfest**
Schluss	<u>Und wenn sie nicht gestorben sind</u>, [...] <u>dann leben sie noch heute.</u>

Anhang – Kurzfassung „Der Froschkönig (oder der eiserne Heinrich)“

Erklärung:
Fett: bildreiche Worte
unterstrichen: wörtliches Erzählen
Farbschema: siehe Seite 130.

Karte 3

Zusatz: „Der eiserne Heinrich“

	Kutsche – **Heinrich** – drei **Bänder aus Eisen** – Herz schlug in **Freude** – **Krach** – Königssohn: Heinrich, Heinrich, der Wagen bricht! – Heinrich: Nein, Herr, der Wagen nicht, es ist ein Band von meinem Herzen, das da lag in großen Schmerzen, als Ihr als Wasserfrosch gequakt, im kühlen Brunnenwasser lagt. – Kutsche – krachte – krachte – drei Bänder vor **Glück** geborsten – **Hochzeitsfest**
Schluss	Und wenn sie nicht gestorben sind, [...] dann leben sie noch heute.

Erklärung:
Fett: bildreiche Worte
unterstrichen: wörtliches Erzählen
Farbschema: siehe Seite 135.

Kurzfassung „Hänsel und Gretel“

Karte 1

Einleitung	Es war einmal – **armer Holzhacker** und Frau – Bruder **Hänsel** und Schwester **Gretel**
Ausgangs-situation	**Teuerung** – reichte nicht mehr für alle vier – **verhungern drohte**
Beginn des Konfliktes	Frau: wir **lassen die Kinder allein** im Wald – sonst **verhungern** wir alle – Kinder hörten alles – Hänsel sammelte **Kieselsteine** – am nächsten Morgen brachten die Eltern die Kinder in den **Wald** – Hänsel legte einen Weg mit Kieselsteinen – Eltern machten **Feuer** – Kinder schliefen ein – in der **Nacht** – Kinder fanden Kieselsteine – Kinder fanden **Vaters Haus**
Steigerung des Konfliktes	Teuerung – große **Not** – Kinder sollten in den **Wald** gebracht werden – Tür war **verschlossen** – Hänsel konnte keine Steine sammeln – warf **Brotbröcklein** auf den Weg – Eltern machten **Feuer** – Kinder schliefen ein – in der **Nacht** waren alle Brotbröcklein verschwunden –

Karte 2

Steigerung des Konfliktes	die Kinder fanden **nicht** aus dem Wald **heraus** – **Häuschen** aus Brot – Hexe: Knusper, knusper, knäuschen, […] wer knuspert an meinem Häuschen. – Kinder: Der Wind, der Wind, das himmlische Kind. – **steinalte Frau** kam heraus: hier geschieht euch kein **Leid** – führte die Kinder ins Haus – gab ihnen zu **essen** und ein **Bett** – **böse Hexe** sperrte Hänsel in den **Stall** – Gretel musste kochen – Hänsel sollte **fett werden** – Hexe: Hänsel strecke deine Finger heraus, damit ich fühle, ob du fett bist. – Hänsel hielt **Knöchelein** hin
Höhepunkt	Hexe **ungeduldig** – heizte den **Backofen** an – Gretel sollte nachsehen, ob er schon heiß war
Lösung	Hexe wollte **Gretel backen** – Gretel tat so, als ob sie das nicht könnte – Hexe steckte den **Kopf** in den Ofen – Gretel gab der Hexe einen **Stoß** – die Hexe brannte – die Kinder haben sich **gefreut** – **Perlen und Edelsteine** – fanden den Weg zu **Vaters Haus** – der Vater war froh – die Frau war tot – sie waren **reich** ihr Lebtag
Schluss	Und wenn sie nicht gestorben sind, […] dann leben sie noch heute.

Erklärung:
Fett: bildreiche Worte
unterstrichen: wörtliches Erzählen
Farbschema: siehe Seite 140.

Kurzfassung „Hans im Glück“

Karte 1

Einleitung	Es war einmal – Bursche, der hieß **Hans**
Ausgangs-situation	Lehrzeit vorüber – **Lehrherr** – **Lohn**
Beginn des Konfliktes	Klumpen **Gold** – macht sich auf den Weg – **Reiter** – tauschte Gold gegen **Pferd** – **schneller** Ritt – **Straßengraben**
Steigerung des Konfliktes	**Bauer:** tauschte Pferd gegen **Kuh** – **trieb seine Kuh** – wollte **Milch** – Melken – Kuh trat mit dem **Hinterfuß** – **Metzger:** tauschte Kuh gegen **Schwein** – Hans: freute sich auf die **Würste** – **Bursche** mit weißer **Gans** unter dem Arm – Bursche: Schwein ist **gestohlen** – Hans: tauschte Schwein gegen **Gans** – Hans: heim zur **Mutter** – freute sich auf **Daunen** – **Scherenschleifer** – **Glück** – Hans: tauschte Gans gegen **Wetzstein**

Karte 2

Höhepunkt	Hans ging heim – Hans: **Sonntagskind** – trank aus dem **Brunnen** – **Steine fielen hinein**
Lösung	Hans dankte Gott – **befreit** – **glücklich** – Hans ging ohne Last zur Mutter heim
Schluss	Und wenn er nicht gestorben ist, […] dann lebt er noch heute.

© Verlag an der Ruhr | Autorin: Sabine Meyer | Abb. christine krahl – Fotolia.com | ISBN 978-3-8346-3627-0 | www.verlagruhr.de

Erklärung:
Fett: bildreiche Worte
unterstrichen: wörtliches Erzählen
Farbschema: siehe Seite 144.

Kurzfassung „Rapunzel“

Karte 1

Einleitung	Es war einmal – **Mann** – **Frau** – Kinderwunsch – bekamen **kein Kind**
Ausgangssituation	**Hoffnung** – Hinterhaus – Fenster – **Garten** – hohe Mauer – **Zauberin**
Beginn des Konfliktes	Frau – schwanger – entdeckte im **Garten Rapunzeln** – Frau hat Hunger – **Mann erschrak** – stahl Rapunzeln für seine Frau – Freude
Steigerung des Konfliktes	Mann – stahl ein zweites Mal – **Zauberin** entdeckte **Dieb** – **Bedingung:** Kind – Zauberin: holte das Kind – **Rapunzel** war schön – Zauberin sperrte Rapunzel in einen **Turm** – Zauberin: Rapunzel, Rapunzel, […] lass dein Haar herunter. – **Haare** in langen **Flechten** – wohl 20 Ellen – **Königssohn** – hörte Rapunzels **Gesang**

Karte 2

Steigerung des Konfliktes	Zauberin: Rapunzel, Rapunzel, […] lass dein Haar herunter. – wohl 20 Ellen – Königssohn: **Leiter** hinauf? – Königssohn: Rapunzel, Rapunzel, […] lass dein Haar herunter. – wohl zwanzig Ellen – **zum Manne** nehmen – Rapunzel: der wird mich **lieber haben** – jeden **Abend** kam Königssohn
Höhepunkt	Zauberin merkte auch nichts davon – Rapunzel: Ihr seid mir **viel schwerer** heraufzuziehen – **Zorn** der Zauberin – **schnitt** Flechten **ab** – Rapunzel in **Wüstenei** – Kummer – Königssohn: Rapunzel, Rapunzel, […] lass dein Haar herunter. – wohl 20 Ellen – **Königssohn** fand Zauberin im Turm – Rapunzel **verloren** – Königssohn sprang **aus dem Turm** – **blind** – suchte Rapunzel
Lösung	**Wüstenei** – Königssohn **hörte** Gesang – Rapunzel **erkannte** ihn – Rapunzel **weinte** – Königssohn konnte wieder sehen – Heim – Hochzeitsfest
Schluss	Und wenn sie nicht gestorben sind, […] dann leben sie noch heute.

Erklärung:
Fett: bildreiche Worte
unterstrichen: wörtliches Erzählen
Farbschema: siehe Seite 148.

Kurzfassung „Rotkäppchen und der Wolf“

Einleitung	Es war einmal – **Mädchen**
Ausgangs-situation	**Großmutter** – schenkte rotes **Käppchen** aus **rotem Samt** – Rotkäppchen
Beginn des Konfliktes	Mutter gab Korb mit **Kuchen** und **Wein** – für die kranke Großmutter
Steigerung des Konfliktes	Rotkäppchen ging durch den **Wald** – traf **Wolf** – pflückte **Blumen** für die Großmutter – Wolf lief zum **Haus** der Großmutter – Großmutter: Drück die **Klinke** – Wolf sprang in die Stube der Großmutter – **fraß** Großmutter – legte sich ins Bett – zog die Vorhänge zu – **Rotkäppchen** kam zur Großmutter – auf Klopfen keine Antwort – Rotkäppchen trat ein

Höhepunkt	Rotkäppchen ging zum **Bett** – verwundert – Rotkäppchen: Ei, Großmutter, was hast du für große […] **Ohren**! – Wolf: Damit ich dich besser hören kann. – Rotkäppchen: Ei, Großmutter, was hast du für große […] **Augen**! – Wolf: Damit ich dich besser sehen kann. – Rotkäppchen: Ei, Großmutter, was hast du für große […] **Hände**! – Wolf: Damit ich dich besser packen kann. – Rotkäppchen: Aber, Großmutter, was hast du für ein entsetzlich großes […] **Maul**! – Wolf: Damit ich dich besser fressen kann. – Wolf **verschlang** Rotkäppchen – Wolf schnarchte
Lösung	**Jäger** – hörte das Schnarchen – wollte **nachsehen** – fand Wolf – wollte Wolf erschießen – Jäger: Hat der Wolf die Großmutter gefressen? – **Schere** – schnitt dem Wolf den Bauch auf – **rotes Käppchen** – Rotkäppchen kam raus – Großmutter kam raus – legten **Steine** in den Bauch – nähten den Bauch zu – **Brunnen** – Wolf musste **ertrinken** – Jäger bekam Pelz – Großmutter bekam Kuchen und Wein – Rotkäppchen: Ich will nie wieder vom Wege abgehen.
Schluss	Und wenn sie nicht gestorben sind, […] dann leben sie noch heute.

Erklärung:
Fett: bildreiche Worte
unterstrichen: wörtliches Erzählen
Farbschema: siehe Seite 151.

Kurzfassung „Die Sterntaler“

Einleitung	Es war einmal – **Mädchen**
Ausgangs-situation	keine Eltern – hatte **nichts mehr** – keine Kammer – kein Bett – kein Kleid – nur noch ein Stückchen Brot vertraute auf **lieben Gott** – ging in die Welt hinaus
Beginn des Konfliktes	traf **hungrigen Mann** – gab **Brot** – Gott segne es dir – traf **Kind** – gab **Mütze** – traf **Kind** – gab **Jäckchen** – traf **Kind** – gab **Röckchen**
Steigerung des Konfliktes	**tiefer, dunkler Wald** – traf Kind mit nicht mal einem **Hemdchen** an
Höhepunkt	**Verschenkte** Hemd – schaute zum **Himmel**

Lösung	da fielen die **Sterne** wie **glänzende Taler** vom Himmel – neues Kleid – **sammelte** Goldtaler auf – reich für sein Lebtag
Schluss	Und wenn es nicht gestorben ist, […] dann lebt es noch heute.

Anhang – Liedauswahl zu den Märchenstunden

Liedauswahl zu den Märchenstunden

Zu jeder Märchenstunde finden Sie ein Anfangslied und ein Abschlusslied. Die Liedtexte sind in der Schriftgröße so gestaltet, dass Sie die Seiten kopieren können, um sie als Liedtexte zu verteilen.

Die Lieder sind austauschbar. Das bedeutet, Sie können das Anfangslied auch am Ende singen und das Abschlusslied auch am Anfang. Außerdem können Sie, wenn es inhaltlich passt, die Lieder zwischen den einzelnen Märchenstunden tauschen.

Lieder zu „Aschenputtel“

Anfangslied

Kommt ein Vogel geflogen

Kommt ein Vogel geflogen,
setzt sich nieder auf mein Fuß,
hat ein’ Zettel im Schnabel,
von der Mutter ein’ Gruß.

Ach, so fern ist die Heimat,
und so fremd bin ich hier
und es fragt hier kein Bruder,
keine Schwester nach mir.

Hab mich allweil vertröstet
auf die schöne Sommerzeit
und der Sommer ist kommen,
und ich bin noch so weit.

Lieber Vogel, flieg weiter,
nimm ein’ Gruß mit und ein’ Kuss,
denn ich kann dich nicht begleiten,
weil ich hier bleiben muss.

Text: Karl von Holtei, 1824
Melodie: unbekannt

Abschlusslied

Ein Vogel wollte Hochzeit machen
(gekürzte Version)

Ein Vogel wollte Hochzeit machen in dem grünen Walde.
Fiderallala, Fiderallala, Fiderallalalala

Die Drossel war der Bräutigam, die Amsel war die Braute.
Fiderallala, Fiderallala, Fiderallalalala

Die Lerche, die Lerche, die führt die Braut zur Kerche.
Fiderallala, Fiderallala, Fiderallalalala

Der Auerhahn, der Auerhahn, der selbig war der Kapelan.
Fiderallala, Fiderallala, Fiderallalalala

Die Meise, die Meise, die sang das Kyrie-eleise.
Fiderallala, Fiderallala, Fiderallalalala

Die Gänse und die Anten, die war'n die Musikanten.
Fiderallala, Fiderallala, Fiderallalalala

Brautmutter war die Eule, nahm Abschied mit Geheule.
Fiderallala, Fiderallala, Fiderallalalala

Die Vogelhochzeit ist nun aus, die Vögel fliegen
all nach Haus.
Fiderallala, Fiderallala, Fiderallalalala

Text: unbekannt, 16. Jahrhundert
Melodie: unbekannt, 17. Jahrhundert

Lieder zu „Die Bremer Stadtmusikanten“

Anfangslied

Muss ich denn, muss ich denn zum Städtele hinaus

Muss ich denn, muss ich denn zum Städtele hinaus,
Städtele hinaus, und du, mein Schatz, bleibst hier.
Wenn ich komm, wenn ich komm,
wenn ich wieder, wieder komm, wieder, wieder komm,
kehr ich ein, mein Schatz, bei dir.
Kann ich gleich nicht allweil bei dir sein,
hab ich doch mein Freud an dir.
Wenn ich komm, wenn ich komm,
wenn ich wieder wieder komm, wieder wieder komm,
kehr ich ein, mein Schatz, bei dir.

Wie du weinst, wie du weinst, dass ich wandere muss,
wandere muss, wie wenn d'Lieb jetzt wär vorbei!
Sind auch drauß, sind auch drauß der Mädele viel,
Mädele viel, lieber Schatz, ich bleib dir treu!
Denk du nicht, wenn ich 'ne andre seh,
da sei mein Lieb vorbei;
sind auch drauß, sind auch drauß der Mädele viel,
Mädele viel, lieber Schatz, ich bleib dir treu.

Übers Jahr, übers Jahr, wenn mer Träubele schneidt,
Träubele schneidt, stell ich hier mich wieder ein;
bin ich dann, bin ich dann dein Schätzele noch,
Schätzele noch, so soll die Hochzeit sein.
Übers Jahr, da ist mein' Zeit vorbei,
da gehör ich mir und dir;
bin ich dann, bin ich dann dein Schätzele noch,
Schätzele noch, so soll die Hochzeit sein.

Text: Strophe 1: Friedrich Silcher, Strophen 2 u. 3: Heinrich Wagner, 1827
Melodie: Friedrich Silcher, 1827
Bearbeitet von: Sabine Meyer

Abschlusslied

Kein schöner Land

Kein schöner Land in dieser Zeit,
als hier das unsre weit und breit,
wo wir uns finden, wohl unter Linden,
zur Abendzeit!
Wo wir uns finden, wohl unter Linden,
zur Abendzeit!

Da haben wir so manche Stund
gesessen wohl in froher Rund,
und taten singen, die Lieder klingen
im Eichengrund!
Und taten singen, die Lieder klingen
im Eichengrund!

Dass wir uns hier in diesem Tal
noch treffen so viel hundertmal,
Gott mag es schenken, Gott mag es lenken,
der hat die Gnad.
Gott mag es schenken, Gott mag es lenken,
der hat die Gnad.

Jetzt, Brüder, eine gute Nacht, der Herr im hohen
Himmel wacht!
In seiner Güten uns zu behüten, ist er bedacht!
In seiner Güten uns zu behüten, ist er bedacht!

Text und Melodie: Anton Wilhelm von Zuccalmaglio, 1840

Lieder zu „Dornröschen“

Anfangslied

Sah ein Knab ein Röslein stehen

Sah ein Knab ein Röslein stehn, Röslein auf der Heiden,
war so jung und morgenschön,
lief er schnell, es nah zu sehn, sah's mit vielen Freuden.
Röslein, Röslein, Röslein rot, Röslein auf der Heiden.

Knabe sprach: Ich breche dich, Röslein auf der Heiden!
Röslein sprach: Ich steche dich,
dass du ewig denkst an mich, und ich will's nicht leiden.
Röslein, Röslein, Röslein rot, Röslein auf der Heiden.

Und der wilde Knabe brach 's Röslein auf der Heiden;
Röslein wehrte sich und stach,
half ihm doch kein Weh und Ach, musst' es eben leiden.
Röslein, Röslein, Röslein rot, Röslein auf der Heiden.

Text: Johann Wolfgang von Goethe, 1771
Melodie: Heinrich Werner, 1827

Abschlusslied

Dornröschen war ein schönes Kind

Dornröschen war ein schönes Kind, schönes Kind,
schönes Kind,
Dornröschen war ein schönes Kind, schönes Kind.

Da kam die böse Fee herein, Fee herein, Fee herein,
da kam die böse Fee herein und rief ihm zu:

Dornröschen, schlafe hundert Jahr, hundert Jahr,
hundert Jahr,
Dornröschen, schlafe hundert Jahr und alle mit.

Da wuchs die Hecke riesengroß, riesengroß, riesengroß,
da wuchs die Hecke riesengroß, umgab das Schloss.

Da kam ein junger Königssohn, Königssohn, Königssohn,
da kam ein junger Königssohn und sprach zu ihr:

Dornröschen, holdes Mägdelein, Mägdelein, Mägdelein,
Dornröschen, holdes Mägdelein, nun wache auf!

Da feiern sie das große Fest, große Fest, große Fest,
da feiern sie das große Fest, das Hochzeitsfest.

Und alle freuten herzlich sich, herzlich sich, herzlich sich.
Es freute sich auch herzlich mit das ganze Land!

Text: Margarete Läffler, 1897
Melodie: unbekannt
Bearbeitet von: Sabine Meyer

Lieder zu „Frau Holle“

Anfangslied

Schneeflöckchen, Weißröckchen

Schneeflöckchen, Weißröckchen, wann kommst
du geschneit?
Du wohnst in den Wolken, dein Weg ist so weit.

Komm, setz dich ans Fenster, du lieblicher Stern,
malst Blumen und Blätter, wir haben dich gern.

Schneeflöckchen, du deckst uns die Blümelein zu,
dann schlafen sie sicher in himmlischer Ruh.

Schneeflöckchen, Weißröckchen, komm zu uns ins Tal,
dann bau'n wir den Schneemann und werfen den Ball.

Text und Melodie: Hedwig Habekern, 1869

Abschlusslied

Leise rieselt der Schnee

Leise rieselt der Schnee,
still und starr liegt der See,
weihnachtlich glänzet der Wald:
Freue dich, Christkind kommt bald!

In den Herzen ist's warm,
still schweigt Kummer und Harm,
Sorge des Lebens verhallt:
Freue dich! Christkind kommt bald!

Bald ist heilige Nacht,
Chor der Engel erwacht.
Horch nur, wie lieblich es schallt:
Freue dich, Christkind kommt bald!

Text und Melodie: Eduard Ebel, 1895

Lieder zu „Der Froschkönig (oder der eiserne Heinrich)“

Anfangslied

Am Brunnen vor dem Tore

Am Brunnen vor dem Tore, da steht ein Lindenbaum.
Ich träumt in seinem Schatten so manchen süßen Traum.
Ich schnitt in seine Rinde so manches liebes Wort.
Es zog in Freud und Leide zu ihm mich immer fort,
zu ihm mich immer fort.

Ich musst auch heute wandern vorbei in tiefer Nacht.
Da hab ich noch im Dunkeln die Augen zugemacht.
Und seine Zweige rauschten, als riefen sie mir zu:
„Komm her zu mir, Geselle, hier find'st du deine Ruh,
hier find'st du deine Ruh.“

Die kalten Winde bliesen mir grad ins Angesicht.
Der Hut flog mir vom Kopfe, ich wendete mich nicht.
Nun bin ich manche Stunde entfernt von diesem Ort.
Und immer hör ich's rauschen: „Du fändest Ruhe dort!",
„Du fändest Ruhe dort!"

Text: Wilhelm Müller, 1822
Melodie: Franz Schubert, 1827

Abschlusslied

Gold und Silber lieb ich sehr

Gold und Silber lieb ich sehr, könnt es auch gebrauchen,
hätt ich nur ein ganzes Meer, mich hineinzutauchen;
's braucht ja nicht geprägt zu sein, hab's auch so ganz gerne,
sei's des Mondes Silberschein, sei's das Gold der Sterne,
sei's des Mondes Silberschein, sei's das Gold der Sterne.

Doch viel schöner ist das Gold, das vom Lockenköpfchen
meines Liebchens niederrollt in zwei blonden Zöpfchen.
Darum du, mein liebes Kind, lass uns herzen, küssen,
bis die Locken silbern sind und wir scheiden müssen,
bis die Locken silbern sind und wir scheiden müssen.

Seht, wie blinkt der goldne Wein hier in meinem Becher,
horcht, wie klingt so silberrein froher Sang der Zecher!
Dass die Zeit einst golden war, will ich nicht bestreiten,
denk ich doch im Silberhaar gern vergangner Zeiten,
denk ich doch im Silberhaar gern vergangner Zeiten.

Text: August Schnezler, 1828
Melodie: Friedrich Hieronymus Truhn, 1843

Lieder zu „Hänsel und Gretel“

Anfangslied

Hänsel und Gretel

Hänsel und Gretel verliefen sich im Wald.
Es war so finster und auch so bitterkalt.
Sie kamen an ein Häuschen von Pfefferkuchen fein:
Wer mag der Herr wohl von diesem Häuschen sein?

Hu, hu, da schaut eine alte Hexe raus!
Sie lockt die Kinder ins Pfefferkuchenhaus.
Sie stellte sich gar freundlich, o Hänsel, welche Not!
Ihn wollt' sie braten im Ofen braun wie Brot.

Doch als die Hexe zum Ofen schaut hinein,
ward sie gestoßen von Hans und Gretelein.
Die Hexe musste braten, die Kinder gehn nach Haus.
Nun ist das Märchen von Hans und Gretel aus.

Text und Melodie: unbekannt

Abschlusslied

Backe, backe Kuchen

Backe, backe Kuchen,
der Bäcker hat gerufen.
Wer will guten Kuchen backen,
der muss haben sieben Sachen:
Eier und Schmalz,
Butter und Salz,
Milch und Mehl,
Safran macht den Kuchen gehl.
Schieb, schieb in’n Ofen rein!

Text und Melodie: unbekannt

Lieder zu „Hans im Glück“

Anfangslied

Hänschen klein

Hänschen klein ging allein in die weite Welt hinein.
Stock und Hut steht ihm gut, ist gar wohlgemut.

Doch die Mutter weinet sehr,
hat ja nun kein Hänschen mehr!
„Wünsch dir Glück!“, sagt ihr Blick. „Kehr nur bald
zurück!“

Sieben Jahr trüb und klar Hänschen in der Fremde war.
Da besinnt sich das Kind, eilt nach Haus geschwind.

Doch nun ist's kein Hänschen mehr.
Nein, ein großer Hans ist er.
Braun gebrannt Stirn und Hand.
Wird er wohl erkannt?

Eins, zwei, drei geh'n vorbei, wissen nicht, wer das wohl sei.
Schwester spricht: „Welch Gesicht?“ Kennt den Bruder
nicht.

Kommt daher sein Mütterlein, schaut ihm kaum
ins Aug hinein,
ruft sie schon: „Hans, mein Sohn! Grüß dich Gott,
mein Sohn!“

Text: Franz Wiedemann, ca. 1860
Melodie: unbekannt, 18. Jahrhundert
Bearbeitet von: Sabine Meyer

Abschlusslied

Mein Vater war ein Wandersmann
(gekürzte Version)

Mein Vater war ein Wandersmann und mir steckt's
auch im Blut;
Drum wand're ich so lang ich kann und schwenke
meinen Hut.
Valeri, valera, valeri, valera ha ha ha ha ha ha,
valeri, valera, und schwenke meinen Hut.

Das Wandern schafft stets frische Lust, erhält
das Herz gesund,
frei atmet draußen meine Brust,
froh singet stets mein Mund.
Valeri, valera, valeri, valera ha ha ha ha ha ha,
valeri, valera, froh singet stets mein Mund.

Was murmelt's Bächlein dort und rauscht so lustig
hin durchs Rohr?
Weil's frei sich regt, mit Wonne lauscht ihm
dein empfänglich Ohr.
Valeri, valera, valeri, valera ha ha ha ha ha ha,
valeri, valera, ihm dein empfänglich Ohr.

Text: Florenz Friedrich Sigismund, ca. 1850
Melodie: Friedrich Wilhelm Möller, ca. 1950

Lieder zu „Rapunzel“

Anfangslied

Geh aus, mein Herz, und suche Freud
(gekürzte Version)

Geh aus, mein Herz, und suche Freud in dieser lieben
Sommerzeit an deines Gottes Gaben;
schau an der schönen Gärten Zier
und siehe, wie sie mir und dir
sich ausgeschmücket haben, sich ausgeschmücket haben.

Die Bäume stehen voller Laub, das Erdreich decket
seinen Staub mit einem grünen Kleide;
Narzissus und die Tulipan,
die ziehen sich viel schöner an
als Salomonis Seide, als Salomonis Seide.

Die Lerche schwingt sich in die Luft, das Täublein
fliegt aus seiner Kluft und macht sich in die Wälder;
die hochbegabte Nachtigall ergötzt
und füllt mit ihrem Schall
Berg, Hügel, Tal und Felder, Berg, Hügel, Tal und Felder.

Ich selber kann und mag nicht ruhn, des großen Gottes
großes Tun erweckt mir alle Sinnen;
ich singe mit, wenn alles singt,
und lasse, was dem Höchsten klingt,
aus meinem Herzen rinnen, aus meinem Herzen rinnen.

Text: Paul Gerhardt, 1653
Melodie: August Harder, 1813

Abschlusslied

Ich weiß nicht, was soll es bedeuten

Ich weiß nicht, was soll es bedeuten,
dass ich so traurig bin.
Ein Märchen aus alten Zeiten,
das kommt mir nicht aus dem Sinn.
Die Luft ist kühl und es dunkelt und ruhig fließt der Rhein.
Der Gipfel des Berges funkelt im Abendsonnenschein.

Die schönste Jungfrau sitzet dort oben wunderbar,
Ihr gold'nes Geschmeide blitzet,
sie kämmt ihr goldenes Haar.
Sie kämmt es mit goldenem Kamme,
und singt ein Lied dabei.
Das hat eine wundersame, gewaltige Melodei.

Den Schiffer im kleinen Schiffe
ergreift es mit wildem Weh.
Er schaut nicht die Felsenriffe,
er schaut nur hinauf in die Höh.
Ich glaube, die Wellen verschlingen
am Ende Schiffer und Kahn.
Und das hat mit ihrem Singen
die Lorelei getan.

Text: Heinrich Heine, 1823
Melodie: Friedrich Silcher, 1838

Lieder zu „Rotkäppchen und der Wolf“

Anfangslied

Grün, grün, grün sind alle meine Kleider

Grün, grün, grün sind alle meine Kleider,
grün, grün, grün ist alles, was ich hab.
Darum lieb ich alles, was so grün ist,
weil mein Schatz ein Jäger, Jäger ist.

Rot, rot, rot sind alle meine Kleider,
rot, rot, rot ist alles, was ich hab.
Darum lieb ich alles, was so rot ist,
weil mein Schatz ein Reiter, Reiter ist.

Blau, blau, blau sind alle meine Kleider,
blau, blau, blau ist alles, was ich hab.
Darum lieb ich alles, was so blau ist,
weil mein Schatz ein Seemann, Seemann ist.

Weiß, weiß, weiß sind alle meine Kleider,
weiß, weiß, weiß ist alles was ich hab.
Darum lieb ich alles, was so weiß ist,
weil mein Schatz ein Müller, Müller ist.

Bunt, bunt, bunt sind alle meine Kleider,
bunt, bunt, bunt ist alles, was ich hab.
Darum lieb ich alles, was so bunt ist,
weil mein Schatz ein Maler, Maler ist.

Text und Melodie: unbekannt

Abschlusslied

Ein Männlein steht im Walde

Ein Männlein steht im Walde ganz still und stumm,
es hat von lauter Purpur ein Mäntlein um.
Sagt, wer mag das Männlein sein,
das da steht im Wald allein
mit dem purpurroten Mäntelein?

Das Männlein steht im Walde auf einem Bein
und hat auf seinem Haupte schwarz Käpplein klein.
Sagt, wer mag das Männlein sein,
das da steht im Wald allein
mit dem kleinen schwarzen Käppelein?

Gesprochen:
Das Männlein dort auf einem Bein
mit seinem roten Mäntelein
und seinem schwarzen Käppelein
kann nur die Hagebutte sein!

Text: August Heinrich Hoffmann von Fallersleben, 1843
Melodie: vom Niederrhein, ca. 1800

Lieder zu „Die Sterntaler“

Anfangslied

Weißt du, wie viel Sterne stehen
(gekürzte Version)

Weißt du, wie viel Sterne stehen an dem blauen Himmelszelt?
Weißt du, wie viel Wolken gehen weithin über alle Welt?
Gott, der Herr, hat sie gezählet, dass ihm auch nicht eines fehlet
an der ganzen großen Zahl, an der ganzen großen Zahl.

Weißt du, wie viel Mücklein spielen in der hellen Sonnenglut?
Wie viel Fischlein auch sich kühlen in der hellen Wasserflut?
Gott, der Herr, rief sie mit Namen, dass sie all ins Leben kamen,
dass sie nun so fröhlich sind, dass sie nun so fröhlich sind.

Weißt du, wie viel Kinder schlafen heute nacht im Bettelein?
Weißt du, wie viel Träume kommen zu den müden Kinderlein?
Gott, der Herr, hat sie gezählet, dass ihm auch nicht eines fehlet,
kennt auch dich und hat dich lieb, kennt auch dich und hat dich lieb.

Text: Wilhelm Hey, 1837
Melodie: unbekannt

Abschlusslied

Guten Abend, gute Nacht

Guten Abend, gute Nacht, mit Rosen bedacht,
mit Näglein besteckt, schlupf unter die Deck.
Morgen früh, wenn Gott will, wirst du wieder geweckt,
morgen früh, wenn Gott will, wirst du wieder geweckt.

Guten Abend, gute Nacht, von Englein bewacht,
die zeigen im Traum dir Christkindleins Baum.
Schlaf nun selig und süß, schau im Traums Paradies,
schlaf nun selig und süß, schau im Traums Paradies.

Text: 1. Strophe: Clemens Brentano, 2. Strophe: Georg Scherer
Melodie: Johannes Brahms, 1868

Anhang – Checkliste: Vorbereitungen

Checkliste: Vorbereitungen

Etwa 4 Wochen vorher

- ☐ Märchen auswählen, den vorgeschlagenen Text durcharbeiten und ggf. auf die Gruppe abstimmen
- ☐ Märchenkurzfassung lernen und üben
- ☐ Erinnerungsanalyse durcharbeiten und ggf. auf die Gruppe abstimmen
- ☐ Termin für die Märchenstunde festlegen und mit anderen Bereichen der Einrichtung abstimmen
- ☐ erste Überlegungen zur Zusammensetzung der Gruppe treffen

Etwa 3 Wochen vorher

- ☐ Märchenkurzfassung lernen und üben
- ☐ Fragen und Aktivierungsimpulse aus den vorgeschlagenen Impulsen auswählen und auf Karteikarten schreiben
- ☐ Requisiten und Materialien aus der Materialliste auswählen, ggf. besorgen oder herstellen
- ☐ Lieder auswählen und Liedtexte vervielfältigen

Etwa 2 Wochen vorher

- ☐ Märchentext so weit wie möglich auswendig und frei erzählen

Etwa 1 Woche vorher

- ☐ geplanten Termin überprüfen und mit der Leitung und ggf. anderen Berufsgruppen abgleichen
- ☐ die geplante Gruppenzusammenstellung überprüfen
- ☐ Einladungen formulieren, Plakate erstellen (wenn gewünscht!)
- ☐ mit Kollegen Transfer und Unterstützung abklären
- ☐ Störungsfreiheit klären
- ☐ Märchen üben

Am Tag der Märchenstunde

- ☐ Gruppenzusammenstellung überprüfen, eventuell kurzfristig Ersatzpersonen einladen
- ☐ Raum vorbereiten
- ☐ Sitzordnung festlegen

Anhang – Checkliste: Vorbereitungen

Unmittelbar vor der Märchenstube

- ☐ Türschild „Bitte nicht stören! Hier werden Märchen erzählt." anbringen
- ☐ Märchenmitte aufbauen
- ☐ Karteikarten mit der Märchenkurzfassung als Gedächtnisstütze bereitlegen
- ☐ Erinnerungsstücke bereitlegen
- ☐ Liedtexte bereitlegen
- ☐ eventuell Getränke für die Gäste bereitstellen
- ☐ ein Glas Wasser für den Erzähler bereitstellen
- ☐ eventuell Kostüm anlegen
- ☐ Transfer einleiten oder selbst durchführen

Über die Autorin

Erzählen ist das Wort
zwischen gestern und morgen.
Es ruht auf meinen Lippen, bis es ausgesprochen
den seidenen Faden spinnt zwischen dir und mir.

Sabine Meyer

Die Osnabrückerin Sabine Meyer, Jahrgang 1966, ist Erzählerin, Coach und Diplom-Kauffrau in Einrichtungen des Gesundheitswesens (FH). Seit 2005 tritt sie als Erzählerin auf. Sie erzählt in Schulen, Kindergärten, Alteneinrichtungen, Kirchengemeinden und diversen anderen Einrichtungen für Kinder und Erwachsene klassische Märchen und eigene Geschichten.

Im Dezember 2008 gründete sie das Erzähltheater Osnabrück, das sich im Sinne des Freien Erzählens an alle Altersgruppen wendet und unterschiedliche Arten des Märchen-Erlebens anbietet: Erzählstunden, Vorträge über Märcheninterpretation, Workshops zum Freien Erzählen und Märchentheaterwerkstätten.

Im Dezember 2009 erschien ihre erste Märchen-CD „Wenn Sterne erzählen ..." mit eigenen Märchen für Kinder. Im Oktober 2014 erschien ihre zweite Märchen-CD „Sternstunden" mit Geschichten für Erwachsene zur Weihnachtszeit. Auf ihrer dritten CD „Osnabrücker Stadt- und Landgeschichten" erzählt sie Sagen rund um ihre Heimatstadt Osnabrück, die CD ist seit 2017 erhältlich.

Sabine Meyer arbeitet seit 2007 als Erzählerin für Menschen mit Demenz. Sie initiierte und leitete 2009 das einjährige Forschungsprojekt „Märchenstube – ressourcenaktivierende Arbeit mit Demenzerkrankten" im Auftrag des Diakonischen Werkes Osnabrück.

Seit 2012 leitet sie die Weiterbildung „Märchenhaftes für Menschen mit Demenz" für Betreuungskräfte und Interessierte am Caritas Bildungswerk Rheine. 2015 gründete sie mit Absolventinnen und Absolventen der Weiterbildung das „Netzwerk Unvergessen", welches das Ziel hat, die Märchenerinnerungsarbeit für Ältere und Hochbetagte weiter in die Öffentlichkeit zu bringen.

© Olaf Pieper

2014 erarbeitete sie ein generationsübergreifendes Erzählprojekt mit Menschen mit Demenz und Kindergartenkindern. Im Dezember 2014 erschien ihr erstes Mehrgenerationen-Hörspiel „Die Zauberblume und der Piratenkapitän Rauschebart", das von Bewohnern und Kindergartenkindern entwickelt und eingesprochen wurde. 2016 erschien das Hörspiel „Der Lebensfaden" über Lebenserinnerungen von und mit Bewohnern einer Alteneinrichtung in Osnabrück. Weitere kulturelle Projekte für Menschen mit Demenz und Hochbetagten sind bereits realisiert bzw. in der Planung.

Als Referentin arbeitet Sabine Meyer bundesweit für Bildungseinrichtungen im Bereich Pflege/Altenpflege und hält Vorträge zum Thema Märchenarbeit für Menschen mit Demenz. Über ihre Arbeit mit Märchen als Aktivierungsmethode sind bereits verschiedene Artikel in der Fachpresse veröffentlicht worden, u. a. in der „Altenpflege" 2010, im „Märchenspiegel" 2012 und in der „Aktivierung" 2015.

Als ich 2007 zum ersten Mal im Küpper-Menke-Stift in Osnabrück Märchen vor einer Bewohnergruppe mit Demenz erzählte, hätte ich mir niemals träumen lassen, was aus diesem Auftritt werden würde. So begann ein Märchen, das wahr wurde.

Doch ohne die Menschen an meiner Seite wäre dieses Märchen niemals erzählt worden. Und es ist an der Zeit, ihnen Danke zu sagen.

Zuerst gilt mein Dank meinen Eltern Ursel und Horst, die mir und meiner Schwester unermüdlich Märchen vorgelesen und erzählt haben. Ohne sie wäre meine Märchenleidenschaft kaum entstanden und auch nicht mein Selbstvertrauen, märchenhafte Wege in meinem Leben zu gehen.

Ohne meinen lieben, geduldigen Mann Olaf wäre dieses Buch nicht erschienen. Danke für unzählige Pralinenschachteln, gefüllte Tee- und Kaffeetassen und stolze Blicke auf das entstandene Werk.

Und einer weiteren Person, die für die Entstehung dieses Buches sehr wichtig war, möchte ich danken: Ursula Loos. Sie hat mich am Anfang meiner Erzählerlaufbahn in das Küpper-Menke-Stift geholt. Ihrer Offenheit und Neugierde ist es zu verdanken, dass es dazu 2009 ein Forschungsprojekt gegeben hat.

Und ich danke Frau A., die sich damals vor vielen Jahren auf das Knie schlug, um uns das Märchen von Rapunzel zu erzählen und damit den Ausschlag gab, mich mehr mit dem Thema Märchen für Menschen mit Demenz zu befassen. Ich konnte ihr noch einige Jahre lang Märchen erzählen. Ihre strahlenden Augen werde ich nie in meinem Leben vergessen.

Und all den anderen Menschen, denen ich im Rahmen meiner Märchenarbeit in Alteneinrichtungen Märchen erzählt habe, möchte ich danken. Ohne sie, ohne ihre offenen Ohren und offenen Herzen hätte ich Ihnen, liebe Leserin und lieber Leser, nicht so viel berichten können. All diese Menschen, auch wenn sie schon von uns fortgegangen sind, bleiben in meinem Herzen und leben in meinen Erinnerungen weiter.

Und wenn sie nicht gestorben sind,
dann leben sie noch heute.

Quellen- und Literaturhinweise

Bücher

Bettelheim, Bruno:
Kinder brauchen Märchen,
dtv, München, 1996,
ISBN 3-423-35028-8

Grimm, Jacob und Wilhelm, Rölleke, Heinz (Hg.):
Kinder- und Hausmärchen,
Band 1, Große Ausgabe von 1857,
Reclam, Stuttgart, 1980,
ISBN 3-15-003191-5

Grimm, Jacob und Wilhelm, Rölleke, Heinz (Hg.):
Kinder- und Hausmärchen,
Band 2, Große Ausgabe von 1857,
Reclam, Stuttgart, 1980,
ISBN 3-15-003192-3

Lange, Ulrich (Hg.):
Musik & Märchen, Kreativtherapeutische Beiträge zur Begleitung von Menschen mit Demenz
(Buch mit DVD),
Kuratorium Deutsche Altershilfe,
Köln, 2005,
ISBN 3-935299-85-0

Merkel, Johannes:
Erzählen kann jeder,
ohne Verlagsangabe, Bremen, 2007,
ohne ISBN

Merkel, Johannes:
Sprache der inneren Welt – Spielen – Erzählen – Phantasieren,
edition lumière, Bremen, 2007,
ISBN 978-3-934686-47-2

Rölleke, Heinz:
Die Märchen der Brüder Grimm – Eine Einführung,
Reclam, Stuttgart, 2004,
ISBN 978-3-15-017650-4

Siefer, Werner:
Der Erzählinstinkt,
Hanser, München, 2015,
ISBN 978-3-44-644473-7

Wardetzyk, Kristin und Weigel, Christiane:
Sprachlos? Erzählen im interkulturellen Kontext,
Schneider Hohengehren,
Baltmannsweiler, 2008,
ISBN 978-3-8340-0473-4

Andere Quellen

Meyer, Sabine und Rethschulte, Dr. Antje:
Märchenstube – ressourcenaktivierende Arbeit mit Demenzerkrankten, Kurzbericht zum Forschungsprojekt „Märchenstube“, als PDF per E-Mail anfordern bei: Erzähltheater Osnabrück,
info@erzaehltheater-osnabrueck.de